hans und grete riedl
Norbert Bingert
Albin Linner

Wie lebst Du, Bruder?

AF667446

hans und grete riedl
Norbert Bingert
Albin Linner

Wie lebst Du, Bruder?

Rediroma-Verlag

Bibliografische Information der Deutschen Nationalbibliothek:
Die Deutsche Nationalbibliothek verzeichnet diese Publikation in der Deutschen Nationalbibliografie; detaillierte bibliografische Daten sind im Internet über http://portal.dnb.de abrufbar.

ISBN 978-3-98527-474-1

Copyright (2022) Rediroma-Verlag

Umschlagillustration: Norbert Cattarius

Alle Rechte beim Autor

www.rediroma-verlag.de
9,95 Euro (D)

Inhaltsverzeichnis

grete und hans

Wie lebst du, Bruder?

Dieses Buch ist kein Kriegstagebuch, auch keine allgemeine Bestandsaufnahme unserer Zivilisation, sondern eine Abwägung von Leben und leben lassen. Wir werden versuchen, die Themen auf das Individuum zu konzentrieren. Wie lebst du, Bruder? Diese Frage sollte viel öfters gestellt werden. Dass wir diese Frage unserem „Bruder“ stellen, sollte nicht bedeuten, dass sie geschlechtsspezifisch ausgerichtet ist. Diese Frage gilt auch unseren Schwestern.
Wir betonen nochmals, auch unseren „Schwestern“!
Wie lebst du, Bruder, in den heutigen Diktaturen, die es zweifelsohne gibt auf unserem Erdball? Wie lebst du in den sogenannten Demokratien, die keine Demokratien sind? Wie lebst du in den Elendsvierteln am Rande der Großstädte, In den Slums, an den Müllhalden in Sichtweite der Villen des Geldadels? Wie lebst du auch unter uns, als Außenseiter der Gesellschaft? Einer Gesellschaft die nur Schwarz oder Weiß, nur Hoch oder Tief kennt, die keine Zwischentöne zulässt? Wie lebst du als geistig Eingeschränkter, als pflegebedürftiger Alter in den Heimen? Im Wahnsinn des Corona Zeitalters der Jahre 2020 und 2021, in deiner Verzweiflung, der Einsamkeit und Hilflosigkeit, du zurückgelassener Alter? Wie lebst du, wie vegetierst du?
Wie lebst du, Bruder, in der großen Bedrängnis, die deine Freiheit raubt? Diese Frage muss hinausgeschrien werden, muss an jeden unserer Mitmenschen auf der Welt gestellt werden. Woran liegt es, dass du so lebst, wie du lebst?
Dieses Buch soll an Missständen rühren, sie aufzeigen, den Hilflosen eine Stimme geben. Uns ist schon bewusst, wie stumpf unsere Waffen sind, aber trotzdem, aber trotzdem.

Ein Dialog:

He Bruder, lass das Greinen,
bald wird die Sonne wieder scheinen.
Du klagst: Der Hunger tut so weh
und die Welt gefriert zu Eis."
„ Ich geb dir zu bedenken:
Es hat das Leben seinen Preis."

„Es gibt kaum Rücksicht auf der Welt,
auf die Alten und die Schwachen.
Ihr, die ihr die Welt beherrscht
und uns nur Krümmel übrig lasst,
ihr seid in eurem Reichtum blind
und seht nicht, wo die Armen sind."

„He Bruder, lass das Greinen,
bald wird die Sonne wieder scheinen.
So sieh doch ein, es regiert die Welt
der Reichtum und Kommerz.
Um den Reichtum zu erhalten,
gehört ein kaltes Herz."

„Unsere Stimme hat nicht Kraft genug,
denn vom Bitten ist sie leise.
An den Armen übt ihr den Betrug,
so unterdrückt ihr sie, auf diese Weise.
Kein Mitgefühl habt ihr bereit,
in dieser kalten, tristen Zeit."

„He Bruder, lass das Greinen,
bald wird die Sonne wieder scheinen.
Gib die Hoffnung noch nicht auf
und fordere laut dein Recht,
such dir gute Menschen aus,
denn es sind nicht alle schlecht."

Ein Leben in Würde

Einem jeden Menschen, gleich welcher Abstammung und Hautfarbe, steht ein Leben in Würde zu. Unser Gesellschaftssystem ist leider so gestaltet, dass nicht jedem Menschen ein Leben in Wohlstand und Sorglosigkeit zugestanden wird, obwohl es genug Ressourcen auf der Erde gibt, die dies zulassen würden. Bei gerechter und gleichmäßiger Verteilung natürlich. Der Egoismus und der Neid, verhindert diese gleichmäßige Aufteilung der Güter dieser Erde.
Abgesehen von diesem Manko, sollte trotzdem ein Leben in Würde möglich sein. Wie schon öfters in der Menschheitsgeschichte, so auch zum jetzigen Zeitpunkt, wird die Würde des Menschen, des Volkes, bis zum Sklaventum unterdrückt. Manche mögen diesen Vergleich übertrieben finden, aber gehen wir in unserer Gesellschaft ein wenig in die Tiefe. Eine unübersichtliche Flut von Gesetzen und Verordnungen untergräbt unsere Freiheit und Würde. Schon gut, eine Ordnung soll es geben, aber Hunderttausende von Gesetzen, Verordnungen und Novellierungen dieser, erdrücken jede Freiheit und Menschenwürde. Wir werden damit bombardiert, von der Europäischen Union, vom Staat, von den Ländern, von den Bezirkshauptmannschaften und von den Gemeinden. Wir, die einfachen Bürger, müssen alle diese Regelungen kennen, denn Unwissenheit schützt vor Strafe nicht. Nur mit dem Zurechtfinden in dem Wust von Verboten und Gesetzen wäre ein Tagesablauf ausgefüllt. Wer kann noch für seinen Lebensunterhalt sorgen, unter diesen Belastungen?
Dem nicht genug, wir werden noch oft von den Behörden, der Polizei, den Finanzern bis aufs Blut gereizt. Auch in solchen Ausnahmefällen gilt es Beherrschung zu bewahren, denn würden wir auf unsere Menschenwürde pochen, uns wäre nicht genützt.
Im Straßenverkehr werden uns Radarfallen gestellt, damit man uns unser sauer verdientes Geld abnehmen kann. Straßenverkehrsordnung , okay, aber Radarfallen, wo sie unsinnig sind und nur dem modernen Straßenraub dienen.
Wo bleibt hier die Würde?
Wird ein Kranker, der in ein Spital eingeliefert wird, dort würdevoll aufgenommen, wird er würdevoll von seinen Angehörigen dorthin begleitet? Er, der Kranke, bräuchte diese Begleitung, diese Stärkung und die Gewissheit, dass jemand an seiner Seite weilt, der Anteil nimmt an seinen Beschwerden.

Beides ist in letzter Zeit bei unseren Familienangehörigen, auf die wir keinen Zugriff hatten, nicht geschehen. Wenn es ans Sterben geht, wie steht es mit der Würde des Betroffenen? In den meisten Fällen wird er mit der Rettung ins Krankenhaus geschickt, um dort oft, vor allem jetzt im Corona Zeitalter, allein, von allen verlassen, seinen letzten Gang anzutreten. Hier ist kein Hauch einer Menschenwürde zu verspüren. Unsere Gesellschaft ist kalt und gefühllos geworden. Es gibt natürlich löbliche Ausnahmen, aber vor allem die Verordnungen unserer Regierenden hat mit Rücksicht auf die Menschenwürde nichts gemein. Es bleibt nur zu hoffen, dass diese Kaltschnäuzigkeit nicht zu sehr auf das Volk abfärbt.

Es zählt nur die Tat

„ Mein Bruder, mein Bruder, heut hätte ich Zeit.
Heut könnt ich dir helfen, heut wäre ich bereit
und auch in der Stimmung und auch in der Lage.
Wie ist dein Befinden, wo fehlts, ist die Frage?

Es ist schon zu spät? Was hör ich verlauten?
Du hast wohl vergessen dich früher zu outen.
Du hast mir nicht vorher deinen Notstand genannt
und wie es dir geht, war mir nicht bekannt."

„Ich sag dir, ich hab meine Not raus geschrien
und auf die Reichen und deren Reichtum gespien.
Kein Mensch hat gehört, sie stellten sich taub,
da war ich gebrochen und lag schon im Staub.

Da war es zu spät, mir Hilfe zu spenden,
ich war schon gefesselt, an Füßen und Händen
und im Herzen schon krank, mein Wille gebrochen.
Da bin ich nur noch als Halbtoter gekrochen."

„ Mein Bruder, mein Bruder, es tut mir so leid.
Erst war ich verhindert, doch jetzt hätte ich Zeit.
Jetzt hätte ich Muse und wär in der Lage.
Ich würde gern helfen, ist gar keine Frage."

„Ich dank dir, mein Bruder, deine Worte sind kalt.
Sie sind nicht mehr wert, als nackte Gewalt.
Es zählt nicht der Wille, es zählt nur die Tat,
ob man zur richtigen Zeit auch geholfen schon hat.

Verzeih mir, Bruder

Verzeih uns, Bruder, wenn wir uns um dich nicht gekümmert haben, in deinem Elend, in deiner Not, in deiner Angst, deiner Hilflosigkeit. Wenn wir dich alleine gelassen haben, in der Krankheit und Verzweiflung. Wenn wir indirekt noch mitgewirkt haben, dass sich deine hoffnungslose Lage noch verschlechtert hat. Verzeih uns, Bruder, dass wir dich nicht beachtet haben, als du die Hand nach uns ausgestreckt hast. Als du um ein Almosen gebeten hast, haben wir weggeschaut und deine Gegenwart als lästig empfunden. Als du krank danieder lagst, haben wir keine Zeit gefunden, dich zu trösten. Verzeih, Bruder, jetzt tut es uns leid. Dass wir dich in deiner schwersten Stunde, des Abschiedes aus dieser Welt, nicht beigestanden haben, war nicht richtig. Schade, dass du so früh von uns gegangen bist und wir an dir nicht unsere Großzügigkeit beweisen konnten. Ja damals, als du noch unter uns geweilt hast, hatten wir keine Zeit, auch nicht die Muse um zu helfen. Bruder, du musst verstehen, die Geschäfte, die vielen Reisen, die gesellschaftlichen Verpflichtungen, da konnten wir nicht an alles denken. Du warst nicht in unserem Fokus, heute würden wir gerne helfen. Irgendwie kannst du froh sein, dass für dich alle Not ein Ende hat, aber verzeih im Nachhinein.

Ihr Brüder, ihr Schwestern!

Ihr Brüder, ihr Schwestern, steht auf, protestiert
und wenn es nichts bringt, schlagt zu, randaliert.
So machen es die, die vom Staat sind gelenkt.
Ihr Brüder, ihr Schwestern, euch wird nichts geschenkt.

Euch wird nichts gegeben, auf euer Begehren.
Sie werden versuchen, es euch zu verwehren.
Bleibt standhaft im Glauben an eure alleinige Macht,
die alles Unmögliche, auch möglich es macht.

Mit Argumenten und Worten, versucht erst zu streiten
und damit für euch das Feld zu bereiten,
wo Früchte drauf wachsen, als reichliche Beute.
Als Beute für euch, für Morgen und Heute.

Wenn Worte nichts bringen und guter Wille nicht reicht,
dann habt ihr im Guten nicht einen Schritt noch erreicht.
Ihr seid vom Erfolg viel zu weit noch entfernt.
Mit Bitten und Danken habt ihr daraus nichts gelernt.

Die nachfolgenden Prosatexte in Kursivschrift sind aus der Sammlung:
Mit den Augen einer Frau!
grete: riedl

Wie lebst du Schwester?

Wenn ich Bilder von Frauen aus den verschiedensten Kulturen und Ländern der Erde sehe, sie betrachte, da frage ich mich. Wie lebst du Schwester? Möchte ich mein Leben mit dir tauschen, deine Sorgen, deine Freuden , deine Kultur, dein Ansehen, dein Wesen, deinen Charakter? Könnte ich damit umgehen, wenn ich von meinem Leben heute, in das Leben der anderen Frau schlüpfen müsste? Nein, ich möchte weder tauschen, noch anderswo mein Leben verbringen. Als siebentes Kind von zehn in eine Großfamilie hineingeboren, mit fünf Geschwistern aufgewachsen, hatte ich, zwar nach heutigen Begriffen eine ärmliche, doch schöne Kindheit. Vier meiner Geschwister leben als Sternenkinder im Jenseits und begleiten, da bin ich mir sicher, schützend meinen Lebensweg.

In meinem Leben gibt es viele Höhepunkte, auch einige Tiefschläge, die für mich schwer zu überwinden waren. Doch mit Hilfe und gemeinsam mit meinen Mann, der sehr jung in mein Leben kam, haben wir alle Schwierigkeiten gemeistert. Die vier Kinder, die sich ziemlich schnell einstellten, segneten unsere Beziehung, die bis heute anhält.

Zehn Enkelkinder haben den Familienband nach und nach bereichert und aus allen sind tüchtige Menschen geworden. So gesehen möchte ich mit niemanden tauschen.

Jeder Mensch, ob Bruder oder Schwester, lebt das Leben, in das er hineingeboren und mit den Fähigkeiten, die ihm mitgegeben wurden. Das ganze Leben ist ein Lernprozess, der eine schafft ihn leichter, zügiger, für den anderen ist er holpriger und steiniger. Jedes Menschen Schicksal ist es wert, gelebt und geachtet zu erden.

Hilfe macht glücklich

Lebst du in Angst vor Krankheit und Seuchen?
So versuch deine Angst von dir zu verscheuchen.
Hält dich die Sorge ums Überleben gefangen?
Bist du zu sehr am Wohlstand gehangen?

Mein Bruder, bleib ruhig, deine Angst ist unnötig,
mach dich viel lieber den Armen anbötig.
Den Armen und Kranken, Maroden und Siechen,
dann ist deine Angst bald von dir gewichen.

Hilfe macht glücklich, vertreibt schlimme Gedanken,
macht frei und macht fröhlich, zerstört deine Schranken.
Hebt Körper und Geist um eine Stufe noch höher
und bringt dich um Meilen, deinem Gleichgewicht näher.

Spaziergang

Ich spaziere durch den Stadtpark, um noch die letzten Sonnenstrahlen dieses Herbstes zu geniesen. Vom bunt gefärbten Blätterwald der alten, riesigen Bäume rieseln ab und zu die abgestorbenen Blätter und bedecken sanft den Boden. Einige Menschen eilen durch den Park, hektisch im Dauerstress, ein paar Kinder spielen noch vergnügt am Trampolin oder der Kinderrutsche. Auch sie möchten noch die letzten schönen Tage nutzen um sich auszutoben, bevor der Winter mit Eis und Kälte einzieht. Am Bankerl sitz einsam ein alter Mann, den Stock in der Hand, seine letzte Stütze. Gramgebeugt und verkrümmt von den Spuren eines langen Lebens gezeichnet, sinniert er vor sich hin. Auf meinen freundlichen Gruß hebt er erstaunt seinen Kopf und sein zahnloser Mund lächelt mich an. Er ist wohl überrascht, dass ihm, den Sandler, jemand anspricht, wo doch alle wegblicken, wenn sie ihn sehen.
Doch ich interessiere mich für die Menschen, welche Schicksale, welche Lebenswege haben sie hinter sich. Was alles ist ihnen widerfahren. Jede Furche im Gesicht spricht eine eigene Sprache, jede Falte erzählt eine Geschichte. Außerdem, so habe ich es als Kind schon gelernt, hinter jeder Gestalt steht Gott. Meistens versteckt er sich in der Armut, der Armseligkeit und dort, wo man ihn nicht vermutet. In den obersten Reihen da spielt eine andere Liga. Da herrscht Gier, Geiz und Verschwendung, Prunk und Verblendung. Da fühle ich mich nicht zu Hause. Das ist nicht meine Welt. Das Leben soll Erfüllung, Geborgenheit und Heimat sein.
Die Frage, wie lebst du, Bruder, sollen wir uns selbst immer wieder stellen.

Ist neues Leben geboren

Wirst du Mutter, in Ehren, hast du neues Leben gebucht.
Bereit dich drauf vor, gib Acht auf die Frucht.
Bring deine Seele in Einklang mit deinem Befinden
und versuch aus den beiden einen Kranz draus zu binden.

Ist neues Leben geboren, in die Welt, rau und kalt,
so gib ihm den Schutz, den es braucht, und den Halt
und die Liebe von dir, die gib noch dazu,
denn der Halt von dem Wesen, bist alleine nur du.

Wächst es heran und beginnt es zu lernen,
deine Aufgabe ist, allen Schmutz zu entfernen,
allen Schmutz, allen Schund und alle Gefahren.
Versuche das Wesen vor dem zu bewahren.

Zu bewahren, zu führen, dieses kindlich Gemüt.
du wirst es bald merken, was für Blume dir blüht.
Was für ein Schatz, für ein Reichtum, den du hast erzogen,
und du wirst es erleben, er bleibt dir gewogen.

Mutter

Ein Wort, so umfassend, so sinnbildlich, so vielseitig. Mutter! Mutter, ein Gefühl der Wärme, der Geborgenheit steigt in mir hoch, dieses Wort umfasst alles was lebenswert ist. Eine Wolke der Liebe umfängt uns dabei, und die Gewissheit, diese Mutter ein Leben lang an der Seite zu haben, bedeutet nicht nur Sicherheit, sondern auch Verantwortung, die wir einmal für sie übernehmen werden, wenn sie ihre Kraft verliert. Sie ist die immer schützende Hand, der auch kein Opfer für ihr Kind zu groß ist. Das Mutterbild hat sich im Laufe der Zeit verändert. Mütter von damals und Mütter von heute trennen oft Welten. Doch die Mutterliebe ist in jeder Frau vorhanden, auch wenn Emanzipation und Streben nach Selbstständigkeit und Erfolg im Beruf scheinbar vorrangig ist.

Dieser eine, besondere Tag im Jahr , im Wonnemonat Mai, ist allen Müttern und Frauen gewidmet, die ihre Liebe, ihre Fürsorge den Kindern schenken. Ihnen sei damit gedankt, dass sie Leben schenken und Leben bewahren. Ein Tag, der uns wieder die Wichtigkeit einer Mutter bewusst machen soll. Die Mutter ist der Schutzengel, der uns auf all unseren Wegen begleitet. Mutterliebe geht über den Tod hinaus.
Seien wir dankbar, eine Mutter zu haben, ohne sie gäbe es uns nicht.

Schwarz ist die Haut

Ist sie schwarz, lieber Bruder, die Farbe der Haut,
so hat man in der Geschichte dir die Freiheit geklaut.
Du warst Sklave für Reiche im Land über dem Meer.
Du warst hilflos und rechtlos, ohne jegliche Wehr.

Für die Farmer, die Händler, ergabst du den Knecht,
dem gabst du dein Leben, er gab dir kein Recht.
Leibeigen, so warst du und ganz ausgeliefert.
Dort wurden die Sklaven in Millionen beziffert.

Heut bist du im Lande ziemlich stark schon vertreten.
Lang hast du die „Weißen“ um Rechte gebeten.
Nur stückweise gab man, was dir zu stand, in Raten,
deshalb bist du an den Rand der Gesellschaft geraten.

Deine Farbe ist schwarz und dein Blut ist so rot.
Lang war dieses Blut von den „Weißen“ bedroht.
Jetzt hast du die Kraft, überschwemmst unsere Welt
und hast dich auf eigene Beine gestellt.

Schwarz ist die Macht, mein Bruder, mein Freund.
Jetzt übst du dein Recht, falls du es ehrlich gemeint.
Versklav nicht die „Weißen“, zeig deine Huld.
Der „Weiße“ der „Weiße“ er kennt seine Schuld.

Ich sorge mich , Schwester

Meine Schwester, wie lebst du heute, was ist aus dir geworden? Wie hat das Leben dich gezeichnet? Du gehst gebückt, wie mit einer schweren Last auf deinem Rücken durch deinen Alltag. Du bist im Alter angelangt, versuche dich aufzurichten, schüttele deine Lasten ab, die dich bedrücken, dich verzagt machen.
Du kannst nichts mehr ungeschehen machen, was passiert ist, kann nicht mehr rückgängig gemacht werden. Das Leben hat dir Steine in den Weg gelegt, die dich zum Stürzen und Fallen gebracht haben. Es hat aber auch viele Lichtblicke, schöne Stunden, Höhepunkte deines Lebens gegeben, die dich zum Singen Jauchzen und Jubilieren entführten, dich die trüben Stunden vergessen lassen haben. Himmelhoch jauchzend, zu Tode betrübt, ja so ist das Leben. Welche Seite du zulässt, welche in dir eine größere Macht hat, das allein liegt in und an dir. Entscheide dich für das Richtige und Wichtigste im Leben, denn du hast nur eines und das Ende ist unbekannt.
Versuche trotzdem mit dir ins Reine zu kommen, suche die Aussprache, bitte um Vergebung. Bitte, und es wird dir vergeben werden. Auch wenn die Tore der Kirche derzeit verschlossen sind, Gott ist überall. In der Luft, die du atmest, in den Blumen, den Pflanzen, den Tieren. In jedem Menschen ist Gott. Deinen Glauben kann dir keiner wegnehmen, und mit diesem Gottvertrauen liegt dein Leben in seinen Händen. Es kommt alles so, wie es kommen muss.
Mache es wie ich es oft in meinem Leben gemacht habe, gehe in den Wald, suche die Einsamkeit, schreie all deine Sorgen, dein Leid, deinen Kummer hinaus, befreie deine Seele, nimm den Druck von ihr. Du wirst unendlich erleichtert sein und dich befreit fühlen und wieder tief durchatmen können. Dein Leben bekommt eine neue Wendung.

Ein Leben in Freiheit

Am Stadtrand, Ruinen und Brücken und Schmutz.
Ein Alter, Vergessener sucht dort für sich Schutz.
Die Brücken sind Heimat, denn dort kann er hausen,
wo oben darüber die Kraftwagen brausen.

„Ist die Brücke dein Haus und der Himmel dein Dach?
Dort lauern Gefahren für dich tausendfach.
Du suchst Schutz im Karton, rundherum die Natur.
Es gibt Kälte und Hitze für dich rund um die Uhr.

Die Freiheit, die Freiheit, darauf willst du noch pochen.
Bist du einmal wieder in deinen Karton reingekrochen,
mit Schnaps nur im Leibe, doch sonst nichts im Magen.
Die Freiheit, die Freiheit, hör ich dich sagen.

Die Freiheit ist weit und der Himmel noch weiter.
Das Leben ist kurz, doch wärs nicht gescheiter,
du kehrst einmal noch um, nimmst dein Leben zur Hand
und setzt deine Menschheit der Gesellschaft zum Pfand.“

„Zu spät all dein Sinnen, die Gesellschaft ist kalt.
Ich kehr nicht zurück, ich find keinen Halt.
Ich kann nicht verstehen, wie die Menschen es treiben.
Die Brücke am Stadtrand, wird mein Zuhause wohl bleiben.“

Bruder, warum torkelst du?

Wie lebst du, Bruder, ist dir dein Leben so wenig wert? Dieses Leben , welches dir deine Eltern einst geschenkt haben, deine Mutter mit großen Schmerzen aber mit höchstem Glück, als du in ihren Armen lagst? Du sagst, es ist dein Leben, du kannst damit machen was du willst. Das gilt nur bedingt, an dein Leben sind andere Menschen geknüpft, für die du die Verantwortung trägst. Menschen die dich lieben, die in Sorge um dich sind, denen du Bruder, Freund, Sohn und Vater bist.
Mein Bruder, warum machst du dein Leben abhängig von Alkohol, begreifst du nicht, dass dieser, sowie sogenannte Freunde, ein falsches Spiel mit dir spielen? Wenn deine Gehirnzellen abgestorben sind und wenn du am Boden liegst, wo bleiben dann diese deine Freunde? Da wird es dann wieder deine Familie sein, die dir zur Seite steht, deine Mutter, dein Vater, die dich nicht aufgeben und in die Arme nehmen werden. Kehr um, hol dir Hilfe, zeig deine Stärke, noch ist es nicht zu spät. Du schuldest es vor allem dir selber, Bruder. Dein Leben ist kostbar und wert, dass es gelebt wird.

Zufrieden und leise

Lass ab doch, mein Junge, von Krawall und von Drogen.
Du hast dich bisher, damit selbst nur betrogen
und selbst nur betäubt, auf einen Irrweg begeben.
Willst du nicht schauen und trachten auf ein besseres Leben?

Willst du nicht Sitte und Anstand und Tugenden mehren,
deinen Brüdern nicht Hoffnung und Mitgefühl lehren?
Sag an, was du willst, ich helf dir dabei,
dann lebst du dein Leben von Missständen frei.

Du wirst dich entfalten in unglaubliche Höhen
und wirst mit zwei Beinen im Leben bald stehen.
Mach nur einen Schritt, den ersten, den zweiten,
so wirst du damit deinen Weg vorbereiten.

Bald hast du die Kraft, es alleine zu schaffen.
Du wirst auch nicht wollen, wieder Güter zu raffen.
Dein Leben verläuft auf einem anderen Gleis,
nicht um Wellen zu schlagen, zufrieden und leis.

Ich bin entsetzt

Schwester, was ist in dir zerbrochen, was ist passiert, ich kenne dich nicht wieder. Ich habe dir meine Gedanken erzählt und du reagierst völlig unvermutet mit Hass, nahezu hysterisch, mit Geschrei und Verwünschungen für Menschen, die nicht deiner Meinung sind. Du trägst Scheuklappen, die deinen Blick nach links oder rechts nicht zulassen. Dein Blick geht stur geradeaus. Du, mit der ich mich immer austauschen konnte, mit der ich gelacht, diskutiert habe, wer bist du heute?
Kein Funken von Liebe, Verständnis und Akzeptanz den Mitmenschen gegenüber. Wovor hast du solche Angst? Deine Augen sind kalt geworden. Sprich mit mir, erleichtere dein Gewissen, mach deine Seele frei.

Wir beide werden die Welt nicht anhalten können, wir werden sie nicht verbessern und es wird uns beide nicht gelingen, das was kommt, aufzuhalten.
Darum vermiese nicht dein Leben, es lohnt sich nicht.

Dein Grab ist noch frisch

„ Suchst du Vergessen der Sorgen, heute im Wein,
so wirst du schon morgen von ihm abhängig sein.
Dir reicht nicht mehr Wein, der ist dir zu schwach.
Du musst es ja wissen, du bist doch vom Fach.

Du trinkst diesen Saft ausschließlich aus Kannen,
um das Verlangen der Sucht, nun endlich zu bannen."
„Der Wein ist für Kinder, der gibt nichts mehr her.
Mein Durst ist zu groß, er verlangt jetzt nach mehr.

Da gibt es noch Sachen, die haben Prozente,
das erzielt noch bei mir die großen Momente.
Der Schnaps ist die Lösung, bringt Schnaps mir genug.
Was will man mit Wein, das ist ein Betrug.

Deshalb trinke ich Schnaps, denn der macht mich froh.
Auf den Morgen mit Schnaps, darauf freu ich mich so.
Auch in der Nacht tut ein Schluck mir immer recht gut,
der bringt mir die Klarsicht und erzeugt neuen Mut."

„So dreht sich der Reigen dem Ende schnell zu.
Dem Schnaps bist du hörig, der Verlierer bist du,
somit ist es dein Ende, schleichst dich aus dem Leben.
Dein Grab ist noch frisch, ich setz einen Weinstock daneben."

Wie lebst du, Frau Nachbarin?

Ich sehe dich hinter verschlossenem Fenster, sehnsüchtig nach draußen blicken. Dein Blick ist traurig, ich spüre körperlich deine Einsamkeit. Das Gartentor ist verschlossen, keiner öffnet dieses Tor, jeder Kontakt mit anderen Menschen wurde dir verboten, deine Angst ist geschürt vom Fernseher und der täglichen Zeitung. Diese Medien sind dein einziger Kontakt zur Außenwelt, sie beherrschen dein Sein und Denken. Ab und zu läutet das Telefon, anscheinend sind es die besorgten Kinder, die irgendwo weiter weg leben: „Lass ja niemand zu dir. Sie bringen dir den Virus mit, da nützt es auch nicht, dass du schon dreifach geimpft bist.“
So laufen Tränen über deine Wangen und du fragt dich: Ist das der Lohn für ein ausgefülltes, arbeitsreiches Leben? Was bringt mir mein bisschen Leben, wenn ich isoliert bin? Niemand ist mehr hier, um den ich mich kümmern kann, keine Kinderarme, die mich umschlingen, die mich die Oma, küssen und um den Hals fallen. Ist dieser Verlust es wert, Angst vor dem Virus zu haben? Die Bitterkeit dieser Erkenntnis ist schmerzvoller als jede Krankheit. Da wäre der Tod eine Erlösung.
So möchte ich einst nicht enden.

Friss oder stirb

Es kommt der Winter schon bald und der Frost zieht ins Land.
Er hat über dem Land einen Bogen gespannt
und der Schnee fällt in Mengen, die Dächer verschwinden.
Man kann sie nur noch unter Schneewechten finden.

Das bringt Not in die Häuser, kein Holz um zu heizen,
so muss man im Hause mit der Wärme recht geizen.
Auch keine Arbeit bisweilen, denn die Firma macht zu.
So ist jetzt die Lage und auf der Straße bleibst du.

Keine Arbeit, kein Geld und im Haus drin ists kalt.
Auf den Fenstern, die Blumen, hat der Frost hingemalt.
Wer schert sich ums Volk, wer schert sich um dich?
Sie feiern und fressen, rundherum drehen sie sich.

Sie nehmen Steuern und Spenden, zum eigenen Wohl.
„Licht kommt ins Dunkel," doch der Spruch klingt recht hohl.
Dort tummeln sie sich, in fröhlichen Scharen,
doch du liebes Volk, hilf bitte uns sparen.

Gib dazu deinen Groschen oder besser noch mehr
und schick dieses Geld zu uns bitte her,
damit das Licht nicht erlischt und die Feier nicht stirbt.
Der Sinn ist ein guter, um den man ordentlich wirbt.

Mensch, erwache!

Wir haben Augen um zu sehen, wir haben Ohren, um zu hören, wir haben ein Herz, um zu fühlen, eine Nase zum Riechen und Hände, um zu Tasten. Also wir könnten sehen, wir könnten hören, wir könnten fühlen, riechen, spüren. Doch warum tun wir es nicht?
Wir lassen uns von außen berieseln, einlullen, haben unser eigenständiges Denken abgegeben. Wir lassen andere für uns entscheiden, wir haben uns zu Jasagern entwickelt. Alle Fähigkeiten die Gott uns mitgegeben hat, lassen wir verkümmern. Wir haben unser Hirn ausgeschaltet, unseren Bauch zum Schweigen gebracht. Wir funktionieren nur mehr wie ein Roboter, der seine Arbeit monoton verrichtet. Uns regiert das Geld, der Wohlstand, der falsche Glanz der Reichen, dem streben wir nach, dort möchten wir hin, nicht bemerkend, dass dies der komplett falsche Weg ist. Wir haben den Absprung verpasst, rennen alle in die falsche Richtung. Die uns von Gott vorgegebenen Wege haben wir verlassen, um den Verlockungen, der Täuschung falscher Versprechungen zu folgen. Mensch wie tieft sind wir gesunken.

Doch ist es für eine Umkehr wirklich zu spät? Wenn wir wieder beginnen, auf uns selbst zu hören, unser Umfeld wieder sehen, unserem Bauch gestatten zu fühlen, unser Herz wieder öffnen für die Mitmenschen, Unrecht schon von weitem zu riechen, unsere Hände wieder benutzen um zu streicheln, zu liebkosen.
Mensch, die Welt könnte wieder aus ihrer Kälte erwachen und zur Wärme gelangen.

Das Glück ist ein Vogerl

Ist dein Leben ein Glücksfall, ein einziger Hit?
Bist du vorne dabei, machst alles du mit?
Ist dein Ziel, dein Erstreben, was modern ist und schick?
Jetzt frag ich dich ernstlich: Ist das wirklich dein Glück?

Ist es nicht Täuschung oder sind es nur Träume,
alles was machbar, dass man ja nichts versäume?
Das Glück ist ganz anders, es ist heimlich und still.
Es ist nicht das Haben und Wollen und grad was man will.

Das Glück ist ein Vogerl, es setzt sich wo nieder,
und verscheuchst du es gleich, so kommt es nicht wieder.
Sei bescheiden und friedlich, im Nehmen und Fordern,
hör auf mit dem Wünschen, neue Güter zu ordern.

Brüder und Schwestern, setzt ab, bleibt bei Sinnen
und versucht einen neuen Weg zu beginnen.
Das Glück ist ein Vogerl, denkt immer daran,
hat man es verscheucht, es nicht erhaschen mehr kann.

Ödes Land?

Wir fahren schon stundenlang durch ödes karges Land. Kein einziger grüner Grasbüschel färbt das Braun der Erde. Steine um Steine bedecken diese von der Sonnenglut verbrannten Erde. Kilometer um Kilometer das gleiche bedrückende Bild. Von was und vor allem wie, leben die Menschen hier? Denn es gibt Leben in dieser fruchtlosen Wüste. Denn große Schafherden ziehen suchend nach Futter über diese Steppe. Weit entfernt eine armselige Hütte, in denen leben Menschen. Aber wie? Für mich kaum vorstellbar, kann man von Nichts leben um dieses kurze Leben zu verbringen? Noch dazu glücklich und zufrieden? Ich glaube, in ihrem tiefen Glauben an Allah, der ihre Wege lenkt, stellen sie keine weiteren Anforderungen. Sie haben auch nie etwas anderes kenngelernt. Der Familienverband gibt ihnen Kraft, Halt und Geborgenheit. Die Kinder kommen wie es Allah für sie vorgesehen hat. Im Schoß der Mutter, im Blickfeld des Vaters, bekommen sie alle Liebe und Zuwendung, die sie für ihr Leben brauchen.
Die Zeit ist hier seit Jahrhunderten stehen geblieben, ich fühle mich zurückgesetzt in das tiefste Mittelalter. Doch fährt man an ihnen vorbei, so winken sie, lachen, oft zahnlos, freundlich, uns nach. Ich werde hier keine Antwort auf meine Fragen bekommen.
Die Menschen hier kennen keinen Stress, keine Reizüberflutung, keine Hektik. Ruhig und gelassen folgen sie ihrer Schafherde, die Gebetsschnur in der Hand.

Konsum und Kommerz

Es schneit und es friert und es weihnachtet sehr.
Man merkt es am Trubel und am Verkehr.
Die Leute, sie rennen und suchen geschwind,
in den Geschäften und Märkten, wo Geschenke noch sind.

Von allen verlassen, sitzt ein einsamer Mann,
ein Bettler, ein Armer, der sich nicht helfen mehr kann,
auf einem Hocker am Eingang zu einem Geschäft
und hofft auf die Menschen, dass ihr Mitleid nicht schläft.

Es wandern die Massen an ihm so vorbei.
Mal fällt was ins Körbchen, mal ein Groschen, mal zwei.
Seine Füße sind kalt und sein Magen ist leer
und die Menschen, sie laufen um ihre Weihnachtsbescher.

Ja Weihnacht ist bald, das hat er gekannt.
Es hat ihn auch früher jemand Vater genannt.
Doch jetzt ist er einsam, von allen verlassen.
So trottet er wieder durch die beleuchteten Gassen,

wie im Jahr auch zuvor, beinah wär er erfroren.
Beinah hätt er den Mut für sein Leben verloren,
auch wenn, wie diesmal, die Suppenküche ihm winkt,
weil die seelische Not ins Unermessliche sinkt.

Was heute noch zählt, ist Konsum und Kommerz.
Die Welt hat für einen Armen, einen Bettler, kein Herz.
Es brennen die Kerzen, geschmückt ist der Baum.
An Arme, Vergessene, denkt man heute noch kaum.

Wie lebt ihr hinter Klostermauern?

Im Schutz der alten Gemäuer, unter dem Mantel der Gläubigkeit, doch oft fern aller Realität? War und ist es euer freier Wille, dieses Leben in Askese und Enthaltsamkeit zu verbringen? In der Gemeinschaft mit euren Brüdern und Schwestern , Gott zu dienen, zu gehorchen? Kein leichter Weg, denn auch ihr werdet konfrontiert mit weltlichen Gelüsten. Dem stets abzusagen ist ein schweres Joch, welches euch aufgebürdet wird. Solltet ihr aber diesen natürlichen Gelüsten einmal nachgeben, werdet ihr mit Vorwürfen und vor allem eurem eigenen Gewissen gepeinigt.

Doch Gott, der Herr verzeiht euch, er hat Verständnis, wenn ihr den Schwächen des Lebens unterliegt. Gott hat den Menschen so geschaffen, wie er ist, dafür brauchen wir uns nicht zu schämen. Es ist Gottes Werk! Sich wieder aufzurichten, Gutes zu tun und Nächstenliebe zu versprühen, ist eure Aufgabe. Eure Aufgaben sind vielfältig, ihr leistet Dienst, nicht nur an Gott, dem ihr verpflichtet seid, sondern auch an euren Mitmenschen. Da könnt ihr viel Gutes tun und ihr werdet nicht nur in der Seelsorge gebraucht. Die Menschen warten auf euch, geht raus aus dem Schutz der Mauern, stellt euch euren Brüdern und Schwestern. Teilt mit ihnen ihre Sorgen und Nöte, alle Bedenken, aber auch Freude und tragt Gottvertrauen in die Welt.
Bringt Licht und Wärme in die Menschen, in eine Welt die leider schon so kalt geworden ist.

Dazu sagen wir „Halt!“

Ist das Leben noch Leben, ist das Leben noch Wert?
Es läuft alles daneben, er läuft alles verkehrt.
Ihr Brüder, ihr Schwestern, so hört euch mal um.
Es verschlägt euch die Sprache, schon bald seid ihr stumm.

Wenn es weiter so zutrifft, so wie es geplant,
dann wird es noch schlimmer, als ihr es geahnt.
Die Freiheit im Eimer, jeder Wille beschränkt.
Wir sind alle gedopt, auch das was man denkt.

Das Fleisch ist geimpft, selbst die Gedanken gespeichert.
Sie erklären es uns, wie es das Leben bereichert,
die Umwelt vertrocknet oder im Wasser ersäuft.
Sie sind sich nicht einig, was in der Umwelt so läuft.

Der Erdball wird heiß, so hört man jetzt munkeln.
deshalb will man bei Zeiten die Sonne verdunkeln.
Die Politik ist in Rage, wie sie mit uns schimpft.
Wie lang wird es dauern und wir sind alle geimpft.

Doch zum Schluss noch das Beste, ein Chip soll es bringen,
dass wir nach Befehlen gehorchen, mal stehen, mal springen.
Und sind wir nicht willig, sie brauchen Gewalt.
Zu all diesen Plänen, dazu sagen wir Halt!

Fragen, über Fragen!

Hallo, wie lebst du in dieser turbulenten Zeit, wo man nicht weiß, was ist richtig, was ist falsch, wo ist oben, wo ist unten? Wirst du belogen oder hörst du die Wahrheit in deinem Freundeskreis? Wie sehr trifft dich diese Krise, erlebst du deinen Tiefpunkt, bist du von Zweifel und Hoffnung geplagt? Ergeht es dir wie mir, von einem Hoch ins nächste Tief, ein Auf und Ab der Gefühle?
Wie wird es morgen sein, wie in einem Jahr? Wir leben in einer Zeit der Ungewissheit, wo unsere Pläne täglich über den Haufen geworfen werden, keiner Rücksicht nimmt, nichts ist mehr so, wie es einmal war. Dein Freund, dein Nachbar, wird auf einmal zum Gegner, ihr versteht euch gegenseitig nicht mehr. Die Meinung des einen wird vom anderen nicht mehr akzeptiert, es kommt zu Schuldzuweisungen, hüte dich davor, dich da mitreißen zu lassen. Doch muss man sich deshalb schämen, anders zu denken, anders zu fühlen, einen Standpunkt zu haben, fest hinter seiner Meinung zu stehen, sich nicht verbiegen zu lassen?
Mein Freund, mein Bruder, meine Schwester verzage nicht, einmal wird wieder die Sonne scheinen und du kannst getrost wieder aufrecht in den Spiegel schauen.

Damals – Heute

Nichts ist mehr wie es früher war, so heimelig, so unverdorben.
Auch früher hat man zur rechten Zeit für Weihnacht schon geworben.
Da war die Landschaft dunkel, bereits am Nachmittag um vier.
Nicht so hell erleuchtet wie heute in Stadt und Dorf
und wie auch hier bei mir.

Bei Kerzenschein hat man gebetet, mehr Beleuchtung gab es nicht.
Ich kann mich noch erinnern wie die Stube hat erleuchtet
nur ein Petroleumlicht.
Ums Haus hat sich der Wind geschlichen, der Schnee lag einen Meter
hoch.
Auch dass wir oft gefroren haben, daran denk ich öfters noch.

Die Weihnacht rückte näher, ich hab die Tage schon gezählt.
Bald haben wir in unserem Wald den Christbaum ausgewählt.
Für Geschenke war kein Geld vorhanden, die Welt war damals arm.
Draußen war es bitterkalt, doch in der Stube war es warm.

Jedoch Blumen hatten wir im Haus genug,
doch nur aus Eis, auf unseren Fensterscheiben.
Mangels an Bekleidung mussten wir oft tagelang drin in der Stube
bleiben.
Es lag was in der Luft, das spürten wir schon bald.
Ganz heimlich holte unser Vater das Bäumchen aus dem Wald.

Geheimnisvoll war nun der Mutter Tätigkeit bis in die Nacht hinein.
Da stand er nun am Heilig Abend, der Baum im Kerzenschein.
Was damals uns so froh gestimmt, war ehrlich wohl gemeint.
Da standen wir im Kreis herum, um das Bäumchen nun vereint.

Weihnacht war es damals und ist es auch noch heute.
Doch wie hat er sich verändert der schöne Brauch, ihr Leute?
Ich muss es euch nicht sagen, ihr wisst es selber so.
Ist ein Kind am Weihnachtsabend nur mit einem Bäumchen auch noch
froh?

Was hat sich so verändert von damals an bis heute?
Werden nicht die Wünsche schon vorher aufgetischt in voller
Bandesbreite?
Damals war nur Weihnacht und rundherum war nichts,
Wir haben uns gefreut darauf, um des Festes, Angesichts.
Nichts ist mehr so wie es früher war, man ist auch selbst nicht mehr wie
einst.
Du wirst sicher Recht mir geben, wenn du es ehrlich meinst.

Bruder wohin?

Bruder wohin des Weges? Was bewegt dich zu gehen? Wohin soll dein Weg dich führen? Die Heimat zu verlassen, die für dich trotz aller Armut, aller Hoffnungslosigkeit, aller Nöte, immer Zufluchtsstätte war? Wo deine Brüder und Schwestern auf dich warten, die all ihre Hoffnung auf dich gesetzt haben, weil du der Mittelpunkt ihres Lebens bist? Ist die Not auch noch so groß, gemeinsam seid ihr eine Familie, eine Familie die zusammenhält, gemeinsam teilt, dich formt, die dich in die Verantwortung nimmt, welche dich aber auch liebt, so wie du bist.
Und du willst gehen? Wohin, in ein Land wo angeblich Milch und Honig fließen? Lass dich nicht blenden mit falschen Versprechungen mit falschen Lockungen. Das Leben in der Fremde ist hart, du bekommst nichts geschenkt, du bist dort ein Niemand. Keiner nimmt dich dort in seinen Freundeskreis auf, dir bläst ein kalter Wind entgegen. In diesem neuen Land umfängt dich Hass und Ablehnung. Der Mensch, der du zu Hause warst, geliebt und anerkannt, der bist du nicht mehr. Es braucht dich dort niemand , du bist unerwünscht. Das schmerzt, das tut weh, doch es gibt für dich kein Zurück mehr. Willst du im fremden Land bestehen, musst du jedes bisschen Glück hart erarbeiten, so wie es ein jeder macht und getan hat um zu dem zu kommen, was er heute ist, denn nicht alles ist Gold, das glänzt. Niemand bekommt etwas geschenkt, lass dich nicht blenden. Die Rosen fallen nicht vom Himmel, und ein Zurück ist kaum mehr möglich. Bruder bleib in deinem Land, bleib bei Deinesgleichen, bleib dort, wo dein Stammbaum ist. Verpflanze ihn nicht. Im fremden Land wird er verdorren.

Das ganze Land ein Lager

Wie lebst du heute dort, wo früher Lager waren?
Wo sie vor Hunger, Seuchen, gestorben sind in Scharen,
in Russland, in Sibirien, weit hinter dem Ural?
Geschichten aus der Zeit, die schmecken heute schal.

Wie lebst du heute dort, wo Arbeit frei sie machte?
Wo sie nur spuren mussten und ein anderer für sie dachte.

Wo sie Apell gestanden, oft stundenlang bei Nacht.
Wo die Schikanen schon die Gefangenen mürb gemacht.

Wie lebst du heute dort, bist du selbst gefangen dort?
Hat sich die Lage nicht verbessert, an diesem finstern Ort?
Ist noch Stacheldraht vorhanden oder ist dort freie Wahl?
Gibt es noch solche Orte viele, noch genügend an der Zahl?

Wie lebst du heute dort? Was empfindest du noch heute?
Auch wenn du dort nur leben willst, sowie die meisten Leute,
so ist der Boden dort durchtränkt mit Tränen, Blut und Schweiß.
Du musst es auch verspüren, das ist dafür der Preis.

Wie lebst du heute dort, wo früher Lager waren?
Wo sie vor Hunger, Seuchen, gestorben sind in Scharen,
in Deutschland und in Polen, oft nur auf freiem Feld?
Dort hat so manch Gefangener den Freitod ausgewählt.

Das war die letzte Freiheit, die den Ärmsten ist geblieben.
Wenn wir darüber sprechen, wird die Geschichte neu geschrieben.
Ich wünsche mir persönlich, dass der Mensch es bald kapiert,
dass nicht das ganze Land, zu einem Lager wird.

Wie fühlt ihr Euch?

Ich stehe vor einer Glastüre und habe ein beklemmendes Gefühl. Was erwartet mich hier in diesem Haus, sobald ich eintrete? Zur Begrüßung Desinfektion, Mundschutz und Ausweiskontrolle. Ich bin in einem Altersheim, vornehmer auch Seniorenresidenz, genannt.
Wie lebt ihr hier, ihr Brüder, ihr Schwestern?
Müde, einsam, verlassen, abgeschoben? Sie sitzen hier in ihren Stühlen, den Kopf zu Boden gesenkt. Demütig sich ihrem Schicksal ausgeliefert. Vorsichtig heben manche den Kopf, sehen mir entgegen, Hoffnung flackert in ihren Augen auf. Wem gilt dieser Besuch? Ein Besuch, der heute die Welt von außen hierher bringt, gibt es Neuigkeiten?

Neuigkeiten von denen diese Menschen wieder lange zehren können. Es tut mir in der Seele weh, diese Leute zu sehen, trotz liebevoller Betreuung durch das Personal, trotz hervorragender Pflege, bleibt in ihnen die Sehnsucht nach „Daheim“. Daheim in den eigenen vier Wänden, daheim wo all ihr Leben sich abgespielt hat. Daheim, wo sie Leid aber auch viel Freude erlebt haben. Daheim, wo ihre Kinder und Enkel ihr Leben bereichert haben.

Das in einer Zeit, wo der Wohlstand blüht, doch die Menschlichkeit verloren gegangen ist. Wo vergessen wird, was es heißt, Mensch zu sein, dankbar für das, was uns diese Menschen ermöglicht haben? Sie, unsere Vorfahren haben wesentlich dazu beigetragen, dass wir heute all dies haben. Ich weiß aus eigener Erfahrung, dass es nicht leicht ist, den alten Menschen zu pflegen, ihm in seinen Bedürfnissen gerecht zu werden. Dass die Pflege, den eigenen Rhythmus durcheinander bringt, das eigene Familienleben stört, von einem alles abverlangt, zu verzichten, geduldig zu sein und nicht gleich aus der Haut zu fahren, wenn die Fragen immer kurioser werden. Auf ihn einzugehen und den Menschen anzunehmen, so wie er ist und ihm am Ende seines Lebens die Hand zu halten.

Es sind Mauern aufgetürmt

Wie lebst du, Nachbar, zur rechten, wie zur linken Hand?
Ich denk, wir sind schon Fremde, obwohl im selben Land.
Es trennen uns schon Zäune und Mauern wehrhaft stark,
obwohl es keine Mauern gibt, in unsrer grünen Mark.

Es sind Mauern aufgetürmt, idiologisch, stark bewährt,
damit dem einen wie dem andern kein Unglück widerfährt.
Und Barrieren sind vorhanden, wo früher freies Feld.
Auf dieses freie Feld hat man Hürden hingestellt.

Wie lebst du, Nachbar dort, in deiner neuen Welt,
in der es an Zivilcourage und an Verständnis fehlt?
Willst du nicht helfen abzubauen , die Mauern und die Schranken
und von den Fesseln zu befreien, die Wörter und Gedanken?

Dass wieder freies Feld es werde, was sich früher so bewährt,
und leg dir selbst die Fesseln ab, die dein Menschenbild verzehrt.
Nachbar nimm den Riegel weg und öffne Tür und Tor.
Nimm die Binde von den Augen und hab nicht Angst davor.

Die katholischen Priester und das Zölibat

Die katholischen Priester sind nicht zu beneiden, ihnen wird mit dem Zölibat eine schwere Bürde auferlegt. Da lob ich mir die evangelische Kirche, die mit ihren Pastoren einen menschenwürdigen Umgang pflegt. Das ist meine persönliche Meinung. Ich kenne aus meinem Familien- und Verwandtenkreis sieben Priester oder gewesene Priester, die an ihrer Aufgabe gescheitert sind.
Ob nun einer sich zur Männerwelt hingezogen fühlte und trotzdem oder gerade deshalb, den Beruf des Priesters gewählt hat, ob ein angehender Priester aus demselben Grund noch vorher die Notbremse gezogen hat und jetzt mit seinem Partner zusammenlebt, ob zwei davon als Priester abtraten und eine Frau heirateten oder ob zumindest drei davon schwere Alkoholiker geworden sind, obwohl noch immer als Priester, der Grund war derselbe, das Zölibat. Auch kenne ich Priester, die heimlich, was andere, mutigere, öffentlich leben, nämlich, dass sie Nachwuchs gezeugt haben, auch hier ist der Zölibat schuld daran. Die evangelischen Pastoren können ein normales Ehe- und Familienleben, neben ihrer Berufung, neben ihrem Beruf ausleben. Das finde ich ehrlicher und der menschlichen Rasse angepasst. Ein katholischer Priester, der nicht aus voller Überzeugung und freiem Willen diesen Weg beschreitet, leidet sein Leben lang unter dieser Beschränkung.

Zölibat und Ornat

Wie lebst du, mein Bruder, unter deinem Ornat?
Es leitet diese Kleidung deinen Geist in der Tat.
„Bestimmung" sagst du, ist diese Antwort wohl ehrlich
und ist nicht zu oft die Versuchung gefährlich?
Ist es nicht so, wie mir einer mal sagte,
wie er sein Schicksal bei mir so beklagte:

„Der Mutter zuliebe, zog ich an dies Gewand.
Ich hatte schon vorher das Leben gekannt.
Weil gehorsam ich war, hab ich nicht getraut mich zu fragen,
wie im Priestergewand das Zölibat ich soll tragen.
So nahm ich das Kreuz, als verpflichtende Bürde.
Meine Mutter war selig, sie empfand es als Würde."

So sprach dieser Priester, der heut keiner mehr ist.
Zu groß war die Last und zu lang war die Frist.
Bruder, wie lebst du, ist das Zölibat dir nicht Last?
Leidet dein Leben darunter, weil du eines nur hast,
oder ist es Erfüllung und Bestimmung zugleich?
Wenn es so ist, dann bist im Geiste du reich.

Ist der Satan am Werk?

Wie haben meine, unsere Vorfahren sich an den Dogmen des Vatikans und des jeweiligen Papstes festgehalten. Ich war, gezwungenermaßen, auch ein eifriger Kirchengänger, bis zu meinem siebzehnten Lebensjahr. Ich kann mich erinnern, dass wir den jeweiligen Papst und den amtierenden Bischof in die Fürbitten mit eingeschlossen haben. Schon etwas später ist es mir wie Schuppen von den Augen gefallen, für was der Vatikan steht. Für Machtausübung und für Unterdrückung der großen Schar der Gläubigen gegenüber. Die Hand des Papstes reichte über unseren Priester bis in unsere Kirche. Mir ist auch klar geworden, dass manche Priester selbst die Getäuschten waren, die an die hehre Absicht des Vatikans geglaubt haben. Nehmen wir die Situation der Jahre 2020 und 2021 her und versuchen zu begreifen, was die Kirche uns vorspielt. Es gab noch nie in der Geschichte eine ähnliche Situation, wo Gläubige behindert oder sogar vom Kirchgang ausgeschlossen wurden. Es gab noch nie in der Geschichte geschlossene Kirchen, wegen einer „Pandemie", die nicht gefährlicher ist, als eine gewöhnliche Grippe. Dies zeigt die verwerfliche Einstellung des Vatikans, aus dem die Bestimmungen an die Priester weitergegeben werden, den Gläubigen gegenüber. Dies zeigt auch die Scheinheiligkeit vieler Bischöfe und Priester, den Papst mit eingeschlossen, wenn sie ihren wahren Glauben uns darlegen. Den wahren Glauben an die Weltelite, an die weltliche Macht, an die satanischen Mächte. Der wahre Gott ist abmontiert!

Fakenews

Es dunkelt bereits und der Nebel zieht auf.
Von oben noch setzt sich eine Wolkenbank drauf,
und unten, dazwischen, ein Häuschen sich lehnt.
Ein Mensch sich darinnen in Sicherheit wähnt.

Im windschiefen Häuschen die Sicherheit trügt,
und der Mainstream spielt falsch und offenbar lügt,
wenn er verbreitet die Nachricht von den sicheren Banden.
Von all dem Gerede ist nichts dort vorhanden.

Im Häuschen am Waldrand ist nichts davon wahr.
dort nimmt man Verzweiflung und die Ängste für bar.
Die Bedrohung von außen, diese gefährliche Macht,
die hat die Bewohner dort so verzweifelt gemacht.

Wohl bräuchten sie Hilfe, die ehrlich gemeint,
die nicht spaltet, nicht trennt, die wahrlich vereint.
Die Presse, der Rundfunk, trägt es täglich ins Haus
und nimmt aus dem Häuschen die Hoffnung heraus.

Wer schwach ist und einsam, der leidet am meisten,
der kann sich die Fakenews am wenigsten leisten.
Das Häuschen ist schief und der Mut ist dahin,
und in diesem Dilemma leben Menschen darin.

Alles Geld ist gebunden

Wie trägst du die Bürde, wie trägst du die Last.
die dich so bedrückt, die auf deinen Schultern du hast?
Du bist Frau und du bist Mutter im täglichen Leben,
willst Stärke und Trost und Sicherheit geben.

Du nimmst es als Pflicht, deine Kinder zu schützen,
und als Aufgabe siehst du, deine Eltern zu stützen.

Aber dich schützt hier niemand von all den Gefahren,
und niemand wird dich vor diesen bewahren.

Du allein stehst im Weg, stehst alleine im Wind,
wo Gefahren und Bürden genug davon sind.
Wenn du Hilfe erwartest von staatlicher Hand,
dann hast du den Staat bisher nicht noch gekannt.

Kein Geld ist vorhanden, weil alles gebunden,
weil alles schon längst Abnehmer gefunden.
Du Frau, mit den Kindern, mit den hilflosen Alten,
versuche dein Leben so selbst zu gestalten.

Die Politik ist eine Hure

Wie hat sich die Politik gewandelt? Natürlich hatten Politiker schon immer Dreck und Blut an ihren Händen, aber so offensichtlich wie sie jetzt gegen das eigene Volk agiert, das hat es vorher in Mitteleuropa in den letzten 70 Jahren nicht gegeben. Sie regieren sich selbst, das Volk liefert die Mittel dazu, sprich, das Steuergeld, aus dem sie sich schamlos bedienen. Man kann getrost alle Parteien in denselben Trog werfen, aus dem sie sich ernähren. Eine wirkliche Opposition gibt es nicht. Auch wenn sich einige Wenige zu profilieren versuchen. Das Parteiensystem ist so aufgebaut, dass sie sich gegenseitig nicht allzu weh tun. Das Schauspiel, welches sich in Österreich und Deutschland heute im Dezember 2021 bietet, ist nur noch ein Schurkenstück.

Da werden die Minister ausgetauscht, wie die schmutzige Unterwäsche. Da werden Minister eingesetzt, die nicht die geringste Befähigung dafür mitbringen, außer, dass sie linientreu agieren. Sie alle zusammen sind erpressbar, anders ist ihre Handlungsweise nicht erklärbar. Die Politik in unseren Ländern ähnelt Sandkastenspielen von Kleinkindern. Über all den Schurken thront der Bundespräsident mit seinem fürstlichen Gehalt und hält der Regierung die Stange.
Hat nicht ein ehemaliger Bundeskanzler gesagt: „ Ich habe schon im Sandkasten davon geträumt, dass ich Bundeskanzler werde."

Solche Typen wollen die Geschicke eines Landes führen. Welche Ironie! Welche grausame Ironie! Wir wissen, dass sie nichts zu bestimmen haben, dass sie nur die Ausführenden der Weltelite sind, die eine Agenda verfolgt. Wir befinden uns an der Klippe eines fürchterlichen Abgrundes. Ein Sturz in diesen würde die Zivilisation um Jahrzehnte, wenn nicht um Jahrhunderte zurückwerfen, in den tiefsten Kommunismus, in die „Eine Weltregierung.“ „ Ihr werdet nichts besitzen und ihr werdet froh darüber sein.“ (Claus Schwab)

Gib es zu und kehr um

Du bist an der Macht und übst sie recht aus
und strebst über deine Befugnis hinaus.
Die Politik ist dein Feld, dort verdienst du dein Moos,
und wie du dich gibst, macht deine Schuld übergroß.

Du greifst in der Menschen private Rechte hinein,
und glaubst recht zu handeln, so kann es nicht sein.
Du beschimpfst und bedrohst, wer gegen dich ist.
Du nennst sie Verleumder und auch Terrorist.

Bedenke, mein Bruder, dies Wort fällt mir schwer,
du bedeckst uns mit Ängsten und der schlimmsten Bescher
und hast keinen Grund, nach meinem Verständnis.
Du bist auf dem Holzweg, das ist dein Verhängnis.

Noch will ich verstehen, wie du handelst und misst,
auch möcht ich begreifen, wie du denkst, wer du bist.
Ich versuch zu vollziehen, deine Furcht, deine Angst
um deinen Job als Minister, wie du um ihn bangst.

Du hast dich verrannt, bist in der Sackgasse drin.
Gib es zu und kehr um, das ergäbe noch Sinn.
Ich könnt es verstehen, wenn du es besser nicht weißt.
Ich verzeih dir, mein Bruder, auch wenn du Nehammer heißt.

Die Polizei, dein Freund und Helfer

Was für ein Hohn, dieser Spruch. Seitdem die Gendarmerie abgeschafft wurde, habe ich persönlich keinen Polizisten als meinen Helfer empfunden. Der Polizist ist immer als mein Gegner aufgetreten, sei es bei Verkehrskontrollen, denen ich ausgesetzt war, oder bei der Aufnahme von Daten beim Diebstahl unserer Fahrräder und Mopeds, noch bei anderen Gelegenheiten. Immer musste ich meine Unschuld beweisen. In jeder Situation hat sich der Polizist über mich gestellt. Obwohl ich in einer Landgemeinde lebe, wo nicht die vom System eigens dafür aufgestellten Truppen von „Ordnungshütern“ ihren „Dienst“ versehen, habe ich mich von der Polizei immer bedroht gefühlt. Allein der martialische Auftritt, dieser, bis an die Zähne bewaffneten Truppe symbolisiert an den Bürger, wer hier die Macht verkörpern will.
Schauen wir in die anderen Länder, nach Deutschland, Frankreich, Australien, wie dort das Volk zusammengeschlagen wird. Sogar in Wien und in anderen österreichischen Städten gehen sie mit Wasserwerfern , Schlagstöcken und Pfefferspray auf friedlich demonstrierende Bürger los. Die heutige Polizei ist nicht der Freund und Helfer des Volkes, aus dem sie stammen und in deren Gesellschaft sie leben. Sie sind nur noch die Steigbügelhalter unserer sogenannten Regierung. Sie sollten sich für ihr schändliches Treiben schämen. Wahrscheinlich ist ihnen jegliches Ehrgefühl und jede Schamhaftigkeit abgewöhnt worden.

Ich stelle mir selbst die Frage: Warum ekelt es mich vor jedem Polizisten? Warum werfe ich alle in denselben Topf? Es muss wohl über die Jahre hin der bleibende Eindruck entstanden sein, der mir diesen Ekel beschert. In meiner Jugend hatten wir einen freundschaftlichen, aber doch respektvollen Umgang mit den Dorfgendarmen, obwohl wir nicht die Bravsten waren.

Deine Macht ist die Waffe

Deine Macht ist die Waffe, ist der Helm, ist das Schild.
Kaum bist du mal friedlich, schon eher oft wild.
Deine Aufgabe ist es, die Ordnung zu schaffen.
Auf was du dich stützt, das sind gefährliche Waffen.

Missbrauch nicht die Macht, die dir so verliehen,
denn oft ist daraus schon Unrecht gediehen.
Überleg was du machst, sei friedlich, sei ehrlich,
auch wenn diese Macht dir allzu begehrlich.

Du bist Polizist und bist Mensch in einer Gestalt,
und greif nicht im Zorn zu falscher Gewalt.
Das Recht ist dein Spielfeld, deshalb bieg es nicht hin,
sonst seh ich im Recht keinen Sinn mehr darin.

Steck weg deinen Schlagstock und zügle den Mut
und bekämpfe in dir die gefährliche Glut.
Du sollst nicht im Taumel deine Rechte verkennen.
Ich will doch auch weiter meinen Bruder dich nennen.

Die Hoffnung stirbt zuletzt!

Wie bekämpfe ich meine Ängste vor den drohenden, unabwägbaren Gefahren, die derzeit auf uns lauern? Die Angst vor totaler Unterdrückung, vor dem Verlust der letzten Freiheit? Vor dem Verlust der Meinungsfreiheit, vor durchgehender Überwachung, vor dem Zwang mich immer wieder experimentellen Behandlungsmethoden unterwerfen zu müssen. Wer hilft mir dabei diese Ängste zu überstehen? Wie kann mir das selbstständig gelingen? Mit positiven Gedanken, wenn die Wogen bereits über mich zusammenschlagen? Diese Ängste nehmen mir jede Kreativität, jeden freien Raum zur Selbstentfaltung. Diese Ängste verdrängen und in der Diktatur aufzuwachen, ohne erlebten Übergang?

Dann bleibt mir nur noch meinem Leben ein Ende zu setzen. Zu festgefügt ist in mir die gelebte Freiheit, als dass ich in einer Diktatur weiterleben möchte. Soll ich mich an die schwache Hoffnung klammern, dass sich noch alles einrenken wird, dass es nicht so schlimm kommen wird?
Der Weltelite bleibt nichts anderes übrig, als ihre Pläne durchzuziehen, ansonsten stehen sie vor dem völligen Bankrott. Was hilft mir die Aussage, dass bisher noch jede Diktatur ihr Ende gefunden hat, wenn nachweisbar die letzte große Diktatur, der Kommunismus, zumindest 80 Jahre überlebt hat und heute noch an der Macht ist? So viel Zeit habe ich nicht mehr und will mir auch nicht geben, um auf das Ende allen Übels zu warten. Sich zusammenschließen, sich vernetzen?

Ja, die Idee ist nicht schlecht, aber was soll sie bewirken, außer, dass anstatt hunderttausend, zweihunderttausend Menschen demonstrieren und ihren Unmut kundtun? Unsere, und alle Handlangerregierungen sind selbst getriebene, erpressbare Kreaturen. Sie können nicht anders, als Befehle auszuführen. Die Macht dahinter ist zu groß. Es werden nur solche eingesetzt, die erpressbar sind. Wir haben sie nicht gewählt! Diese Pläne haben eine lange Vorlaufzeit. Da wurde ein Puzzle zum anderen gesetzt, bis es das heutige Bild der Politik ergeben hat. Was kann ich machen, um meine Ängste zu überwinden? Sie unterdrücken, sie überspielen? Angesichts der drohenden Gefahren fehlt mir die Kaltschnäuzigkeit. Eine bewusste Gefahr überspielen nützt nur für den Augenblick. Mich den Gefahren stellen? Was bleibt mir, was bleibt uns sonst übrig? Auf die Hoffnung setzen? Ja, die Hoffnung, dass irgendetwas diese Pläne durchkreuzt und deren Ausführung verhindert. Dies ist wohl der einzige Strohhalm, an dem wir uns festhalten können, denn die Hoffnung stirbt zuletzt.

Das führt nicht zum Ziele

Ihr Brüder, ihr Schwestern, dort in den Parteien,
ihr solltet bewusst nicht die Menschen entzweien,
nicht spalten das Volk, in Böse, in Gute.
Für die einen nur Lob, für die andern die Rute.

Die einen fürsorglich mit dem Impfstoff ummantelt,
die anderen werden wie Verräter behandelt.
Nur Strafe verordnen, das führt nicht zum Ziele.
Sie arrestieren zu wollen, dafür sind es zu viele.

Ihr Brüder, ihr Schwestern, da kommt ihr nicht raus.
Wenn ihr weiter so handelt, ist eure Wirkungszeit aus.
Gesteht eure Fehler und euer Versagen.
Danach wird dann später niemand mehr fragen.

Bruder, wo stehst du?

Bruder, wo stehst du, bist du standhaft genug,
dass du dagegen dich stellst, gegen den großen Betrug,
Dass du erkennst und bewertest, was dich so bedrückt,
dass der Angstschweiß dir kommt und nichts mehr dir glückt.

Ist dein Stand so gediegen, deine Haltung konstant,
sind die Gefahren der Zukunft dir eindringlich bekannt?
Das sind Fragen, nur Fragen, die helfen nicht weiter.
Die Menschen sind ängstlich, kein bisschen mehr heiter.

Streif hoch deine Ärmel, räumen den Unrat wir fort
und schreien hinaus, in die Welt, ein befreiendes Wort:
„Schluss mit der Folter“ auch wenn die Welt nicht gereift.
Wir schreien so oft, bis die Welt es begreift.

Bruder, wo stehst du, kann auf deine Hilfe ich zählen?
Es gibt nur die Tat, wir können nicht wählen.
Die Zeit wird uns zeigen, ob wir zu lange gesäumt
und dem Übel der Zeit, zu viel Zeit eingeräumt.

Bruder bleib stark auch wenn die Schwäche dich quält.
Allein das Ergebnis, am Ende nur zählt.
Bruder, ihr Brüder und Schwester, ihr Schwestern,
nach gemeinsamer Schlacht, das Übel war gestern.

Standhaft bleiben

Es gibt noch Brüder, die sich trauen zu fragen,
was wird heute gespielt und dann „Niemals" zu sagen.
Sich eine goldene Regel ins Gewissen zu schreiben,
danach auch zu leben und standhaft zu bleiben.

Diese goldene Regel erhält uns am Leben.
Es hilft nicht die Pflichten deinem Nachbarn zu geben
und über das Unheil den Kopf nur zu schütteln.
Es gilt jetzt die Schläfer aus dem Schlaf aufzurütteln.

Es ist Fünf schon nach Zwölf, die Zeit rinnt vorüber.
Über alles Versäumte, denkt nochmals darüber.
Es gilt jetzt zu bündeln die einzelnen Kräfte,
dass uns erwachsen, die treibenden Säfte.

Ihr Menschen, wir Menschen, wir leben noch leidlich,
doch droht uns ein Unheil, das gilt unvermeidlich.
Um dieses Unheil von uns abzuwenden,
müssen wir Zwänge und Diktaturen beenden.

Streif ab, deine Fesseln

Lebst du noch wirklich oder vegetierst du dahin,
oder hältst du dich krampfhaft im System noch darin?
Mit Schlagen und Stoßen, mit Ellenbogen gebrauchen,
mit Schaffen und Rennen, dass die Fußsohlen rauchen.

Und hast du verlernt ein gedeihliches Leben,
mit Obacht und Mitleid, mit Nehmen und Geben,
so bist du am Irrweg, kehr um und bedenk,
was Gutes du tust, wird dir selbst zum Geschenk.

Streif ab deine Fesseln, wirf ab deine Ketten
und versuche den Rest deines Lebens zu retten.
Was man dir auch zuruft, so hör gar nicht hin,
denn was sie auch sagen, es liegt keine Logik darin.

Hast gedient und gedienert, schon lange genug!
Zu gehorchen der Macht, das ist nur Betrug.
Bist belogen, betrogen, benützt und verraten,
wirst weiter wie bisher auf kleiner Flamme gebraten.

Stell dich selbst auf die Füße, denn knien hilft nicht.
Du wirst es bemerken, wie deine Karte gleich sticht.
Wie deine Sicht sich verändert, wie du Stärke gewinnst
und wie du für dich ein neues Leben beginnst.

Geben wir die Freiheit kund

Bruder komm, wir demonstrieren!
Willst du mit uns nicht mitmarschieren?
Nimm Fahnen mit und Transparente.
Wir machen diesem Spuk ein Ende.

Gemeinsam gehen wir in Reihen.
Wir wollen uns der Freiheit weihen,
der Freiheit und der Menschenwürde.
Entziehen wir uns dieser Bürde.

Denn so kanns nicht weitergehen.
Wir müssen zu der Freiheit stehen,
dafür kämpfen, uns erheben,
dafür unser Herzblut geben.

Bruder, halt sie hoch die Fahnen.
Denk daran, an unsere Ahnen,
wie sie einst ihr Blut vergossen.
Kämpfe auch du, unverdrossen.

Geben wir die Freiheit kund,
auf dem ganzen Erdenrund.
Der Menschen Glück hat einen Namen:
Freiheit, Freiheit, Freiheit, Amen!

Vergesst nicht die Alten!

Ich denk an die alten gebrechlichen Leute,
die im Pflegeheim sitzen, seit gestern, noch heute,
die dort warten und warten und warten und hoffen,
doch bleiben für die meisten die Wünsche dort offen.

Ja, offen die Wünsche und zu sind die Türen
und die Verantwortlichen dort die Ängste noch schüren.
Dort sitzen die Alten und starren hinaus.
So sieht in den Heimen der Alltag dort aus.

Jetzt kommt Weihnachten wieder, wir sind es gewohnt,
doch im Altersheim werden die Alten „geschont."
Keine Besuche von außen, denn die Ansteckung droht.
Wie ist nur die Gesellschaft heut schon so verroht.

Dort warten die Alten, auf Tod und Verderben.
Ihr klein bisschen Leben liegt plötzlich in Scherben.
„Den Lappen nur immer um Nase und Mund
und haltet den Abstand, dann bleibt ihr gesund."

Kein bisschen Gefühl für die, die einst strebten,
die für Kinder und Enkel ihr Leben einst lebten,
die bauten und sorgten und sparten und liefen,
die vor Sorgen und Nöten in der Nacht oft nicht schliefen.

Heut warten sie dort, auf ihrer letzten Station.
Was man Pflege dort nennt, das klingt wie ein Hohn.
Heut sind sie nur Nummern, haben nichts zu bestimmen.
Sie können ihrem Schicksal von selbst nicht entrinnen.

Deshalb warten sie dort, verzweifelt entsetzt
und hoffen und warten, solang bis zuletzt.
Die Gesellschaft ist grausam, bequem und erkaltet.
So werden die Alten in den Heimen verwaltet.

Es hilft dir wohl keiner

Wie lebst du, mein Bruder im Heute, im Morgen?
Was hast du für Ziele, für Wünsche, für Sorgen?
Ist dein Alltag zu schaffen, zu händeln, ersprießlich?
Erreichst du dein Ziel am Ende noch schließlich?

Das sind Fragen, mein Lieber, sind alles nur Fragen.
Die Lasten, die deinen, musst alleine du tragen.
Man legt in den Weg dir viel kantige Steine.
Aus dem Weg sie zu räumen, bist du nur alleine.

Darum räum weg jedes Übel, mit Mut und mit Kraft,
dann hast du im Leben schon vieles geschafft.
Wart nicht darauf, es hilft dir wohl keiner.
Pack an diese Plage, dann wird sie schon kleiner.

Bist Bruder, bist Schwester, oder sonst ein lieb Kind.
Die Zeit geht so rasend, sie geht so geschwind
und eh du versiehst, stehst du vor dem Aus
und du wanderst als Geist in das Weltall hinaus.

Hast Arbeit gelassen und Wünsche und Sorgen,
von denen du dachtest, das mache ich morgen.
Der Morgen kam schnell, der nächste Tag auch
und schon war dein Ziel nur Schall noch und Rauch.

Leb nur im Heute, darin setzt dir ein Ziel.
Den Blick nur auf Morgen bringt der Sorgen zu viel
und wart nicht darauf, es hilft dir wohl keiner.
Pack an jedes Übel, dann wird es schon kleiner.

Bruder, du trauerst

Bruder, du trauerst deiner Heimat noch nach,
obwohl du erfuhrst, dort Willkür und Schmach.
Heimat, ist Heimat, so dein Kommentar.
Du hast sie geopfert auf dem Freiheitsaltar.

Du denkst an die Kindheit in heimischen Mauern.
Bei diesen Gedanken kommt dir ein kindlich Bedauern.
Der Vater, die Mutter, die Familienbande,
die zu verlassen galt damals als Schande.

Der Opa, die Oma und die Nachbarn ringsum,
längst sind alle gestorben, längst sind alle stumm.
doch Erinnerung lebt, im Herzen dir weiter.
Bei diesen Gedanken wird dir wieder heiter.

Und Jahre nur später, du warst voll in Saft,
hast gestrebt und gerackert, hast Werte geschafft,
hast eine Frau dort gefunden, ein himmlisches Glück.
Besonders daran denkst du gerne zurück.

Ihr habt Hochzeit gemacht, im dörflichen Reigen.
Du konntest dein Weib voll Stolz allen zeigen.
Die Geigen, sie spielten und Trompeten, sie bliesen.
Erst am Tage danach sie euch beide verliesen.

Nun wart ihr alleine, doch längst nicht verlassen.
Dort hattet ihr Freunde in Häusern und Gassen.
Dort wart ihr geborgen, dort wart ihr zu Haus.
Erst viel später zogt ihr Beide, in die Fremde hinaus.

Es galt zu entscheiden, in kritischen Tagen:
Könnt ihr in der Fremde euren Rucksack noch tragen?
Die Heimat verlassen, dies galt es zu proben.
Ihr wart mit der Heimat aufs Engste verwoben.

Der Wille war stärker, als die Bindung daran.
Sie zu verlassen, weil man dort nicht leben mehr kann.
Zu stark war für euch die kommunistische Macht,
die hat euch, wie viele, um eure Heimat gebracht.

Jetzt schaut ihr zurück, doch vorbei ist vorbei.
Die Heimat für euch, seid ihr selber, ihr Zwei.
So wird es wohl bleiben, für die Zeit, für den Rest.,
dass ihr diesen Zustand bis an euer Ende belässt.

Wie lebst du, Bruder, Schwester?

Diese Frage lässt sich auch mit Blick auf vergangene Zeiten stellen. Sie bezieht sich nicht nur auf die Gegenwart. Sie kann auch eine Überleitung von der Vergangenheit in die Gegenwart sein. Wie war es damals, wie erleben wir dieselbe Situation heute? Ein breites Feld nimmt das Weihnachtsfest ein. Schwester, Bruder, wie hast du Weihnachten damals erlebt, wie erlebst du es heute?
Im nachfolgendem Block, widmen wir uns diesem Thema.

Das ist eine Frage an unsere Gesellschaft. Die Mitglieder einer Gesellschaft leben 365 Tage im Jahr in dieser, einige auch außerhalb. Deshalb unsere Frage: Wie lebst du? Da es schwierig ist darauf ehrliche Antworten zu bekommen, geben wir auf unsere Frage gleich selbst die Antworten. Der Leser möge bemängeln, dass dies eine einseitige Sache ist und den wahren Standpunkt der Gesellschaft nicht widerspiegelt. Damit hat er recht! Wir behaupten auch nicht, dass wir mit unserer Betrachtung immer richtig liegen. Wir bewegen uns im Bereich der Lyrik mit unseren Wahrnehmungen. Zu all diesen gehört auch die Einstellung der Gesellschaft zu den Jahrhunderte alten Überlieferungen von Feiern und Feiertagen, vor allem dem Weihnachtsfest. Dieses zu erwähnen, wir aus Solidarität anderen Glaubensrichtungen gegenüber, verzichten sollen! Wir denken, das geht entschieden zu weit.

Die Verfechter der globalen Agenda haben uns schon Einiges abgewöhnt und andere für unsere Kultur und unsere Gesundheit schädliche Praktiken angewöhnt, so dass wir uns bei den letzten verbliebenen Resten unseres Kulturlebens dem entgegenstellen sollten. Die Adventzeit und das Weihnachtsfest sind die letzten Inseln im globalen Eintopf. Wie lebst du, Bruder dieses Fest, ist eine berechtigte Frage? Deshalb widmen wir uns auch ausgiebig diesem Brauchtum. Die nachstehenden Texte spiegeln unsere kranke Gesellschaft wider.
In Zeiten der Lockdowns und des drohenden Impfzwanges im Jahr 2021/22 und der fortschreitenden Spaltung in Geimpfte und Ungeimpfte werden auch den Geimpften die Freiheiten des ungehinderten Weihnachtsfeierns genommen. In Zeiten, in denen selbst die Kirche nur noch für Geimpfte zugänglich ist, muss man sich die Frage stellen, welche satanischen Kräfte stehen da dahinter? Ist die Welt tatsächlich am Abgrund angekommen? Sind die logisch, selbstständig denkenden Menschen schon in der Minderheit in der Gesellschaft? Wenn es so ist, dann stehen wir wirklich am Abgrund, von dem sich kein Weg mehr abzeichnet. Dann kann die Menschheit nur noch von einer höheren Macht gerettet werden oder untergehen.

Wo käm man da hin?

Es fallen die Flocken, der Wald ist so still.
Es schneit schon seit Tagen, bald ist es zu viel.
Die Natur jammert schon unter der bleiernen Last.
So viel Schnee, wie bereits, hat sie nie ausgefasst.

Die Rehe und Hasen verschwinden im Schnee,
jedoch die Kinder im Dorf schreien „Juchhe!“
Die Tiere des Waldes erleiden die Not.
Wegen der Mangelernährung sind viele schon tot.

Bäume und Sträucher sind zu Boden gedrückt.
Wie sich das Wetter gebärdet, erscheint schier verrückt.
Kein Laut bricht die Ruhe im Mischwald entzwei,
nur einmal aus Not erklingt ein gellender Schrei.

Ein Mensch liegt begraben von den gefrorenen Massen.
Ihn haben am Heimweg die Kräfte verlassen.
Zu Hause bei ihm dort, wartet niemand auf ihn.
Ihm blieb es verwehrt, sein Haus zu bezieh'n.

Sein Weg war zu weit, seine Kräfte marod,
so blieb ihm nur noch, ein eiskalter Tod.
Ein trauriges Schicksal, wenn nicht Weihnachten wär
und am Abend davor, ist gerade Bescher.

Der Schnee liegt schon höher als einen Meter am Dach.
Der Alte im Wald liegt, kein Hahn kräht danach.
Zu Weihnacht wird gefeiert, das ist doch der Sinn.
Sich sorgen um andere, wo käm man da hin?

Der Mann liegt begraben, schön kühl und schön weich.
Sein Leben war karg, keinen Tag war er reich.
Er war stets allein, nie fand er ein Weib,
für ein Leben zu zweit, für den Zeitvertreib.

Keine Frau war im Haus, auch keine Kinder zum Sorgen.
Er hat sich gefragt, wer sorgt für mich morgen?
Die Frage kam spät, zu spät für sein Alter.
Er war immer allein, kein Familien Erhalter.

Heut ist Weihnacht, doch das schert ihn nicht mehr.
Kommt wieder ein Mensch des Weges daher
und legt sich dort nieder, zu dem Alten sich hin.
Sich sorgen um andere, wo käm man da hin?

Mit gutem Gewissen

Weihnacht als Märchen, für Kinder gemacht,
mit Geschenken und Lichter, nicht zu Ende gedacht,
doch wie ist es wirklich, leg die Hand auf dein Herz.
Ist in Mode die Hoffnung, ist beendet der Schmerz?

Im Vordergrund ist meist nur Freude und Glitter
doch im Hintergrund ist das Leben nur bitter,
so wie hier bei uns, auch in anderen Ländern.
Auch wenn man es will, lässt daran sich nichts ändern.

Wie ein Rammbock geht die Macht immer nach vor
und öffnet gleich blindlings jedes verschlossene Tor.
Da hilft auch der Wille des Einzelnen nicht,
weil an der Macht dein Wille dran bricht.

Weihnacht ist wichtig im Weltenlauf Fluch.
Es ist wie ein Gleichnis, ein flauschiges Tuch,
daran kann man sich wärmen, dass man nicht erfriert,
daran kann man sich halten und sich nicht verliert.

Doch die Welt läuft so weiter, wie ihre Bahn sie gewählt.
Die Wirtschaft ist Macht und in Devisen gestählt.
Du bist nicht mal wichtig, entgegen zu steuern,
solltest mit gutem Gewissen deine Weihnachten feiern.

Die besinnliche Zeit?

Wenn Bomben krachen und Boote versinken,
wenn in den Atomkraftwerken die Warnlichter blinken.
Wenn Geld und Macht und Wohlstand nur zählt,
dann haben wir unsere Ziele verfehlt.

Den frierenden Bettler, den lassen wir stehen,
denn wir wollen die Armen, die Kranken nicht sehen.
Unsere Alten erwarten ihr Ende im Heim.
Sie selber zu pflegen das fällt uns nicht ein.

Es soll schneller alles gehen, noch schneller als schnell.
Wenn nicht, dann sind wir schnell mit der Zeitnot zur Stell.
Nur das Große und Schöne steht uns zu Gesicht,
denn das Bescheidene, Biedere wollen wir nicht.

Wir haben auf Sand unseren Wohlstand gebaut
und immer nur nach Glanz und Glitter geschaut.
Wenn es uns gelänge dahinter zu sehen,
dann könnten wir auch über diesen Dingen stehen.

Es wäre dann ein Leichtes auf das Wesentliche sich zu besinnen.
Wir würden der Hektik dem Trubel dem Alltag entrinnen.
Jetzt stell ich die Frage: sind wir gemeinsam dazu auch bereit?
Das wäre dann ein Beitrag zur besinnlichen Zeit.

Hilfe muss sein!

Es torkelt ein Alter, bald fällt er schon hin.
Jetzt fällt er und liegt in der Dreckpfütze drin.
Die Passanten die schauen zwar, doch sind irritiert.
Sie begreifen nicht was da vorn ist passiert.
Ein Mann geht vorüber, eine Frau hinterher.
Sie benehmen sich so als ob hier nichts wär.

Ein Herr mit Tasche und Mantel und Hut,
sieht den Alten am Boden, doch nichts dazu tut.
So gehen die Menschen, mal Einer mal Zwei
mit einem kleinen Umweg um den Alten vorbei.
Der Alte will aufstehen doch kann er es nicht.
Ihn quälen die Schwindsucht, das Rheuma, die Gicht.

Eine Hand streckt er hoch um Hilfe zu finden.
Er bemerkt wie in seinem Arm die Kräfte schon schwinden.
Der Herrn mit der Tasche, dem Mantel, dem Hut,
man sieht es ihm an, es geht ihm sehr gut,
er tritt über den Bordstein und verstaucht sich den Fuß.
Mit einem lauten „Auweh“ auch zu Boden er muss.

Sie rennen zusammen, die Männer und Frauen,
um nach dem Herrn mit dem Mantel zu schauen.
Sie helfen Ihn auf, sind scheinbar besorgt.
Er ist von der Bank, sie haben Geld ausgeborgt.
Die Rettung fährt ein, denn Hilfe muss sein.

Man wünscht ihm alles Gute und frohe Weihnacht!
Schon längst hat niemand an den Alten gedacht.
Der liegt in der Pfütze voll Abfall und Dreck.
Wenn die Passanten ihn sehen, dann schauen sie weg.
Wie ist das nur möglich, dass man so verfährt.
Statt der Arme am Boden wird der Reiche geehrt.

Stille Nacht

Stille Nacht, unheilige Nacht,
die Polizei schon an das Haustor kracht.
Der Gerichtsvollzieher steht vorm Haus.
So sieht nicht frohe Weihnacht aus!
Weihnachtsfriede in der Luft.
Im Haus darin schon Kerzenduft
und draußen tobt, was Recht sich nennt,
doch zur Gerechtigkeit sich nicht bekennt.

Stille Nacht aus Kindermund,
voll Sorge sind die Herzen wund.
Draußen rückt der Stoßtrupp an,
mit Macht und Grimm, gleich Mann um Mann.
Ein Bäumchen soll vom Frieden künden
doch will man sie in Fesseln binden
und zerren aus des Hauses Mauern.
Die Willkür lässt sie kalt erschauern.

Heilige Nacht, wo denkst du hin?
Im Haus sind nur mehr Ängste drin.
Weihnachtsfriede war einmal.
Willkürakte ohne Zahl.
Kurz flackert noch der Kerzenschein.
Die Polizei stürmt schon zur Tür herein.
Die Hausbewohner schützt kein Siegel.
Tür aufgebrochen, Schloss und Riegel.

Stille Nacht, unheilige Nacht.
All gegenwärtig ist die Macht.
Wer kann da noch den Frieden finden?
Wer kann die Willkür unterbinden?

Ein Wunder nur kann es gestalten,
die Macht der Mächtigen aufzuhalten,
dass das Leben wieder Freude macht.
Stille Nacht und Heilige Nacht.

Ein Weihnachtswunder

Ein armes Heim in unserer Zeit,
ganz nah bei uns, nicht allzu weit.
Das Zimmer kalt, es klirrt der Winter.
Nur Augenschein, doch nichts dahinter.

Die Weihnachtszeit steht vor der Tür.
Die arme Frau kann nichts dafür,
dass die Armut sie geknebelt hält.
Für einen warmen Raum, zu wenig Geld.

Die Kohlen sollen lange reichen.
Hier setzt die Not ein starkes Zeichen.
Die Mutter sitzt am Kanapee,
das Kind im Arm, es schreit vor Weh.

Bis zum Doktor ist es meilenweit.
Sie hin zu bringen, niemand bereit.
Sie hilft dem Kind und seinem Weh
mit Essigfleck und warmen Tee.

Zum Herrgott fleht sie inniglich.
Beim Beten weint sie bitterlich.
Frau und Kind ganz ohne Gaben.
Wie soll sie nur den Hunger laben?

Für Geschenke reicht es heuer kaum,
nicht mal für einen Weihnachtsbaum.
Der Hausherr klagt schon vehement
den Mietzins ein, zum Monatsend.

Weihnachtsfreude, Weihnachtslust?
Im kalten Zimmer Not und Frust.
Anderswo, hat sie vernommen,
ist die Weihnachtszeit auch angekommen.

Dort biegt sich gleich der Gabentisch.
Der Kühlschrank voll von Nah und Frisch.
Mit Kaviar, mit Sekt, Juwelen,
sie anderswo das Fest bestellen.

Die Frau klagt nicht mit ihrem Kind.
So anspruchslos wie Arme sind
so will sie Weihnachten erleben.
Der Herr im Himmel mög es geben,
dass das Kind der Krankheit trotzt.

Die Frau in ihrem Glauben strotzt
und die Zuversicht ist ihre Speise.
Ein Weihnachtsfest ganz still und leise,
im warmen Raum zur heilgen Nacht.
Das Geschenk hat sie sich selbst gemacht.

Einen Eimer Koks riskiert sie heute.
Das Weihnachtsfest für arme Leute
und plötzlich ist sie frei und froh,
kann lächeln auch und freut sich so.

Sie hat ein Dach, ein Bett, ein Kind,
ist nicht so, wie die Bettler sind,
nicht obdachlos, nicht ausrangiert,
wie es vielen Menschen ist passiert.

Sie hat nicht Krebs, nicht Cholera,
sie sitzt nur arm im Zimmer da.
Wie ist sie reich, denkt sie voll Dank.
Ihr ist nicht kalt, sie ist nicht krank.
Dem Kind kann sie die Hilfe bringen,
sie würd am liebsten Lieder singen.

Stille Nacht und heilige Nacht,
so wie man es woanders macht.
Sie wirkt zufrieden, mit einem Mal,
vergessen ist die Lebensqual.

Sie dankt dem Herrn für Kind und Brot,
vergisst für heut die große Not.
So will sie das Weihnachtswunder preisen
und morgen wird sich alles weisen.

Herzeleid

Mann und Frau schon in den Jahren.
Was Leben heißt, genug erfahren.
Nichts trennt die beiden in der Zeit,
noch immer sind sie gut zu zweit.

Man bugstiert sie nun mit Vehemenz
in für Senioren eine Residenz.
Nun bricht das Band der Lebensbande.
Seniorenheim, oh welche Schande.

Das Leben läuft nun ganz verkehrt.
Nicht sitzen mehr am eigenen Herd,
nicht sorgen mehr fürs eigene Wohl.
Das Seniorenheim mit Alten voll.

Als ob das Glück dort drinnen läge.
Die meisten sind senil und träge.
Jede Hoffnung schon entwichen,
das Glück zu leben, längst verblichen.

Die Frau des Mannes kränkt sich sehr.
Der Kummer macht ihr Leben schwer.
So wie es ist, so muss es kommen.
Die Klage hat der Mann vernommen.

Der Herzschmerz quält die Frau wie wild.
Sie klagt dem Mann ihr Leidensbild.
Das Herz in Weh, schon grau das Haupt.
Man hat der Wurzeln sie beraubt.

Draußen steigen Nebelschwaden
heran bis zu den Fensterladen.
Advent, Advent, du stille Zeit.
Die Frau verrät: Es ist soweit.

Die Freiheit hat man ihr genommen.
Der Mann ist sichtlich ganz beklommen.
Ein Leben lang nur er und sie.
Allein zu sein, dran dacht er nie.

Wenn sie nicht ist, will er nicht sein.
Sein Lebenslicht bringt keinen Schein.
Weihnachtswunder, heute Nacht.
Der Tag hat zweierlei gebracht.

Die Heilige Nacht und stille Zeit.
Die Frau verstarb an Herzeleid.

Mein Krippenspiel

Weihnacht schaut zur Tür herein!
Heuer soll´s besonders sein.
Ich bau mir selbst ein Krippenspiel,
aus echten Menschen, ist mein Ziel.

Gleich seh ich mich ein bisschen um,
doch setz ich ein Kriterium.
Die Ehrlichkeit ist erstes Maß,
auch keine Missgunst und kein Hass.

Die Gemüter soll kein Neid erregen
und keine Zwietracht, meinetwegen.
Ich such nur gute Menschen aus
für mein abstraktes Krippenhaus.

Als Josef brauch ich eventuell,
erst einen Zimmermann Gesell.
Zimmermann, welch noble Zunft!
„Den find ich gleich“, sagt die Vernunft.

Doch keine Spur von Ehrlichkeit,
in dieser Gilde, weit und breit.
Beim Josef mach ich beinah schlapp.
Die Ehrlichkeit ist scheinbar knapp.

Ich geb nicht auf, find es heraus.
Jetzt geh ich in das Vinzihaus.
Jeder will dort Josef sein.
Schon strömen sie zur Tür herein.

Ihr Leben ist nicht sehr begehrlich,
doch scheinen sie mir alle ehrlich.
Ein Mann genügt! Ich bin penibel.
Dasselbe sagt mir auch die Bibel.

Die Maria werd ich wohl gleich finden.
Ich suche vorn und suche hinten.
Die Freud geht mir schon beinah aus,
da find ich sie im Freudenhaus.

Was sie treibt und wie sie schafft,
ist allgemein nicht tugendhaft,
doch ehrlich ist sie, wie mir scheint,
weil was sie macht, ist gut gemeint.

Jetzt brauche ich noch ganz geschwind
in der Krippe drin das Jesuskind.
Ich hab nicht lang darum geworben,
kleine Kinder gibt’s genug,
noch sind sie unverdorben.

Sie machen nichts was könnte schaden,
auch keine Schuld noch aufgeladen,
in Ehrlichkeit ganz eingehüllt,
sind die Kriterien total erfüllt,

Jetzt brauch ich noch die guten Hirten,
die das Jesuskind bewirten.
Die kommen aus dem Morgenland.
Viel zu viele sind bekannt.

Ich lass sie gleich zur Tür hinein.
Alle wollen Hirten sein.
Zu Haus sind sie in Syrien, Afghanistan,
in Pakistan und Kurdistan.

Genug, genug, der Stall ist klein.
kaum geht nun noch der Esel rein.
Meine Krippe steht, welch große Wucht.
Beinah hätt ich umsonst gesucht.

In meiner Welt war nichts zu finden,
aus irgendwelchen dummen Gründen.
Nicht einer taugte für mein Ziel,
für mein ehrlich, lebend Krippenspiel.

Als ich mich auf die Suche machte,
„das hab ich gleich," so ich mir dachte,
doch wie ich rannte, wie ich ging,
es war ein ganz unmöglich Ding.

Nur Pharisäer fand ich, selbstgerechte
und Verleumder, neunmal schlechte.
Die Ehrlichkeit hab ich erkoren,
doch scheint sie heute längst verloren.

Nun ist die Krippe doch komplett,
so wie sie in der Bibel steht.
Die Außenseiter nahm ich rein,
die sollen Teil der Krippe sein.

Unser Glück

Ich kenne einen kleinen Jungen,
den mag ich gar so gern.
An ihm seh ich nur gute Seiten,
er ist mein Augenstern.

Als er noch kleiner ist gewesen
und in der Kindergarten Pflicht,
da wurde er schon viel geliebt,
nur einen Vater hat er nicht.

Das Jahr verging auch damals schnell,
die Weihnacht kam daher.
Die Kinder wurden ausgefragt,
was ihr größter Wunsch wohl wär.

Als er nun an der Reihe war,
hat er nicht nachgedacht.
Die Kinder haben aufgehorcht,
doch keines hat gelacht.

„Wenn ich meinen Vater sehen könnte,
wär das mein größter Schatz."
Da war erst mal die Klasse still
bis auf den letzten Platz.

Die Tante, die die Aufsicht führte,
war zutiefst gerührt und stumm
und in dem Raum, in dem sie waren,
ging ein Staunen rundherum.

Da wächst ein guter Mensch heran,
solche Menschen braucht die Welt.
Wo sind die edlen Werte hin,
wie schlecht sind wir bestellt?

Der Bub ist jetzt erwachsen schon,
sein Wesen ist noch gleich.
Wenn ich den Jungen sehe,
bin ich im Herzen reich.

Wenn er bei uns zwei Alten ist,
ist für uns gleich Weihnachtszeit.
Wir vergessen alle Übel
und verspürn nur Seligkeit.

Weihnacht einer Minderheit

Zum Feiern ist dem Christ im Sinn.
Es ruft vom Turm der Muezzin.
Auch Christenmenschen leben dort,
an diesem heißen, schwülen Ort.

Der Islam ist dort in Gestalt
und keine Tanne wächst im Wald,
nur Wüste, Sand und Feuersturm
und der Muezzin ruft dort vom Turm.

Ganz zaghaft schleicht er sich dahin
und wieder ruft der Muezzin.
Zum Feiern ist er heut bereit,
denn für ihn beginnt die Weihnachtszeit.

Doch keine Feier, kein Geläute,
nur der Muezzin ruft wieder heute,
und keine Krippe und kein Stroh.
Für ein Gebet wär er schon froh,

dass in Gemeinschaft er verrichtet.
Wie oft hat er schon drauf verzichtet?
Das ist dem Christ nicht nach dem Sinn.
Laut ruft vom Turm der Muezzin.

So lebt seit langer, langer Zeit,
im Land am Nil die Minderheit.
So hat jedes Volk auch seinen Brauch.
Der Islam ist dort, die Christen auch.

Die Weihnacht kommt und Ostern winkt
und wieder mal die Hoffnung sinkt,
auf Freiheit, die im Glauben endet.
Doch die Menschheit ist auch dort verblendet.

Sie lässt nicht Glauben, Glauben sein
und greift in fremde Bräuche ein.,
Weil, Minderheit ist Minderheit,
sie hat nicht Rechte noch zurzeit.

Auch wenn anderswo die Glocken läuten,
schön laut und frei vom Glockenturm,
doch die Minderheit im fremden Land
vergeht im Feuersturm.

Weihnachtsfriede

Da liegt ein Schlafsack ganz allein.
Eine Ruhestatt kann es nur sein
und ein Karton noch ausgefaltet.
Da hat sein Heim sich wer gestaltet.

Noch ein paar Sachen liegen rum.
Das ist ein ganzes Eigentum,
doch keine Mauern und kein Dach.
Die Gefahren lauern tausendfach.

Die Kälte zieht darüber hin.
Es ist im Raum nicht Raum darin.
Zwar schützt ein Dach, das aus Beton
dies Lager hier vor Regen schon.

Doch bläst der Wind von Süd nach Nord
und vom anderen Ende immerfort.
Die Autobahn ist sein Geviert
in dem sich nun sein Heim verliert.

Die Person, die hier die Nächte weilt,
ist wohl aus Not davongeeilt,
oder bettelt wo am Straßeneck.
Was er auch macht, hat keinen Zweck.

Wochen später, derselbe Ort.
Trostlos ist das rechte Wort,
ist heilig Nacht, ist Weihnachtstag.
Was dieser Mensch wohl treiben mag?

Das Lager so wie eben dort,
die Bettstatt leer, der Mensch ist fort.
Man sagt: In einer kalten Nacht
hat er sich selber umgebracht.

Den Lebensmut hat er verloren,
da ist ihm Herz und Sinn erfroren.
Sein Leben fand er nicht so toll,
da griff er nach dem Alkohol.

Am Morgen war er steif wie Holz.
Nun war dahin sein Mut und Stolz.
Er hat sich nicht mehr groß gewehrt.
nun ist dort Weihnachtsfriede eingekehrt.

Heiliger Abend 1953

Die Geschichte liegt schon meilenweit,
wie es einmal war, zu meiner Zeit.
Zurück, zurück, im grauen Schleier.
Wie heut, auch damals, Weihnachtsfeier.

Nur kein Vergleich von einst und jetzt.
Ich denk zurück, bin leicht entsetzt.
Die Familie drin im kalten Raum.
Die Beleuchtung reicht zum Lesen kaum.

Petroleum in der Lampe brennt.
Wie ärmlich hier die Zeit verrennt.
Heilig Abend schon, wie überall,
doch wie anderswo, auf keinen Fall.

Kein Geld im Haus, auch keine Werte.
Das Leben bringt dort täglich Härte.
Das Christkind kommt, es soll doch kommen?
Das hab als Kind ich auch vernommen.

Der Abend geht, die Nacht bricht ein.
Die Kinder können wach nicht sein.
Die Nacht dahin, die Kinder ruhn.
Nun müssen es die Eltern tun.

Ein Bäumchen her und aufgestellt,
geschmückt, geputzt auch ohne Geld,
mit Papierln und mit Engelhaar.
Dasselbe wie im letzten Jahr.

Der Morgen kommt, die Kinderschar
steht in der Stube, kalt und klar,
vor einem Bäumchen, wie ein Wunder.
Ein Bäumchen nur und nichts darunter.

Doch niemand hat sich das erwartet.
Heut ist das Fest schier ausgeartet.
Damals war die Freude rein.
Die Freude drang ins Herz hinein.

Heut ich die Freud mir gönnen möcht.
Ja, damals war die Freude echt.

Ordnung muss sein

Es weihnachtet wieder, doch wie feiert man heute?
Wie empfindet ihr es, Ihr Leser, ihr Leute.
Die Märkte geschlossen, die Buden gesperrt!
Von festlichem Weihnacht, das Bild ganz verzerrt!

So ängstlich, verzagt, wie nie noch zuvor,
klopft endlich das Christkind an unser Haustor.
„Ich begehr Einlass, ihr Lieben, gewährt mir die Bitte.
Ich will Weihnachten feiern, in friedlicher Mitte.

Bin geimpft und getestet, wie die Regel es schreibt,
damit dieser Virus im Verborgenen bleibt.
Was hör ich von euch, nicht geimpft, nicht geschützt?
Habt ihr diese Wohltat für euch nicht genützt?

So muss ich wohl weiter, ich kann hier nicht bleiben
und muss eure Namen in mein Beschwerdebuch schreiben.
Ich mach nur was Pflicht ist, denn Ordnung muss sein.
Feiert schön Weihnacht, doch bleibt besser allein.

Seid gefügig, ihr Kinder

Die Weihnacht kommt wieder, wie früher so oft.
Wie haben wir Kinder aufs Christkind gehofft.
Doch wird es bald kommen vom himmlischen Reigen
und wird sich Sankt Klaus im Lockdown auch zeigen?

Wie soll man dann singen mit Masken vorm Mund?
Wie machen die Kinder ihrer Freude so kund?
Um Mittnacht die Mette, war einst christliche Pflicht.
Man kann es versuchen, doch singen geht nicht!

Und am Christtag die Feier, beim Essen zu Haus,
ohne Freunde und Nachbarn ein gar trauriger Schmaus.

Früher sind durch die Lüfte die Engel gezogen.
Heute, ja heute, kommt das Virus geflogen.

Ihr Kinder, seid brav, denn Weihnacht ist herrlich,
doch nehmt ernst die Gebote, denn die Zeit ist gefährlich.
Die Gebote sind wichtig, nicht die, deren zehn,
es sind die Gebote, die in der Bibel nicht stehn.

Seid gefügig, ihr Kinder, die Verordnungen leiten,
man soll sich mit ihnen aufs Fest vorbereiten
und glauben an die Herren, die Gott spielen heute
und den Weg richtig weisen, für Kinder und Leute.

Kein Markt in der Stadt, kein Standl mit Punsch.
Dass das sich noch ändert, ist ein nicht erfüllbarer Wunsch.
Wer bis jetzt hat noch immer an das Christkind geglaubt,
den haben die Herren den Glauben geraubt.

Trotzdem, frohe Weihnacht

Was soll ich noch schreiben, wenn die Angst mich bedrückt.
Was die Mächtigen planen, das macht mich verrückt.
Soll ich womöglich mich selber betrügen,
wie der Mainstream das macht, nur schwindeln und lügen?

Ich würd, wenn ich könnte, der Gefahren zum Trotz
auch Freude verbreiten. Ich bin kein eisiger Klotz,
hab Gefühl für das Leben, in seiner einfachen Form,
doch was sich heute so abspielt, ist einfach enorm.

Die Bedrohung ist groß, sie ist noch viel größer.
Mit dem Kopf drin im Sand, wird die Lage nicht besser.
Ich bin nur ein Mensch, von Milliarden nur einer.
So wie ich mich fühle, werd ich von Tag zu Tag kleiner.

Jetzt steht Weihnachten an, wie soll ich das bringen?
Soll ich trotz der Gefahren noch „Stille Nacht“ singen?

Ich hab Familie auch, die tun mir so leid.
Sie sind mitten im Leben und wissen Bescheid.

Was die Mächtigen planen, hat nichts Gutes im Sinn.
Seht hin, liebe Leute, es ist nur Böses darin!
Wir hoffen darauf, dass jener, der in der Krippe dort liegt
alles Böse auf Erden im Handstreich besiegt.

Der Glaube soll stark sein, doch geht er mir ab,
wenn ich daran denke, was sich schon alles begab.
Jetzt frag ich noch einmal, euch, die ihr gescheiter:
Wie verhalten wir uns, wie leben wir weiter?

Wie leben die Kinder, die Enkel, die Kleinen,
wenn die Mächtigen uns jede Freiheit verneinen?
Die haben sich längst eine Bühne gebaut
und es graut denen im Herzen, die dahinter geschaut.

Nur Hektik und Stress

Wenn der Park sich bedeckt mit Schnee und mit Eis
und die Landschaft schön schimmert im flockigem Weiß,
dann ist es wohl Winter in unseren Breiten.
Dann soll man mit Ruhe sich auf ein Fest vorbereiten.

Sich drauf freuen und hoffen und wünschen und herzen.
Am Kranze, dem grünen, schon brennen vier Kerzen
und überall flimmert und flackert das Licht,
dass es den Makel der Dunkelheit bricht.

Es eilen die Leute, wie aufgezogen, durchs Land.
Sie kennen nicht Ruhe, es wird nur gerannt.
Sie verkennen die Zeit, es wird nur gehastet.
Wenn alles vorbei ist, dann wird erst gerastet.

Wenn alles vorbei ist, wann soll das je sein?
Wenn alles vorbei ist, so klingt es zum Schein.

Sie rennen und hasten, ob alt oder jung.
Sie rennen dahin, weil sie grad sind in Schwung

Und sie sausen dahin, als ob sie von Sinnen.
Es ist schwierig dann immer, die Ruh zu gewinnen.
Noch ist vieles zu schaffen und vieles zu tun.
Nur kurze Zeit noch, dann will man schon ruhn.

Das Fest, das man frönte, war nur Hektik und Stress
und zu Silvester geht es weiter, nur noch schneller indes
und sieht man es ein, ist schon alles vorbei,
man ist schon im Fasching, im Trubel, lei, lei.

Neuanfang

Jahresend zu später Stund!
Ich nehm kein Blatt mir vor den Mund,
weil was sich tat in den Gezeiten
darüber lässt sich trefflich streiten.

Es schwankt das ganze Weltgebilde
und rumort und ächzt es im Gefilde,
so dass mir ängstlich wird und bang.
Von mir aus steht die Welt nicht lang,

Vom Polareis schon die Fluten schwemmen
und niemand kann das Schmelzen hemmen.
Das Klima setzt sich schon zur Wehr.
Vom Meer kommt mancher Sturm daher.

Nur Not und Kriege überall.
Die Welt regiert das Kapital.
Der Mensch hat längst sein Ziel verloren,
er hat den Mammon auserkoren.

Sieh an den Globus, wie er leidet,
von niemandem wird er beneidet.
Die ganze Welt wird falsch gelenkt,
weil nur an sich der Mensch noch denkt.

Weil er sich für den Schöpfer hält.
Was er so treibt, ist weit gefehlt.
Wie er sich anstellt, ist ein Graus,
dass hält die Welt nicht lange aus.

Am Menschen noch die Welt zerbricht.
Es gibt die letzte Hoffnung nicht,
dass er noch einlenkt, sein Verhalten,
dass er die Welt wird sacht verwalten.

Zu spät, zu spät der Einkehrschritt!
Die Welt macht das nicht länger mit.
Der Mensch macht sich dann aus dem Staub,
er ist verschwunden, mit Verlaub.

Und irgendwann in den Gezeiten,
wird ein neuer Mensch die Welt beschreiten,
dann fängt das Spiel von vorne an,
so wie es nur der Mensch so kann.

Uns geht es gut

Uns geht es gut, wie wahr, wie wahr
und warum es so ist, das ist auch klar.
Weil wir uns haben angestrengt!
Weil Mancher seinen Wunsch verdrängt
und mit seinem Mut und seiner Kraft
zum Gemeinschaftswohl hat mitgeschafft.

Uns geht es gut, so hört man oft,
doch mancher hat umsonst gehofft,
dass er vom Ganzen wird getragen.
man hört auch jämmerliche Klagen.

Nur hin hörn muss man, in der Stille.
Nur um Hinzuhören fehlt der Wille.
„Uns geht es gut," dröhnt es von oben.
Ein kurzer Floskel, vorgeschoben!

Er soll vertuschen, soll verdecken,
dass wir vor der Wahrheit nicht erschrecken.
In Sicherheit will man uns wiegen.
Man will grad die krummen Sachen biegen.

Uns geht es gut, so der Tenor.
So geht der Wunsch nach außen vor.
Wir haben Frieden noch zurzeit,
doch der Kriegsgedanke ist nicht weit.

Auch wenn Politiker vom Frieden faseln,
ist überall nur Säbelrasseln.
Dass es uns gut geht, das ist wahr,
doch dieses war nicht immer dar.

Nur durch Fleiß und Mut und Selbstverzicht,
denn von der Politik kam Hilfe nicht.
Wir schafften selbst nur, unser Haus,
trotz Politik, so sieht es aus.

Für gut befunden

Da ging ein altes Ehepaar händchenhaltend durch den Park.
Ihre Liebe zueinander machte sie zeitlebens immer stark.
„Heut sind wir sechzig Jahr zusammen, eine lange, schöne Zeit.
Alles was wir angefangen machten wir zu zweit.

Wir haben uns ein Haus gebaut, das war ein schweres Ringen.
Auch du meine starke Partnerin musstest manche Opfer bringen.
Unsere Kinder sind schon alt geworden, selbst beinahe schon ergraut.
Auch sie haben nach unserem Grundsatz ihr Leben aufgebaut.

Falls ich dir einmal Unrecht hab getan, will ich es gerne sühnen.
Ansonsten will ich bis an mein Lebensende dir wie bisher weiter dienen.“
Da sagt die Frau: „Mein lieber Mann, wie sieht die Welt heut aus?
Aus lebenslanger Treue macht man sich nicht viel draus.

Man bastelt nicht am Eheglück, man schmeißt gleich alles hin.
In viel zu kurzen Zeitabständen ist wieder Neubeginn.
Man gibt dem Partner keine Chance, man tauscht ihn einfach aus.
Der wird kurzfristig abgeschoben, man wirft ihn aus dem Haus.

Die Kinder sind es, die das Leid ertragen, zerbrochen ist der Krug.
Das Kind versteht die Welt nicht mehr, das gibt es oft genug.
Die Frauen sind oft selbst dran schuld,
die Selbstentfaltung geht meist vor.
Der Kinder lautes Wehgeschrei dringt nicht mehr an ihr Ohr.

So ist es wohl in dieser Zeit, Treue zählt nicht mehr.
Wenn der eine Freund schon ist zerschlissen,
kommt gleich ein anderer her.“

„Mein liebes Weib, jetzt hör mal zu, was sich gestern zugetragen.
Ich habe ein Gespräch mit angehört, zwei Männer hört ich sagen:
Wie kann man nur ein Leben lang mit einem Weib sich plagen?

Öfters mal was ausprobieren, das hält die Gene frisch.
Du willst doch auch nicht jeden Tag dasselbe Essen auf dem Tisch.

Mein liebes Weib, ich sag dir eins, altmodisch sind wir beide.
Doch unter dieser alten Mode ich nicht einmal darunter leide.

Ich hab geprüft und für gut befunden, ich halt es heut noch so.
Dass du es heut noch genauso siehst, darüber bin ich froh.
Dass wir schon sechzig Jahr zusammen sind, das find ich nicht verkehrt,
denn von unserem Hochzeitstag der Treueschwur ist noch nicht verjährt."

Norbert Bingert

Unser Co Autor, Herr Norbert Bingert ist am 18. Juni 1957 in Blumenthal – Masloc in Rumänien geboren und hat dort seine Kinder- und Jugendzeit verlebt. Er stammt aus einer, der dort verbliebenen Familien. Seine Frau stammt aus dem Nachbarort Buchenau . Seine Hochzeit hat er in einem der nachfolgenden Berichte ausgiebig beschrieben. Er hat längere Zeit in Temeschwar – Timisoara in einer metallverarbeitenden Betrieb gearbeitet, bis er mit seiner Frau 1990 in die Bundesrepublik Deutschland ausgewandert ist.

Er hat sich große Kenntnisse im Gartenbau angeeignet und gilt auch heute noch weitgehend als Selbstversorger. Weil Herr Bingert so gerne tanzt, hat er das Pseudonym „Polkakönig oder Polki" erhalten. Seine Geschichten schreibt er Großteils in schwäbischer Mundart, sowie auch in deutscher Schriftsprache.

Wir haben uns lange überlegt, ob wir seine Texte im Dialekt belassen und uns dafür entschieden, nur einzelne unverständliche Wörter und die Satzzeichen auszubessern.
Herr Bingert hat uns umfangreiches Material zukommen lassen, sodass wir unter der Rubrik „Geschichten aus Blumental" einige dieser Texte wiedergeben werden.
Er würzt seine Berichte mit einem Schuss Ironie und Sarkasmus, aber auch mit der nötigen Realität, sodass wir daraus die Lebensverhältnisse der damaligen Zeit in der Banater Heimat nachvollziehen können und diese in das Thema „ Wie lebst du Bruder?" hineinpassen.
Der Ort Blumental liegt etwa auf halber Strecke zwischen Arad und Timisoara, in Rumänien, genauer gesagt, im rumänischen Banat. Vor dem letzten großen Krieg lebten im Banat viele deutschsprachige Menschen. Manche Gegenden waren rein deutschsprachig. 1945 – 1946, bei der großen Säuberung mussten viele Deutsche flüchten oder wurden nach Russland verschleppt. Viele von ihnen kamen in den russischen Arbeitslagern um. Und jene, die das Glück und die Widerstandkraft hatten, diese Grausamkeiten zu überstehen, wurden nach ihrer Rückkehr in den 50er Jahren von den rumänischen Kommunisten in die Baragansteppe deportiert. Auch dort sind viele gestorben. Als sie auch nach 5-6 Jahren von dort zurückkamen, waren ihre Häuser besetzt oder unbrauchbar.
Diesen Menschen blieb nichts erspart.

Norbert Bingert

Mein Leben war ein Zirkuszelt und ich darin der Clown !

Die Musik darin mein Herzschlag

Die Farben meine Lebensfreude ....

Geboren 18.06.1957 als Kind von Eva Andree und Filipp Bingert in Blumenthal (Masloc)
Banat, Rumänien, in der sozialistisch, kommunistischen Enteignungszeit nach Stalin.
In eine Dorfgesellschaft, die von Leid und Schicksal zweier Weltkriege gezeichnet war. Als geborener German (Deutscher) war man in dieser Zeit abgestempelt als Hitlerist von Geburt an.
Die ungleichen Chancen in diesem Land waren nicht nur sichtbar, sondern auch spürbar. Der Name war ausschlaggebend, ob man es im Leben besser hat, so wie ein rotes Parteibuch.

Ich war ein mittelmäßiger Schüler in einer deutschen Gemeinschaftsschule in Blumenthal bis zur 8 Klasse. Fächer wie Lesen, Deutsch, Rumänisch oder Englisch waren meine großen Schwächen. Mathematik, Biologie, Erdkunde , Geschichte war damals und ist jetzt mein Leben. Danach machte ich eine Ausbildung als Zerspannungsmechaniker in Temeschburg (Timisoara) bis 1974 und bekam eine Stelle in einem Betrieb (Tehnometal), wo viele Nationen zusammen gearbeitet haben, aber die Führung lag zu 80 % in rumänischer Hand. Die anderen Nationen waren, obwohl die Mehrzahl, in den Führungsetagen fast nicht vertreten.

In dieser Zeit lernte ich meine Frau kennen, aus einem Nachbarsdorf von Bruckenau und wir hatten schöne Jahre zusammen. Zehn Jahre lebten wir in dieser Ortschaft mit neuen Freunden und Bekannten.

1989 machte ich mit bei der Revolution in Rumänien, Temeschwar mit all meinen Arbeitskollegen und verlies einen Monat danach das Land. Denn seit Zwanzig Jahren wurden die Deutschen aus Rumänien an Deutschland verkauft und andere Nationen an Israel, so wie USA.

Somit begann ein neuer Lebensabschnitt und der hatte es in sich. Zuerst wurden wir fern aller Verwandten in ein Lager gebracht, nach Biberach, Kirchdorf Iller und um uns war alles fremd, Mensch und Tier. Durch Sport im Verein mit unseren beiden Kindern und ich beim Fußball, fanden wir aber schnell Anschluss an das Dorfleben und hatten auch das Glück bei einer Weltfirma (LIEBHERR) Arbeit zu finden und unser Leben zu gestallten.

Nebenher wurde ich auch Platzwart in einer Tennisabteilung, der ich bis heute treu blieb und dort einen neuen Lebensabschnitt begann, als Kinder- und Jugendtrainer, in meiner Freizeit ab 2002. Mein Konzept Kinder rund um die Uhr zu betreuen und als Mädchen für alles da zu sein, vom Platzwart ,Koch ,Putzfrau, Jugendleiter, Turnierveranstalter, Trainer so wie mentaler Betreuer der Kinder. Die Erfolge ließen auch nicht lange auf sich warten. Ich betreute 10 Jugendmannschaften und bekam achtmal vom Württembergischen Tennisbund den Preis für „Gute Jugendarbeit", so wie, 2006 „Aktivster Tennisverein von Deutschland" und 2007 „Vorbild der Württembergischen Sportjugend". Ich selber spielte diesen Sport nur hobbymäßig.
Meine Tennisfreunde sagten immer: Er kann alles, nur nicht Tennisspielen.
Ich persönlich war kein guter Sportler, aber immer mit Herz und Seele dabei, als Mannschaftsspieler. Ich ließ in meinem Leben keine Olympiade aus und auch keine WM am TV. Fußball war meine Leidenschaft bis ins Jahr 2000.
Danach ließ diese Leidenschaft jedes Jahr nach und Tennis nahm den Platz ein wenig ein.
Mit 60 erfüllten wir unseren Traum : Ein eigenes Traum Heim. Behindertengerecht gebaut für unser Rentenalter mit: Blumen , Sträucher Bäumen, Vögel und Insekten, wobei die Angst von einem erneuten sozialistischem Europa immer näher rückte, und unseren Fleiß und unsere Arbeit wieder mal in Frage stellte. Der linke Enteignungsteufel ist wieder mal unterwegs und bringt Menschen, die mit Fleiß sich ein Heim aufgebaut haben über Nacht mit Inflation, so wie verschiedenen Gesetzen, die gegen das eigene Volk gerichtet werden, wieder ins Wanken.

Ein schneeweißes Brautkleid

Deutschland, Deutschland, über alles !

Was von Deutschland kam ,war immer sehr gut, und wenn es eine leere Rama Schachtel war.
So war auf der Heide ein Paradeis Dorf, irgendwo im Banat, wo jeder im Dorf die ersten roten Paradeis im Garten, jedes Jahr haben wollte. Es war ein richtiges Wettrennen um die rote Paradeis.
So dachte sich der Onkel aus Deutschland, er kauft seinem Neffen aus dem Banat ein Stück Gartenflies, damit sein Neffe die ersten roten Paradeis im Garten haben wird, im Frühling.
Damit die Post nicht allzu viel kostet, hat der Onkel das Fließ ohne Verpackung in das Päckchen gegeben. Sparen war schon immer eine besonderes Banater Schwaben Hobby.
Das Päckchen kam aber nicht am 1. Mai im Banat an, wenn die Paradeis ins Freie gesetzt wurden, sondern hatte eine Verspätung von einem Monat und kam erst Ende Mai in dem Banater Paradeis Dorf an, als der Neffe seine Hochzeit hatte und man in der Nachbarschaft der Meinung war, dass dieser weiße Stoff das Brautkleid für die Braut aus reiner Seide wäre, da man die natürliche Seide aus der Seidenraupen Zucht kannte.
Die Nachbarin, des Lis, meinte nur, dass dieses Material ein Material von außergewöhnlicher Qualität wäre und dieses bestimmt aus China stamme, sicherlich sehr, sehr viele DM gekostet hat.
Das ganze Paradeis Dorf wusste in ein paar Stunden, dass der liebe Onkel das schneeweiße Material für das Brautkleid geschickt hatte, das so dünn wie der Hauch einer Prinzessin wäre und viel weißer als weiß sei.
Sofort wurde eine Schneiderin beauftragt aus dem Material ein Brautkleid zu nähen und da es so viel war, auch einen langen Schleier noch dazu. Bei den Proben wurde mit äußerster Vorsicht gearbeitet und sogar die Fenster wurden geputzt, damit das Weiß, auch weiß bleibe.
Am Hochzeitstag wurde die Braut in der Stube ihres Elternhauses angezogen, von der Schneiderin und drei Tanten, Mutter, Omas, sowie fünf Nachbarinnen waren anwesend, damit ja nichts schief gehen kann.
Jede rupfte und zupfte damit das Kleid auch an der richtigen Stelle saß.
Als die Hochzeitsgesellschaft eintraf, mit dem Bräutigam und dem Hochzeitzug, stand die Braut in der Haustür mit dem schneeweißen Kleid wie eine weiße Madonna, in der Hand ein rotes Blumen Bukett.

Die Blasmusik spielte wie immer das Lied von „Ganz in Weiß, mit einem Blumenstrauß“ und alle Frauen fingen an zu weinen auch die Paradeis im Garten weinten, da das Gartenflies ihnen gehörte und nicht der Braut. So marschierte man in die Kirche und fünf kleine Kinder trugen den Brautschleier, damit der Staub der Straße ihn nicht grau in grau gefärbt hätte.
In der Kirche sang der Kirchenchor so schön, dass der kleine Hansi, der auch den Schleier tragen durfte, sich umdrehte, um zu sehen was auf dem Chor los sei, und an der Altar Treppe stolperte er über den Schleier und damit das Brautkleid der Braut vom Körper gerissen hat, sodass die Braut pudelnackert vor dem Altar stand, wie die Engel auf den Kirchen Bildern.
Der Herr Pfarrer nicht faul , nahm seine Kutte und hängte sie der Braut um, damit die Keuschheit im Paradeisdorf gewahrt bleibe.
Die Brauteltern liefen rot an vor Schande und wurden von allen neugierigen Spöttern getröstet. Die Braut ließ sich von zu Hause eine Jeans und eine Bluse bringen und gab in der Jeans das Ja Wort ihrem Mann, der ihr bis heute treu geblieben ist auch ohne ein schneeweißes Brautkleid.
Am Tag nach der Hochzeit waren alle Paradeis im Garten der Brauteltern feuerrot gefärbt. Ob es vor Freude oder Scham war, weiß ich nicht, dies müsst ihr die Paradeis schon selber fragen.

Ich habe mal die Hochzeit von Blumenthal ein wenig beschrieben.
Die in Deutschland sind für mich keine Hochzeiten, sondern Parademaskeraden.

Gruß euer Polki - Polkakönig

Dem Polkakönig seine Traumhochzeit!

(Für alle die, die noch nie eine Hochzeit im Banat erlebt haben.)
Ich möchte euch jetzt meine Hochzeit beschreiben, die stellvertretend für alle Blumenthaler Hochzeiten ein wenig Einblick in den Hochzeitbrauch in Blumenthal und im gesamten Banat gibt.
Ich würde mich freuen, wenn auch andere Banater von Ihren Ortschaften die Hochzeiten beschreiben würden. Für mich ist eine Hochzeit die Vollkommenheit von Glück und Freude, der Höhepunkt in einem Eheleben, welchen man zusammen mit allen Gästen feiert.
Die Hochzeitvorbereitung begann schon ein Jahr im Voraus, da man den Wein und Schnaps schon vorbereitete für die Hochzeit, und sogar die Schweine und Hühner plante, da man für das nächste Jahr mehr anschaffte, wie gewöhnlich.
Sogar vom Rosmarin hat man mehrere Stecklinge im Garten gepflanzt, damit man für die Hochzeit genügend Sträuße zu Verfügung hatte.
Es gab auch Fälle von Musshochzeit, das heißt so viel wie: Die Freundin war schwanger.
Das war sehr unangenehm, denn das ganze Dorf spottete darüber!
Mit den Schwiegereltern rechnete man aus, wie viele Hochzeitsgäste man ungefähr hatte. So konnte man von Anfang an richtig planen, damit alles beim Fest vorhanden ist. Dann wurde ein Zeitpunkt für die kirchliche Trauung ausgesucht, Musik und Köchin bestellt und alle Einzelheiten besprochen unter den Brautpaareltern.
Für mich ist und bleibt der Monat Mai der schönste Monat für eine Hochzeit auszurichten. Da die Natur dann zu neuem Leben erweckt wird und alles wieder neu erblüht.

Im Rathaus fand die offizielle Trauung statt. Die für mich persönlich nur eine rechtliche Formsache war, da ich gegen diese kommunistische Regierung eine negative Einstellung hatte, wobei ich auch gegen die heutigen Demokratien meine Bedenken habe. Einige Kommunisten heirateten auch sonntags im Rathaus.
Somit besuchte man einen Monat vor der Hochzeit alle Hochzeitgäste zuhause an einem Sonntagnachmittag und lud sie ein zur Hochzeit. Mit einer Kreide wurde auf das Ofenrohr ein Kreis (Apfel) gezeichnet, mit einem Rosmarinstrauß. In den Kreis wurde das Datum von der Hochzeit eingetragen.
Früher machten das die Taufpaten bei den verheirateten Verwandten und das Brautpaar bei den jugendlichen Freunden.
Zwei Wochen vor der Hochzeit begann man mit dem Hochzeitnudeln machen. Nachmittags trafen sich Verwandte und Hochzeitsgäste bei den Brauteltern und machten Nudeln für bis zu vierhundert Personen. Hochzeitnudel die keine Maschine so machen kann. Es kommt gar nicht so auf die Feinheit an, ich weiß es selber nicht warum ich sofort auf einer Hochzeit merke, ob es Maschinen Nudeln oder Handgeschnittene sind.
In der letzten Woche fing man an mit dem Kuchen backen, da waren immer so an die 10 Hausfrauen zum Helfen. Alles wurde gerührt mit der Hand, bis dann einige Verwandte elektrische Mixer aus der BRD schickten. Am Montag wurde auch der „Laabkuche" gebacken (Gugelhupf), den man die ganze Woche zu essen bekam, beim Helfen und am Sonntag war der auch auf den Hochzeittischen zu finden. Dieser wurde nur für Hochzeiten gemacht in speziellen Backformen aus Ton.
Die Hochzeitsgäste brachten pro Familie für vier Personen, ein Suppen Huhn, in der Regel auch Eier und Butter mit.
Jeden Mittag gab es bei den Hochzeiteltern für alle Helfer ein Essen und am Abend besprach man den nächsten Tag mit der Köchin zusammen, wie viele Leute sie benötigt für die nächsten Arbeiten. Es wurden so 60-100 Torten gemacht für eine Hochzeit von 300-500 Personen.
Nebenher wurde noch eine Truhe voll Kleingepäck gerichtet (So wie in Deutschland an Weihnachten) für jede Partei, und an die 20 Schnitten (Donauwellen) gebacken.
Am Donnerstag und am Freitag kam der Metzger und schlachtete die Schweine. Das Fleisch wurde als Braten verarbeitet und Hackfleisch für die Krautwickel, der Rest wurde verwurstet zu Blutwurst, Leberwurst, Schwartenmagen.

Die Hühner wurden von den Frauen geschlachtet und ausgenommen. Am Mittag gab es dann Hühnerinnereien mit Kartoffelbrei und saure Gurken. Samstag hat die Vorbereitung dann den Höhepunkt erreicht, da wurde der Saal aufgestuhlt und geschmückt. Die Sessel und Tische vom ganzen Dorf wurden zusammengefahren, Holz vorbereitet, für die Kessel zum Heizen, sowie Wein, Schnaps, Kuchen, Braten, Wurst gerichtet. Ein zweiter Kessel wurden gefüllt mit Krautwickel. Sodawasser (Saure Sprudel) und Limo alles fürs Fest wurde bei den Brauteltern zu Hause abgeholt und zum Hochzeitsaal gebracht. Das Hochzeitgeschirr sammelte man früher bei den Hochzeitgästen im Dorf, später hatte dann die Feuerwehr ein Geschirr, welches man anmietete.
In der Küche arbeiteten am Hochzeittag an die zehn Hausfrauen, keine Hochzeitgäste, die der Köchin halfen, das ganze Hochzeitsmahl bereitzustellen und alle Teller zu spülen. Man versuchte sich gegenseitig zu helfen.
Die Braut und den Bräutigam bekam man selten zu Gesicht, da sie beschäftigt waren mit dem Brautkleid, Bräutigamanzug, Brautstrauß, früher war die Cana Blume sehr begehrt als Blumenstrauß für die Braut, mit Frisuren und dem Fotografen.
Um 10:00 Uhr am Sonntagmorgen war es dann soweit, die Jugendlichen trafen sich beim Hochzeitsaal mit der Blasmusik, und jeder Bub wurde eingeteilt mit einem Mädchen, wo es sich nicht ausging, waren zwei Mädchen mit einem Buben zusammen oder umgekehrt. Das war in allen Dörfer so, bis man später die Hochzeiten auf Samstagmittag verlegte.
Ja ich bin stolz auf meine Blumenthaler, dass man den Brauch vom Sonntag beibehalten hat, bis zum bitteren Ende 1990.
Man bekam ein Hochzeitstreusel aus Rosmarin mit weißen Schlöpfe daran, die Paten hatten zwei am Hochzeitstreusel. Diese wurden mit einer Stecknadel an den Anzug oder am Kleid befestigt. In letzter Zeit haten die Jugendlichen auch eine Nelke und einen Hochzeits Parscht (ein Partner). Mein jüngerer Sohn hat in Deutschland geheiratet, und da man hier ja Einlagen macht bei der Hochzeit, habe ich mir auch eine ausgedacht.
Ich setzte einige Rosmarin Sträuße in meinem Garten und den schönsten nahm ich für die Hochzeit und band einige farbige Bänder daran. So sah er aus wie ein Miniatur Kirchweihstrauß. Ich nahm einen Stuhl mit auf die Tanzfläche, sagte ein Kerweihgedicht und schenkte dem Brautpaar den Rosmarinstrauß mit der Empfehlung: Wenn sie ihn streicheln und danach an der Hand riechen, so werden sie die alte Heimat riechen!

So marschierte man auf der Straße zum Haus des Bräutigam, vorne die Patenkinder und dann nach Jahrgang die Kleinen zuerst. Daneben liefen einige Hochzeitkellner mit und hatten in der Hand eine Schnapsflasche mit Hochzeitsschnaps für die Zaungäste.
Beim Bräutigam angekommen sagte ein Mädchen ein Gedicht auf mit dem Inhalt, dass die Jugendzeit nun zu Ende ist und dass man jetzt das Elternhaus verlässt. Taschentücher waren da angesagt, denn die Tränen flossen in Strömen.
Die Blasmusik spielte noch eine Polka, und für alle Zaungäste und Hochzeitsgäste gab es Hochzeitkuchen, Wein und Schnaps. So marschierte man von hier aus mit Bräutigam und der Taufpatin vorne weg, dann die Jugendlichen, die Musik und die Hochzeitsgäste vom Bräutigam in Reihe zur Braut nach Hause.
Da angekommen, begegnete der Bräutigam die Braut in der Stube (vorderstes Zimmer) und die Taufpatin fing an den Vaterunser zu beten, zusammen mit den nächsten Verwandten. Inzwischen führte der Pate der Braut, die Braut hinaus, ein Kind sagte ein Gedicht auf und die Blasmusik spielte in letzter Zeit das Lied von Roy Black: Ganz in Weis. Somit marschierte man von hier aus in die Kirche, vorne weg die Braut mit Taufpate, dann die kleinen Kinder, die den Schleier der Braut trugen, meistens waren es drei bis vier Kinder, dann der Bräutigam mit Pate und anschließend die ganze Hochzeitgesellschaft.
In der Kirche wurde ein Brautmesse abgehalten, wo der Pfarrer eine Hochzeitspredigt abhielt. Bei mir predigte er von den Eheringen, dass dies ein Jüdischer Brauch wäre und man sich die Ringe zum Abschied von zuhause schenkte, damit man immer an die Lieben zuhause denke.
So sang der Kirchenchor Abschiedslieder vom Elternhaus und man beglückwünschte das Brautpaar in dem man um den Hochaltar ging und eine Spende gab und danach dem Brautpaar viel Glück in der Ehe wünschte, auch wenn es deine ehemalige Freundin war, alles war vergessen oder auch nicht.

Von dem Pfarrer bekam man ein Geschenk in Form von einem Kreuz mit Herrgott, welches danach im Schlafzimmer oberhalb vom Ehebett hing. Wir bekamen nichts, warum weiß ich bis heute nicht. Ich glaube, es war die einzige Hochzeit in Blumenthal, wo die Brautleute kein Kreuz bekamen. Vielleicht habe ich es ja auch nicht verdient von unserem Herrgott, da ich manchmal eine zwiespältige Einstellung zum Glauben habe.

Vor der Kirche formierte sich dann der Hochzeitzug. Zuerst die Musik, dann das Brautpaar, die Paten, die Jugend und Erwachsenen, zuletzt die Hochzeitseltern.
Man marschierte gemeinsam zum Hochzeitsaal, mit Marschmusik und vielen Zaungästen, die Keller riefen immer zu den Kindern und Jugendlichen: Buwe, was ham mer heit?
Diese riefen dann zusammen laut zurück: Hochzeit!
So nach 12:00 Uhr war man dann im Hochzeitsaal, wo in jedem Teller ein Zettel sich befand, mit dem Namen vom Hochzeitgast. Ich habe diese Zettel mit meiner Frau am Vortag eingeteilt, dies war die erste Katastrophe, die ich mit meiner Frau gemeinsam erlebt habe.
(Der eine möchte nicht neben dem anderen sitzen. Der kann den anderen nicht riechen. Die Familie ist mit der Familie zerstritten usw.)

Zu jeder Seite des Brautpaares saßen die Paten, und rechts oben am Tisch der Herr Pfarrer. Die Musik hatte eine fest eingebaute erhöhte Bühne, nicht selten sind Musikanten da heruntergefallen, voll mit Rotwein und Schnaps abgefüllt.
Ja, dann tanzte man beim Hochzeitsaal im Hof, so um 12:30Uhr, den Hochzeitswalzer, nur mit der Braut, zuerst die Paten und dann die anderen Hochzeitgäste zu einem Walzer, gespielt von der Blasmusik. Jeder spendete dem Brautpaar, je nach Verwandtschaft Geld, welches die Paten mit einem Teller einsammelten, so dass man auch sehen konnte, wie viel jeder gab.
In den letzten Jahren tanzte auch der Bräutigam mit, da die Frauen auf ihre Gleichberechtigung bestanden und dies von der westlichen Frauenbewegung mit bekamen. So gingen alle nach dem Brautwalzer nach Hause sich umzuziehen, außer Braut und Bräutigam. Einige Frauen hatten für eine Hochzeit bis zu vier neue Kleider bekommen. Auf jeden Fall ging man nicht zu Tisch mit den Kleidern, mit denen man in der Kirche war.
Zuerst trafen die Kellner alle ein, meist junge verheiratete Paare, oder solche die es werden wollten. mit einer schönen weißen Schürze und einem neuen blumigen Handtuch ausgestattet. Sie bekamen als erste das Essen oder so zu sagen die Hälfte davon Hochzeit Suppe, und Hühnerfleisch mit Soße.
Bei uns im Ort hat sich herauskristallisiert, dass einer den Oberkellner machte, der nichts tat, als nachzusehen, dass alles seine Ordnung hatte.

Jedes Kellner Paar bekam einen Tisch zugeteilt, den es zu bedienen hatte. Wobei man darauf achtete, dass beim Hochzeittisch der Bruder oder die Schwester bediente oder nahe stehende Verwandte, und auch bei den Kinder Tischen schaute man, dass ein jüngeres Ehepaar bediente.
Um etwa 13:30 fing man mit dem Hochzeitmahl an, nachdem der Herr Pfarrer eingetroffen war und mit allen Hochzeitsgästen ein Vaterunser bettete. Vorher hielt noch der Braut- oder Bräutigamvater oder der Bräutigam selbst, eine Anrede an die Hochzeitsgäste und hieß sie alle aufs herzlichste willkommen.
Die Kellner und Kellnerinnen waren alle mit einer vollen Schüssel heißer Hochzeitsuppe ausgestattet worden und warteten auf den Marsch, um mit den Schüsseln in den Saal zu marschieren.
Dies alles musste sehr schnell gehen, da die Suppe nicht auskühlen durfte, bis sie auf den Tisch kam. darum auch bei jedem Kellner/in ein kleines Handtuch mit dem man die heiße Suppenschüssel anfasste.
Mir machte es immer Spaß als Kellner zu arbeiten, denn ich hielt es sowieso nicht länger als fünf Minuten am Tisch aus.
Es kam auch vor, dass beim vollen Saal einer/ne die Suppe auf die Kleider/Anzug bekam, oder die Nudeln um die Ohren, darum auch das Umziehen vor dem Hochzeitsmahl.
Dann kam, nachdem niemanden mehr einen Löffel in der Hand hatte, das Abtragen der Suppe, die während des Essens immer nachgefüllt wurde. Mich störte dies immer gewaltig, da ich tanzen, und nicht den ganzen Nachmittag beim Essen sitzen wollte.
Alles wurde aber nach Befehl gemacht, keiner erlaubte sich selbständig etwas zu entscheiden.
Am Hochzeittisch gab man dem Brautpaar nach kurzer Zeit so viel Salz in den Teller, dass die Suppe ungenießbar war. Das machte man die ganze Zeit mit den Brautleuten sowie auch mit den Paten.

Als zweites Gericht kam dann gekochtes Hühnerfleisch mit Tomatensoße und Grien Soße (Meerrettichsoße). Die Tomatensoße fand meistens ihren Platz auf einem weißen Hemd oder Kleid. Der Kellner hatte einen Teller mit Hühnerfleisch und seine Partnerin die Soße. Danach kamen als dritter Gang die Sauerkrautwickel. Da spielte die Musik meistens die Polka: „Ich esse gerne Sauerkraut und tanze gerne Polka und meine Frau heißt Edeltraut und ist genau wie ich."
Inzwischen stahl man der Frau den Brautschuh. Die Paten oder die

Hochzeitsgäste mussten ihn auslösen. Beim Braten (Brandl uf Blumenthalerisch) kam der Vorkellner mit einem Teller voller Knochen hereinmarschiert und versuchte mit einem Stolperer den Teller auf den Boden zu werfen damit er in tausend Scherben zerbrach...Das sollte dem Brautpaar Glück bringen. Seine Partnerin hatte auch gleich eine Müllschaufel und einen Besen zur Hand, damit sie alles zusammen kehren konnte.
Der Braten wurde vom Kellner und die Salate, wie rote Rüben, saure Gurken und Obstsalat von der Partnerin hineingetragen. Brot gab es auch dazu aber nur als Weißbrot und flaumig wie ein Schwamm. Nach dem Braten kam man des Öfteren mit einem großen Zahnstocher, damit man dem Brautpaar und den Paten die Zähne putzt. Der Zahnstocher bestand aus einem großen Gartenpfahl, den einige Burschen trugen und einer darauf saß.
Danach kam der Kuchen mit den Torten. Der Kellner hatte eine Torte und die Partnerin ein oder zwei Teller Kuchen. Somit kam man am Ende mit der Köchin, die ihren Arm in der heißen Suppe verbrannt hatte, und jeder spendierte ihr etwas Geld für die Genesung.

Ihr Begleiter hatte ein weißes Leintuch umgehängt, mit Gänseflügel ausgestattet und einem großen Schöpflöffel, das war die Spezialität von meinem Freund Gottfried. Er erzählte den Hochzeitsgästen verschiedene Lügengeschichten, wie der Unfall zustande kam usw.
Die Blasmusik spielte während des Essens einige Konzertstücke, danach räumte man den ganzen Saal (16:30Uhr).
Die Brautleute gingen hinaus mit den Hochzeitsgästen, um Fotos zu machen. Wir hatten einen Fotografen aus Aliosch, er hieß Jepte, war ein Rumäner (friedlicher Mensch) und machte Fotos. Wir warten heute noch auf unsere Hochzeitfotos, die Entwicklung der Filme muss danebengegangen sein! Zu dieser Zeit hatte Rumänien (1980) schon sehr große Schwierigkeiten mit der Bereitstellung chemischer Substanzen.

Die Kellner trugen Tische und Stühle hinaus. Einige Frauen kehrten den Saal und rieben Kernseife auf den Tanzboden, damit es besser rutscht beim Hochzeittanz. Die Kuchen kamen alle in den Keller damit sie nicht verderben.
Somit fing die Blasmusik an Walzer und Polka zu spielen. Das Brautpaar war verpflichtet, jeden Hochzeitsgast zum Tanz aufzufordern. Zuerst die Eltern, die Paten, Oma, Opa, Onkel und Tanten, zuletzt auch die Freunde.

Wenn einer, „noch mal“ rief, so musste die Musik das Stück wiederholen. So tanzte man bis um 21:00 Uhr, danach wechselte sich die Blasmusik ab mit einer kleineren Besetzung von jüngeren Musikern die dann Deutsche Schlager spielten.
Fox und Tango und auch Oberkrainer Musik und Lieder wie „Griechischer Wein“, „ Mendocino“, „Es gibt kein Bier auf Hawaii“. Oder ich erkenne dich mit verbundenen Augen, sowie: „Das alte Haus von Rocki Docki“.
Die Braut wurde auch noch gestohlen, das war nur eine Formsache bei uns in Blumenthal. Die Paten mussten aufpassen, danach sollte der Bräutigam sie suchen.
Die Musik spielte aber weiter, wenn die Braut auch nicht da war. Mir sagte man auch unterm Polkatanz mit einer früheren Freundin: Polkakenich die Braut ist gestohlen worden!! So sagte ich: Zuerst tanz ich die Polka fertig und dann werde ich danach schauen, aber ich hoffe, dass sie beim nächsten Tanz wieder gefunden ist. Wenn nicht, tanz ich alleine weiter. Ich liebte diesen Brauch überhaupt nicht. In Deutschland erlebte ich auf einer Hochzeit, dass die Musik nicht spielte, so lange die Braut weg war, und das war zwei Stunden am Abend. So fragte ich, warum sie überhaupt die teure Musik bezahlt haben, wenn sie so und so nicht spielten.

In der Musik Pause um 21:00 Uhr gab es Sandwich.
Mit der Wurst von der Schlacht wurden Brötchen belegt mit sauren Gurken und an alle Hochzeitsgäste verteilt. Die Jugendlichen, die nicht auf der Hochzeit waren, sind als Zigeuner verkleidet gekommen und machten eine Einlage mit dem Lied: „Lustig ist das Zigeunerleben“.
Sie tanzten mit dem Brautpaar, gaben ein Geschenk den Brautleuten und wurden danach von den Paten zur Hochzeit eingeladen. Um 1:00 Uhr hat man wieder den Saal neu gedeckt. Jeder Kellner hatte seinen Tisch und Stühle sowie Bänke bereitzustellen, die Frauen gaben wieder die Tischdecken darauf und verteilten die Teller aufs Neue. Somit fing man wieder an zu essen.
Zuerst kamen zwei Suppen: Hochzeitsuppe und Gemüsesuppe, darin befand sich das Hühnerfleisch vom Nachmittag, das übrig blieb.
Dann musste man die Krautwickel mit dem Braten auftragen, danach nochmals den Kuchen und die Torten.
Meine Frau schlief am Hochzeitstisch ein, da sie so lange Hochzeiten von ihrem Dorf nicht gewöhnt war. Somit spielte der Reinhart ihr ein Ständchen mit der Akkordeon: „O noapte la Constansa“

Danach wurde wieder alles abgedeckt und man begann wieder mit dem Tanz. Bei Tagesanbruch wurde der Braut von der Taufpatin ihr Schleier mit Krone festlich entfernt und somit bekam sie ein Kopftuch aufgesetzt und die Gäste gaben ihre Geschenke an das Brautpaar. Vor 1944 waren es Gebrauchsgegenstände und danach ist man immer mehr zu Geld Geschenken übergangen.
Die Brautkrone bestand vor 1944 aus geflochtenem Haar, die zu einem Kranz aufgesteckt wurde. mit Rosmarin besteckt und mit Goldschaum besprüht.
Der Bräutigam und die Braut trugen ein Rosmarinsträußchen mit einer langen Bandschleife daran und beide hatten einen geschmückten Rosmarinstrauß in der Hand.
Nach und nach verließen die Gäste die Hochzeit und bekamen von den Brauteltern Kuchen und Hochzeitstorte mit nach Hause.
So etwa um 6:00 Uhr wurde das Brautpaar mit Blasmusik nach Hause gespielt und einige Hochzeitsgäste fingen an alles nach Hause zu schaffen. Die Dorfbewohner, die Tische, Sessel oder andere eigene Sachen bereitstellten, bekamen alle ein Päckchen Hochzeitskuchen geschenkt, als Dank dafür.
Montagnachmittag, nach der getaner Arbeit, gab es ein letztes Mal zu Essen bei einer der Brauteltern und man machte Musik und erzählte sich Geschichten von der Hochzeitsnacht.
Wem es jetzt noch nicht gereicht hat, der kann einen Brief an die Brauteltern schreiben, damit sie alles von neuem wiederholen.

Ja meine lieben Freunde: Es gibt nichts Schöneres für mich auf dieser Welt: Wie mit einer Braut, einen Hochzeitswalzer zu tanzen.

Euer Polkakenich

1945 - 1990 Banater

Nein, dies wird jetzt kein Buch, nur eine kurze Fassung für den Lopp und Kinder die in die BRD ausgewandert sind und den Kommunismus nicht erlebt haben.

Ab 1945 bis 1950 sind viele Menschen sehr arm geworden, es war nichts mehr da zum Essen, so wie Krankheiten aller Art breiteten sich aus. Jeder versuchte zu überleben, es kam die Inflation und das Geld wurde wertlos. So wie nach 1990 auch.
Hatte man auf einer Seite reiche Großeltern, auf der anderen Seite ärmere Großeltern, die Kinder der ärmeren wurden mit der Zeit in die Kommunistische Partei aufgenommen, da man ihnen den Himmel auf Erden versprach. Die von der reicheren Seite hatten kein Interesse mit solche sich herum zu schlagen, von denen sie enteignet wurden.
So waren in den Anfangs Jahren meistens Kinder (auch Deutsche) von ärmeren Familien in der Kommunistischen Partei, die schon damals eine Diktatur von oben nach unten war und wo man wie bei den Hitleristen gehorsam und pflichtbewusst sich zeigen musste gegenüber der Partei. Die Führung der Partei bestand zu 90% aus Rumäner. Die Banater Schwaben, die mitmachten, wurden ausgenützt zu denen ihrem Zweck. Ich weiß, mein Vater kam 1960 besoffen von der Parteisitzung und terrorisierte meine Mutter, da es dort nicht so lief, wie er das sich menschlich gewünscht hätte. Sie haben ihn später auch wegen Trunkenheit, ich glaube in den 70gern aus der Partei und der Feuerwehr hinausgeworfen.
Die Kommunisten vermittelten am Anfang ein Gefühl der Sicherheit, dass die ganze Welt in naher Zukunft so wird aussehen.
Viele Deutsche in Blumenthal glaubten daran. Es blieb ihnen auch nichts anderes übrig. Entweder verhungern oder mit den Kommunisten zu singen, da die Amerikaner uns beim Pakt in Jalta verkauft hatten. Die Welt wurde schon vor dem Ende des zweiten Weltkrieges neu eingeteilt, unter den Supermächten, USA, Russland und England. 1956 zogen die Russen ihre Truppen aus Rumänien ab. Die Revolution von Budapest war Glück oder Pech für die Banater Schwäbische Bevölkerung.
Ich hatte nie gehört im Banat, dass ein russischer Soldat eine Schwäbin vergewaltigt hätte, in den zehn Jahren russischer Besatzung! Aus meiner Sicht: Die Banater Schwaben Frauen ertrugen alles im Stillen und trieben ab, was das Zeug hergab auch im Geheimen.
Denn nicht der Soldat war schuld bei einer Vergewaltigung, sondern die Frau.

So blöd dies sich hier jetzt auch anhört, man hatte alles verschleiern müssen, anders war diese Frau so gut wie verloren im Dorfe. Wer wollte schon so eine heiraten, die mit einem Russen im Bett war?
So fuhren auch viele nach Moskau oder Leningrad als Anerkennung ihrer Leistungen von der Partei, um dort den einbalsamierten Lenin anzuschauen.
Wir sangen immer : Es kommen drei heilige Frauen, die wollen ins Grab Loch schauen. Ja so kamen auch diese Kommunisten zum Lenin ! Ich kann mir gut vorstellen, dass Herr B. bei denen auch dabei war! Lach. Ob er eine rote Pipatsch dem Lenin mitgenommen hat aus dem Banat weiß ich nicht.......!
Ab der Niederschlagung des Ungarischen Aufstandes, wollte niemand von den Deutschen Banater Schwaben mehr was von Kommunisten oder Partei hören, außer einige die schon so tief im Sumpf waren, dass sie schwer herauskamen aus dieser Scheiße.
Von meiner Generation war keiner mehr dabei, später mit der Wohnblock Vergabe hat man dann wieder die Menschen geködert, nur der bekam eine Wohnung, oder war vorne auf der Liste, wenn er in die Partei eintrat!
In den Fabriken wurden Parteitreue bevorzugt bei ihren Lohngruppen. Ich gebe ihnen mal ein Beispiel von meiner Fabrik. Ich kannte einen rumänischen Kollegen, der hatte Lohngruppe 9 und ich Lohngruppe 6.
Ja, ich stand schon immer auf Sexs, darum wollte ich auch keine höhere. OK, der war noch zwei Jahre jünger als ich und blöder noch dazu (aus meiner Sicht). Und auf einmal war er sogar mein Meister!
Nein, er war wie die Frau Merkel, UTC Vorsitzender bei der Jugend und dann bei der Partei. Ich fragte ihn, wie er zu diesen Bevorzugungen kam: Seine Antwort war mit einem Lächeln, Cu Pille, wie im jetzigen Rumänien auch.
Ich machte immer meine Prüfung mit Angst und Schrecken, was fragen sie mich oder wie blöd stellen sie mich jetzt da hin, um eine Kategorie zu bekommen. Ich hasste diese Prüfungen.
Ich muss gerade lachen, habe die Rechtschreibprüfung gemacht und mir kam bei dem Wort Merkel, als Empfehlung Ferkel. ....Lach
Bei den Frauenfabriken war es noch viel schlimmer.
Ich sage ihnen eines. Eine Frau als Chef ist der Horror auf Erden, auch in den KZ, waren die Frauen die schlimmsten Wächter, so auch in den rumänischen Fabriken.

Man arbeitete oft 8 mit 8, das heißt acht Stunden arbeiten, acht Stunden frei über das Wochenende. Die Frauen vom Dorf schliefen nicht zu Hause, sondern bei Freundinnen, damit sie nicht zu spät in die Arbeit kommen! Zwei Stunden brauchte man vom Dorf um in die Fabrik zu kommen und zwei Stunden zurück. Da waren noch vier Stunden übrig und der Schlaf noch nicht dabei eingerechnet !
Es war wie in einem Gefängnis, obwohl man sich frei bewegen, aber nicht das Land verlassen konnte. Den Rumänen ging es genauso. Der einzige Unterschied war aber, die meisten Führungskräfte waren Rumänen und einige von anderen Nationen, die die Privilegien hatten, für ein etwas besseres Leben.
In den 70 Jahren hat die Not angefangen. Ich kann mich bis dahin nicht erinnern, dass jemand in Blumenthal auf den Feldern etwas gestohlen hat, ich war oft auf den Feldern mit bei der Arbeit. Niemand getraute sich etwas mit nachhause zu nehmen. Schon von der Religion aus hat man nicht gestohlen.
Dies änderte sich ab den 80 Jahren sprunghaft, da man nichts mehr zu essen bekam. In den Läden waren alle Lebensmittel rationiert, nur unter der Hand bekam man etwas.
Ich erinnere mich: In Bruckenau gab es zu einer Zeit im Laden nur saure grüne Tomaten zu kaufen, und die Pfirsiche und das andere Obst verfaulten im Obstgarten.
Ich sage mal es so wie wir in der Fabrik unter uns Deutschen es damals besprochen haben:
Ceausescu war der Führer des Landes, der im wahrsten Sinne Rumänien, den Rumäner vermachte !
Sie können ihm heute Büsten am Fließband machen und an jede Ecke eine stellen, er hat das Rumänien rumänisch gemacht, er hat es geschafft in 25 Jahren die Rumänen in Rumänien als Eigentümer ihres Landes sich zu fühlen und das ganze Land im Besitz zu haben, das bis 1945 nicht der Fall war, sondern, nur gut der Hälfte des Landes war bevölkerungsmäßig Rumänisch angesiedelt. Für die Rumäner war es ein Geschenk Gottes, was der Nicolai ihnen da gegeben hat, Transsilvanien und Banat.

So ist auch die Revolution nur langsam in Rumänien ins Laufen gekommen. Da die Bevölkerung eingeschüchtert war und die Rumäner endlich mal nach 2.000 Jahre ihr Land zurück hatten. (Warum dann eine Revolution?)
Sicher, wer an die Geschichte vom Rotkäppchen glaubt, der glaubt auch an die Daker !

Ein Eheversprechen muss man einhalten .

Der Vetter Hanserich war a ganz schlitzohriger Blumenthaler, der immer für einen Witz zu haben war, hat er ja auch im ersten Weltkrieg in der Nordland Division die prüden Wikinger Brüder unterhalten an der Russland Front. Daheim in Blumenthal war er dann immer beim Fasching dabei und sein Weib, die Evibaas hat ihn gebeten er soll doch dieses Jahr nicht mit laufen. Der Vetter Hanserich hat mit schwerem Herzen seinem Weib zugesagt und sein Weib war froh, dass er endlich einmal daheim bei der Familie ist. Denn auf dem Fasching wurde immer viel Wein und Schnaps getrunken, sodass die meisten Männer mit einem Rausch nachhause kamen.
Am Fasching Sonntag ist der Vetter Hanserich nach dem Mittagessen von daheim verschwunden und seine Eva hat sich nicht denken können, wo er hin ist , denn das Versprechen hatte sie ja.
Der Vetter Hanserich ging zum Schafstall und bat dort denn Schafhalter um einen Gefallen gegen einen Liter Wein. Er soll ihm doch den Esel ausleihen für heute Nachmittag. Der Schafhalter war gleich dabei, denn er mochte auch den Wein und gab dem Vetter Hanserich seinen Esel für den Sonntagnachmittag. So ritt er mit den Narren als Schafhalter verkleidet durchs Dorf.
In der Kiehalter Gass (Cowboy Straße) angekommen vor seinem Haus schrie seine Frau : „Hanserich, du hast mir doch versprochen, dass du nicht mitläufst mit den Narren, heut Nachmittag!“ Ja, sagte der Hanserich: „Ich had dir versprochen, dass ich nicht mitlaufe, aber nicht, dass ich nicht mitreite!“ Die anderen Frauen lachten alle am Straßenrand und die Eva dachte sich, dir werd ich helfen! Sie ging in die Scheune, nahm ein Eimer voller Gelriewe (Gelbe Rüben) und ging mit dem Eimer auf die Straße vor dem Esel , der blind vor Hunger, ging schön brav mit der Evibaas in den Hof und die Eva machte das Gassentürl (kleines

Straßentor) hinter sich zu. So sagt sie: „Jetzt bin ich neugierig, wie du weiter reitest, im Hof herum ohne zu laufen?

Der Vetter Hanserich hat traurig auf die Gass (Straße) geschaut und hat gesehen, dass im Korridor die Korridortür auf die Gass offen ist, so ist er die zwei Stufen mit dem Esel hinaufgeritten, schnurrgerad auf die Gasse, so dass er wieder bei den Faschings Narren dabei war. Seine Evibass hat nur hinter her geschaut und sich gedacht „Narren kann man nicht aufhalten !"

Bei dem Blumenthaler Fasching ging es am Fasching Sonntagnachmittag immer lustig zu. Es bildeten sich verschiedene Gruppen oder Einzelpersonen, die sich in dem Alioscher Eck versammelten und dann durch alle Straßen und dem „Futjepre" mit Blasmusik umherzogen . Die Leute kamen auf die Straße, mit Kuchen und Getränke für die Narren. Man war zu Fuß unterwegs, mit Pferd und Esel, oder mit dem Pferdewagen. Es haben alle Nationen mitgemacht.

Ich werde einige Gruppen, die mir noch in Gedanken sind, nennen:

Die Scherenschleifer, Familie Bittner hatten auf Schubkarren improvisierte Scherenschleifwagen und schärften den Hausfrauen ihre Scheren. Ein moderner Wagen mit Blaulicht war auch dabei.

Schneewittchen und die sieben Zwerge: Große Männer aus Blumenthal waren als Zwerge verkleidet und ein großer schwerer Mann als Schneewittchen. Abends trug man ihn mit der Schlachtmulder in den Saal!

Der Herr Pfarrer mit Messdiener : Der Herr Pfarrer hatte einen Wäscheanfeuchter dabei und machte die Leute an der Straße nass !

Der Kokosch und seine Hennen: Die Gruppe war maskiert mit Federkleider und der Kokosch war der Oprea Mircea. der auf alle Zäune krabbelte und laut Kikeriki schrie!

Pferdewagen mit einem Ofen und Narrenfass: Auf diesem Ofen wurde für die Narren Crêpes gemacht. Ein Pfannkuchen ohne Pfanne, direkt auf der Herdplatte. Ich möchte sogar behaupten. die Crêpes sind erfunden worden in Blumenthal am Faschingssonntag! In dem Fass wurde der Wein gesammelt, den man von verschiedenen Häusern bekam, der dann am Abend beim Faschingsball getrunken wurde.

Vogelhändler: Er besaß einen Vogelkäfig in dem gefärbte Spatzen gefangen waren, zum Verkauf, bevor er den Vogel der Hausfrau überreichte, ließ er ihn vor derer ihrer Nase fliegen!

Zigeunergruppen : Jugendliche verkleidet als Zigeuner mit verschiedenen Musikinstrumenten.
Rauchfangkehrer als Glücksbringer: Der die Menschen schwarz machte!
Kreuzritter mit Kanonenwagen: Man schoss mit Carbid und Dreck.
Bis in die 70er Jahre, war man viel mit Pferden unterwegs. Es gab Reiter, die sogar ins Zimmer ritten mit dem Pferd ! Dies wurde dann aber untersagt, da ein Narr sich die Hand gebrochen hatte und man diesem Brauchtum ein Ende machte.
Meistens waren es zu Fasching Märchenfiguren oder Figuren aus dem Alltag mit denen sich die Menschen auseinandersetzen. Ich selber war mal als Jimi Hendrix unterwegs mit einer Gitarre.
Politisch hat man im Kommunismus sich nicht getraut auf Auseinandersetzungen sich ein zu lassen, da es zu gefährlich war.
Abends marschierten dann die Gruppen gemeinsam zum Faschingsball und führten dort verschiedene Programme auf . Für die Kinder gab es jedes Jahr einen Maskenball, wo die besten Masken prämiert wurden.

Die Gogosche (Hähne) von Rumänien

Wir wussten, dass wir eines Tages nach Deutschland gehen werden, wann, wo und wie wusste so richtig niemand, aber wir wussten es und lebten so, wie wenn wir morgen unsere Heimat für immer verlassen und nie mehr wieder kehren würden, da wir mit dem Begriff Heimat nicht viel anfangen konnten.
Der Großteil, die von Deutschland auf Besuch kamen und man sie fragte, was man so mitbringen sollte von Banat in die neue Heimat, sagten sie nur „Porzellan"! So kaufte man Porzellan, wo man nur konnte und hatte zu Hause ganze Schachteln voll von diesem weißen Gold.
In der Zeit hatte ich einen Freund aus Liebling (Lutherischer) und der besaß einen Dacia. So machte ich ihm einen Vorschlag : Schau Peter, ich zahl dir das Benzin und wir machen eine Porzellan Reise über Grosswartein (Oradea), Klausenburg (Cluj), runter nach Ajud, so zu sagen um die Westkarpaten, um Porzellan zu kaufen, da es bei uns in Temeschwar fast keines gab, nur mit Bekanntschaft und Schmiergeld.
So sind wir beide mit unseren Frauen an einem Wochentag los gefahren und haben die Reise angefangen so richtig zu genießen.

In der ersten Stadt Grosswardein, da fließt der schnelle Crisch durch die Stadt und es ist eine sehr schöne kleine Stadt aus meiner Sichtweise. Meinem Freund seine Frau, die Mariechen erzählte immer wieder im Auto eins: ich sag euch: „Ich will die kämpfende Gogosche, koste es was es wolle !"
Mariechen, sage ich: „Mei Frau will die nicht und wenn wir diese irgendwo finden, lasse ich dir das Vorrecht damit du deine Gogosche bekommst !"
Was soll ich euch sagen, wir haben alle Porzellan Läden ab gesucht und immer nach den Gogosche gefragt , keiner kannte sie und keiner hatte sie gesehen. Aber die Mariechen hat gemeint : Sie hat Verwandte in Montreal und die haben die Gogosche hier in Rumänien gekauft. Ein Rumänischer Verkäufer hat gemeint: „Wir sollen doch über die Straße gehen , der Nachbar hat zwei Gogosche im Garten, die raufen den ganzen Tag, ob der die uns aber verkauft, das weiß er nicht !"
So sind wir weiter gefahren und haben in Klausenburg übernachtet , in der Früh hörte ich einen Gogosch schreien am Hotelfenster. Ich öffnete schnell das Fenster und siehe da, auf der Kirchenspitze saß ein Gogosch, ob der geschrien hat, weiß ich nicht, aber der sitzt heute auch noch dort, ihr könnt ja nachschauen fahren.
So waren wir schon auf dem Heimweg von unserer Porzellan Rundreise, da sind wir in Alba Julia noch schnell rein gefahren, um da im Porzellan Laden zu schauen was es dort gibt. Wie diese Stadt auf Deutsch hieß, weiß ich jetzt nicht, aber in der Vitrine saßen die zwei Gogosche und kosteten umgerechnet nach unserem Verdienst von damals zu heute 6.000 € ! Das war unserer Mariechen so was von egal , dass sie sofort ihre Brieftasche aufmachte und die Gogosche in Besitz genommen hat. Zuhause wurden die Gogosche in Polystyrol eingepackt und mit der Kiste verladen für die Ausreise nach Deutschland. Sodass sie heut in Frankenthal im Keller noch immer kämpfen. Wer sie anschauen will, muss aber, immer ein schönes Hingel (Henne) mitbringen, dann raufen sie noch schöner !

Achtung: Schwowischer Dialekt

Demokratische Wahlen im kommunistischen Banat

Ja jetzt saat jeder: „So etwas gibt es nicht!“ Ja irgendwie habt ihr do schon recht und auch nicht.
In einer Ortschaft im Banat hat es so was gewe 1974.
Ja ich mecht sogar behaupte, dass des die ansiche demokratische Wahlen im ganze Ostblock waren. Von 1945-1990 und wo? Natürlich in Blumenthal, ja wo den sonscht!
Ja ich war es erste mol bei der Kerweih und mit dem Tanze, des war so a Sach: „Hälscht die Mädle zu fescht, werde se voller bloe Flecke und hältscht se nit fescht genuch, flien se de noch
fort unner am Tanze!“ Einige han jo ach gleich die Hand der an die Schulder gelegt damit nicht zu nah an Ihre Milchhalle kummscht. Ja do war Geschicklichkeit gfrot.
Awer dankschen muss ich de Mädle vun damals schun sagen, da sie uns kostenlos uf der Kegelbahn Tanzen gelernt hawe.
No ist uns an enem Owed ingfalle mir brauche jo a Vortänzer, für die Kerweih und wer würde iwerhaubt Vortänzer mache? Do han sich a gleich zwa gemelt: De Erwin und der Mircea, wir
brauchten aber nur einen. Somit war des jo gar nicht so aanfach des hinzubekomme. Wir hätten ja die Kommunistische Parteizentrale anrufe kenne und der Fall wäre erledigt gewesen , awer wir haben es möchte annerscht mache und so hat meer beschlossen in einer Woche a demokratische geheime Wahl abzuhalten im Gemeindesaal.
Ja do hat meer am Anfang gement de Mircea wirt glaar gewinne, awer wie des schun is bei einer Wahl, so eenfach ist des gar nicht. Do werscht uner Druck gesetzt und uf eemol, sind deine
buckliche Verwandtschaften wichtiger denn je.
Wählen haben alle dürfen die bei der Kerweih dabei waren, also mitgemacht haben.
Die Buwe und die Mädle, a die wie unter achtzehn Johr waren. Also, so a Wahl hat es in de Welt noch nicht gegeben, gerechter kann es jo anscheinend nicht mehr zugehen.

Am Owed vor der Wahl hat mer noch Musich gemacht und getanzt und jeder Kandidat hat noch mal seine Leit überzeugt von seiner Notwendigkeit und mit alli Mädle getanzt, damit sie ihn wählen. Am Ende siegte Mirce mit einer Stimme Vorsprung.
Ja man hat sich dann friedlich geeinigt, einmal marschiert einer vorne weg und einmal der andere, das ich auch gut so fand, denn ein Streit an dem Kirchweihfest braucht ja keiner.
Somit wahren die Wahlen vorbei und alles war wie früher. Nur eins habe ich festgestellt, dass die Mädle ihre Buwe um de Finger gedreht han schun damals, ja der Kerweihbub hat den Vortänzer gewählt, den sei Kerweihmädl hat wollen. Ja des ist Demokratie und man war gar nicht verheiratet. Die Demokratie hab ich mir ach annerscht !
Somit war es die vorgestellt erschti Kerweih in Blumenthal, wo der Vortänzer demokratisch gewählt ist wahr. Ob die Kommunistische Regierung und der Ceausescu was devun mitbekommen haben weiß ich leider nicht, des wer es wisse mecht, mist jetzt nachschaue in den Akten der Geheimpolizei Rumäniens (Securitate), ja vielleicht haben sogar die mitgewählt, mir kann es jo nie wisse?
Buwe was hamer heid? Kerweih !!

Der Banater Chemiker

Der Vetter Sepp, ein Banater Schwabe, ist geboren in Königshof und nachher war er glücklich in Brukenau verheiratet mit seiner Eva. Wie die meisten Banater Schwaben ist man dann in den achtziger Jahre ausgewandert nach Deutschland.
Schon in Bruckenau hat er sich immer mit außergewöhnlichen Experimenten beschäftigt. Der Kuckurutz (Mais) hatte bei ihm im Garten 10 Kuckurutzkolben an einem Kuckurutzstock. Dies ist Weltrekord !
Er machte auch mit seinen Schwiegersöhnen Schnaps aus Zuckerrüben, der mit Rosmarin eine Kerweiduftnote bekam. Seine Hasen hat er mit den Nutri gekreuzt, damit sie bei Regen keine Erkältung bekommen.
Oder der Paprika im Garten wurde auf Kürbis veredelt ,damit er viel größer wird und die Paprikasamen so groß wie Kürbiskerne wurden. Oder er ersetzte vor Jahren die giftigen Spritzmittel an den Kulturpflanzen mit Kuhmilch und stärkte so die Widerstandskraft der Pflanzen, damit sie keine Pilzkrankheiten bekamen.

Bevor Deutschland nur an biologischen Nahrungsmittel dachte. schaffte er sich für dieses Experiment sogar eine Ziege an, da diese Milch sogar besser wirkt wie die Kuhmilch.
Somit war unser Vetter Sepp einmalig auf dem Gebiet, noch besser wie die hoch ausgezeichnete Elena Ceaucescu, die Ehrendoktor Titel von der ganzen Welt besaß.
In Deutschland hatte er nur mehr einen kleinen Garten und für Experimente war der Raum sehr eng. Dies alles hielt unseren Vetter Sepp aber nicht ab, weiterhin zu experimentieren, da er jetzt in Rente auch die Zeit dazu hatte. So dachte er immer an die sauren Tomaten hier in Deutschland und wie man diese süßer machen könnte. Die Lösung ist ihm auch schnell eingefallen, in dem er in die Tomaten Nahrung Zucker beimischte, damit die Wurzeln diese Zuckerlösung aufnehmen und sie in die Paradeis (Tomaten) befördern.
So hat er dies doch auch im Banat mit seinen Bienen gemacht.
Jeden Tag bekamen die Bienen 50 Kg Zuckerwasser und machten daraus 50kg Honig, der im Verkaufspreis viermal so teuer war wie der Zucker. Im Rechnen waren wir Banater ja schon
immer gut. Aus dem Honig machte er dann Schnaps, der nochmal den Verkaufspreis verdoppelte. So wuchsen die Tomaten 3 Meter hoch mit der Zuckerlösung und brachten viele süße leuchtend rote Tomaten Früchte, dass beim Pflücken einem die Hände an dem süßen Saft kleben blieben.
Was war zu machen bei so einem Überfluss von zuckersüßen Paradeisern, überlegte der Vetter Sepp. Schnell hat er auch die Lösung gefunden und kaufte sich einen Schnellkochtopf mit dem er einen Schnaps Kessel baute und die Tomaten nachdem sie aus gegärt waren in feuerroten Tomatenschnaps verwandelte.
Es war ein Genuss diesen feuerroten Schnaps zu trinken, die reinste Medizin für Bluthochdruck und andere Gelenkleiden, der abgenutzten Banater Knorpeln vom vielem täglichen Schaffen.
Der Schnaps wurde im Schnaps Schrank eingesperrt, damit seine Schwiegersöhne ihn nicht heimlich trinken. Da seine Eva aber den Schlüssel verlor, suchten beide eifrig den Schrankschlüssel, damit der Vetter Sepp seine tägliche Medizin einnehmen konnte.
Die Nachbarin sah nur Hände durch das Fenster winken und rief sofort den Notarzt und Krankenwagen, um dem Nachbarn zu helfen, denn sie meinte, sie wären in der Wohnung gestürzt.

Der Notarzt kam in das Zimmer und sah den Vetter Sepp mit seiner Eva noch immer auf dem Fußboden beim Schlüssel suchen.
Er meinte: „Was hier los wäre ?“ Dann berichteten sie von ihrem Leid. Der Arzt meinte nur, beim Vetter Sepp hängt doch ein Schlüssel an der hinteren Hosentasche. Und tatsächlich war es der Schnaps Schlüssel den er gestern Abend als Sicherheit in seine Hosentasche steckte.
So musste der Notarzt auch ein Schluck feuerroten Tomatensaft Schnaps versuchen und war begeistert von dem Produkt. Das Banater Rezept, wurde dem Arzt aber nicht verraten, denn es hätte ja sein können, dass dieser Arzt, den Vetter Sepp doch noch mit dem Notarztwagen eingeliefert hätte, da viele Chemiker als verrückt erklärt wurden, am Anfang als sie ihre Versuche gemacht haben.
Somit nahm der Vetter Sepp auch einen Schluck Paradeisschnaps und seine Eva schloss den Schnaps wieder ein, damit er nicht zu oft am Tag an den Schrank gehen kann.
So ihr Banater Schwaben, ihr kennt jetzt das Geheimrezept vom Paradeis Schnaps und könnt es jetzt in eurem Garten auch versuchen.

Deutsch - Der Bewegungsmelder

Ja sicher hat jeder schun so was gsehn in seinem Leben, man geht vorbei und es Licht geht an. So hat mei Aldi ach immer gschimpft, dass mir die Lichter immer brenne lose und der Strom koscht doch so viel Geld.
Jetzt ist meiner Aldi a Idee kum, wie was ich nit vielleicht ist sie vun was gstoch worre dass sie uf des druf kumme ist. Sie hat unserem Sohn Befehl gewe in alle Zimmre Lichter mit
Bewegungsmelder ein zu bauen.
Am Anfang han ich mich gfreit, kummscht hom muscht nicht mehr uf den Schalter drücken. des Licht geht a,n gescht in a anderes Zimmer, des Licht geht aus und im anderen an. Mei Aldi war sehr froh mit ihre Erungenschaft und hat gemeent: So jetzt spar meer die Hälfte vum Strom, da die Lichter immer aus gehen, wenn ihr fort geht vun deheem !
Ja bis die verflixte Technik ihre Macken zeigte! Im Abstellraum hast die Schuh nur so reingeworf, ist des Licht nicht meer ausgang! In der Kich hast den Stuhl nicht auf sei Platz gstellt, ist des Licht nicht meer ausgang! Im Baat hascht es Wasser nicht rausgelosst vun der Badwann, ist des verflixte Licht nimmer ausgang! So ach im Arbeitszimmer am Computertisch, hascht den Stuhl nicht ufs Platz, des Licht hat gebrennt de ganze Tach. Und wer war schuld, wieder mir, weil mir die

Sache nicht weggeraamt han.
Im Schlafzimmer, des war erscht witzsich: Bin mit der Aldi ins Beet, wir han uns hingelegt, Licht geht aus. So denk ich meer, wenigschtens an Zimmer wu die Technik funktioniert. Do meecht ich mit der Hand zu meiner Aldi riwer ins Beet lange. Zack geht's Licht an, un die schreit schun: Bleib ruich leie. Ja Donnerwetter, was ist do zu machen? Des ist jo schlimmer wie im Gfägniess. Bei jeder Bewegung geht es Licht an. Leid, kennt ihr eich so was vorstelle im Schlafzimmer? Na des kann nicht mal ich mir vorstelle. So bin ich uf gstan an der Sicherungskaschte gang, han die Sicherunge alle rauskaut und han a Keerzenlicht genommen damit ich es Schlofzimmer find.
No mont mei Aldi: Du alter Depp, was ist in dich gfahr, dass du noch 30 Johr es erschti mol mit em Kerzenlicht ufs Schlofzimmer kummscht, hascht du schlecht getrammt?
Na, han ich gsat, der Strom ist aus und wir haben kein Licht im Haus.

Warum sind wir auf Erden?

Ja Kiniesof (Königshof) war eine kleine Nachbarortschaft von Blumenthal. Was war besonders an dem Kiniesof aus meiner Sicht. Lustige und schöne, kecke Frauen und verraufte Männer, ist ja auch verständlich, wenn man auf schöne Frauen aufpassen muss! Im Wirtshaus hat es öfter als einmal Schlägereien gegeben, obwohl in ihr Wirtshaus nicht mehr wie zwei Tische reingepasst haben, hat man immer mehr als drei Tische zusammengeschlagen!
Einen Hügel hatten sie mit Südhang, wo ein guter Tropfen gewachsen ist. Ihr Wein war immer besser wie der Blumenthaler, da im Weingarten die Frauen ja auch schafften und die Rebstöcke sich freuten, nur bei ihrem Anblick und der Wein eine besondere Note bekam.
Das Dorf lag am Bergsaugraben, wo der Bach jedes Jahr über die Ufer trat und bis ans Dorfende das Wasser kam. Man kann es vergleichen wie bei den Ägyptern der Nil. So ist man im Bergsautal mit der Schlachtmulder Schinakel gefahren. Solche wo zu faul waren für Rudern, haben sogar sich ein Segel an die Schlachtmulder gebaut und sich treiben lassen bis ins Schwarze Meer. Ob sie dort angekommen sind, muss man sie schon selber fragen.
Ja und einen Pfarrer haben sie gehabt, der hat ganz allein den Kirchturm gestrichen. Die Frauen des ganzen Dorfes haben ihn gelobt, jede hat am

Abend wollen die Milch tragen zu unserem lieben Pfarrer. Wie unser Schicksal es schon will, haben ihn nach so viel Lob, die Männer die Scheiben eingeschmissen, am Abend nach der Maindacht!
Ob die Maikäfer alle dann ins Pfarrerhaus geflogen sind, weiß ich nicht, auf jeden Fall hat er im Kirchturm übernachtet und am Morgen war der Kirchturm fertig gestrichen!
Warum sie ihm die Scheiben eingeschmiessen haben, weiß ich nicht genau, da müsst ihr die Kiniseefer schon selber fragen.
Ja, und in unserer Geschicht von heut ist auch die Rede von einem Kinisefer Pfarrer, der hatte Religionsunterricht in der Schule, gegenüber von der Kirche. Die Klasse war klein und die Kinder hatten nicht alle Platz in den Bänken, da alle vier Klassen in einer Klasse den Religionsunterricht vorgetragen bekamen. So mussten einige Platz nehmen auf der Erde, so sagte man im Banat zum Boden und der Boden war ja der Dachboden.
So fragte der Herr Pfarrer: „Warum sind wir auf Erden?"
Da antwortete der kleine Hansi: Weil wir nicht genügend Bänke haben! Amen.
Ja recht hat er aber gehabt. Ob der Pfarrer ihm widersprochen hat, weiß ich leider nicht.
Ja warum sind wir eigentlich auf Erden: Dies möchte ich euch jetzt auch fragen?

Archäologische Ausgrabungen in Blumenthal

In Blumenthal gibt es dies auch, was es woanders gibt, nur dass es vielleicht etwas anders zugeht, wie woanders. Da ja viele lustige Leute da wohnten und Unfug trieben.
So hat man in den 60er Jahren von der Schule aus versucht archäologische Ausgrabungen zu machen, bei der Rundel (nach meinem jetzigen Wissen alte ungarische Bauernfestung). Bei uns im Dorf sagte man immer: „Die Rundel ist von den Römern."
Strategisch liegt sie auf einem Hügel und man sagte, dass zwei Kilometer westlich der türkische Brunnen liegt. (Der Brunnen von dem der Storch den Bruder oder die Schwester bei uns im Blumenthal brachten) und eine unterirdische Verbindung zu der Rundel bestand, da es auf der Anhöhe kein Wasser gab.

Man hat bei den Ausgrabungen einige Knochen gefunden, aber weiter weiß ich nicht viel davon, da ich noch klein war und die größeren Buben uns vertrieben.
Da in Blumenthal Richtung Norden (Fiskut, Arad) auch die Römerschanze verlief, war man der Meinung, die Rundel sei von den Römern. Richtig nachgeforscht hat da noch niemand. Die Versuche von damals waren ohne jedes Wissen durchgeführt worden, nur von einem Geschichtsprofessor.
So machten wir uns auch an die Arbeit, um 1970 mit dem Fidel als Expeditionsleiter, die Rundel zu erkunden. Unser Sinn war alte Waffen und Schätze zu bergen. Wir hatten die tollsten Pläne, was wir damit alles anstellen würden. Angst hatten wir nur von giftigen Schlangen, die vorrausichtlich in dem Tunnel leben und uns in Gefahr bringen würden. Fidel erklärte uns, dass das Graben sehr schwer sei. Da der getrocknete Lehmboden im Sommer so hart war wie Stein und wir als Kinder keine Chance hätten.
Nur mit einer riesigen Menge an Sprengstoff wäre es möglich diesen Tunnel zu öffnen und die Schätze zu bergen. Sein Onkel wüste ja wie man so etwas hinbekomme (Rezeptur vom Sprengstoff der alten Chinesen) und nach seiner Anleitung könnten wir dies erreichen. Ja der Hauptbestanteil vom Schießpulver wären die gemahlenen Gänsefedern, die gemischt nach einem Geheimrezept mit Trockenfarben, Carbid (früher beim Schweißen verwendet) und anderen Zutaten die Sprengkraft einer Bombe erreichen würden, um halb Blumenthal in die Luft zu sprengen. Fackeln, um den geheimen Gang zu erkunden, hatten wir auch gemacht aus Mais Stängel, eingetaucht in Pech, damit die Flamme nicht so schnell erlischt. Als Zündschnur wurde eine Tabakschnur verwendet, die eine Woche in Diesel eingeweicht wurde, damit sie richtig brennt. So war eines Nachmittags alles fertig, um die Sprengung der Rundel zu erledigen. Wir gingen rauf, gruben ein Loch in westlicher Richtung und füllten es mit unserem Sprengstoff, bedeckten alles mit Erde und zogen die Zündschnur bis an den nächsten Hügel. Somit war alles vorbereitet für die Sprengung und wir hatten schon panische Angst, dass alles in die Luft fliegen würde und die Giftschlangen freien Ausgang nach außen hätten. Fidel zündete an und schrie laut: „Fallen lassen damit die Druckwelle über unsere Köpfe hinwegfegt!“ So lagen wir eine viertel Stunde und nichts passierte, bis auf einmal der Fidel meinte: „Vielleicht ist es nur eine explosive Verzögerung, da so etwas schon mal vorkommen kann. Auch in den Gruben explodieren nicht alle Dynamit Stäbe auf einmal.“

Ja so warten wir auf die Explosion noch heute, vielleicht explodiert es ja doch einmal, man kann es ja nie wissen.

Der Schaffelwalach

Ja was ist a Schaffelwalach (Apelmoy)?
Ein rumänischer privater Bauer, der mit seinem Wagen Äpfel, Besen, Rechen, Leitern in den Banater Dörfern verkaufte.
Sie kamen immer mit drei bis vier Wagen und fuhren durch die Banater Ortschaften. Als Maßeinheit diente ein Schaffel (ein Gefäß wie ein Zylinder aus Holz unten war der Boden breiter wie die Öffnung oben). Das war eine überlegene Verkauf Strategie, damit man optisch nicht sieht, wie viel im Gefäß vorhanden ist. Da die Menschen nicht viel Geld besaßen und so einen Tauschhandel vornahmen, auch so nach 1944 üblich.
Mir schmeckten am besten die Lederäpfel mit einer hellbraunen Schale. Die Schwaben waren aber ganz wild auf Jonagold, ein Apfel der sehr groß ist und mit roten Backen, er ist aber sehr mehlig. Auf diese Weise bekamen die Bergbauern ihr Getreide für die Familie und die Tiere.
Nach 1944 hatten die Menschen beinahe kein Obst mehr, da die Kommunisten die privaten Weingärten und Obstgärten von früher alle vernichteten und nur mehr Getreide anbauten.
Zuhause hatte man auch noch nichts, da der Garten, zuhause früher ein Dreschplatz und Lagerplatz war, ohne Obstbäume, so wie wir ihn in Erinnerung haben.
So auch bei mir in der Straße. Als die Wagen einfuhren und die Schaffelwalachen anfingen zu rufen: Mehre, Pere. So kamen alle Bewohner die zu Hause waren auf die Straße zu den Wagen, um zu schauen, was er gerade zu verkaufen hatte und so tauschte einer oder der andere etwas ein.
Der Vetter Hanserich war ein ganz schlauer Mann und dachte sich, ich werde einmal den Schaffelwalachen eins auswischen, so nahm er eine Waage und wog die Äpfel ab, die in dem Schaffel waren und dann das Getreide. So sah er, dass, das Getreide doppelt so schwer war wie die Äpfel. Dann nahm er die Rübenmühle mit auf die Straße, stellte die Schaffel darunter und
mahlte die Äpfel durch die Rübenmühle in die Schaffel. So hatte er jetzt die dreifache Menge an Äpfel eingehandelt und war sehr stolz darauf. Dann sagte seine Frau, die kannst du essen, ich handle mir für die Kinder ganze Äpfel ein.

Ja die Schaffelwalachen haben in ihren Wagen übernachtet und hatten es sehr schwer, man wusste ja nicht was für Wetter man im Flachland erlebt und wie die Geschäfte laufen, oder ob man sogar von Banditen überfallen wird.
Mein Urgroßvater hatte sein Geld immer in einer Schachtel und war sehr stolz drauf. Bei der Inflation 1945 kaufte mein Großvater dann mit dem ganzen Geld am Schaffelwalach noch seine ganze Ladung Äpfel ab. Für mehr hat das Papier und der ganze Reichtum nicht mehr gereicht. So war es auch nach der Ära Ceausescu, das Geld was man heute verdiente, war morgen nichts mehr wert. Der Tauschhandel ist aber immer lohnenswert, da er der Inflation standhält und auf einer gerechteren Weise die Güter verteilt, ohne Steuern und Abgaben für die Reichen, die nichts arbeiten und von den Steuern leben, wer das auch immer sein mag.
Das Geld: Da es oft auf eine unehrliche Weise verdient wird, muss es mit einer Inflation wieder wertlos gemacht werden. Damit das viele Geld das auf betrügerischer Weise verdient wurde, seinen Wert verliert.

Die Fuchslewer

Ja liewi Schwoweleit, in Blumenthal war immer was los, ein Reporter ist mol im Jahre 1920 in ali Schwowische Deerfer herumgefahren und hat über jedes Dorf sei Fett abgewe.
Des mit dem Wasser in der Sackelhauser Milch stammt auch vun dem.
Iwer Blumenthal hat er gschriewe: Do leben die luschtigste Leid! Niet das ihr mir jetzt neidisch wert, na der hat jo a nur so gschriewe wie ich jetzt.
Ja sol mer zum Thema kumme, der Djula (Spitzname) war a Deitsche Mann bei uns im Dorf, sehr erfinderisch in seinem Leben und seine ganze Nachkomme auch.
Als er gstorb ist, war mein Vater noch bei ihm am Sterbebett, do ist die Kathibass sei Weib, aus em Schlofzimmer rausgang und er hat gement: „Filipp schau mol, dort im Eck steht die Rackiflasch, gib se mol her. Hat a schlug getrung und ist ingschlof für immer.
Ja so ist frieher a richtiger Schwob gstorb, bei uns in Blumenthal. Es Weihwasser (Raki) war immer dabei. Bei der Musich hat er den Bass gebloss, den grosse, wu mer umhengt iwer die Schulder.
Beim Vetter Djula war in leschter Zeit immer Krach uf em Bode, sie han beim beschti Wille sich nicht vorstelle kenne, was do owe in der Nacht los ist.

Do hat er zu seiner Frau gsaat:
„Wascht was Kathi, du gescht an der Bodestieg nuf und ich geh vorne an die Bodelächer, denn wäre mir schun fange, der was uns jedie Nacht nicht schlofe lost."
Jeder hat a Besse in die Hand geholt, und los gings. Die Kathibass hat so a Krach mit der Hozschlappe gemacht uf der Bodenstiege , dass der uf dem Bode fliechte hat wolle an der Bodeläche nauss. Dort hat ju a schun der Djula gstan und gewart.
Was meint ihr wer es war: A Fuchs der jede Owed (Abend) Bass uf dem Bode gspielt hat und jetzt ka Zeit mehr hat kat für den Bass runder zu tun und mit em großen Bass flüchte hat wolle, bei der Bodelächer raus. Do ist er stecke geblieb des armi Tier und des war sein End.
Also mir tut es heid noch lad um den Fuchs, denn a Fuchs der Bass spielt in der Plechmusich, des hat es in der Welt noch nicht gewe, nur in Blumenthal. Ich froh mich nur wie der im Dunkle
die Noten lesen hat kenne? Awer ich glaab der hat Jass gspielt, do brauch mer ka Notte. Er nit faul, geht uf den Bode und zieht dem Fuchs es Fell ab, für seiner Kathi a scheene Kragen zu machen, damit sie am Sonntag in die Kerch was Neies ahnzien kann.
Ja und dann hat er noch die Fuchslewer vun dem Fuchs gebraucht, denn einige haben ihm immer die Traube gstole in seinem Garde.
Die Lewer hat er trockne lasse und se dann mit der Mah(Mohn) Mihl gemahl. In der Zeit hat er vun zwa Könikshofer Buwe Holz bestellt. (Ohner vun denne Buwe lebt heit bei Reutlingen und hast Adam R). Die han am Djula es Holz abgelat und dafür noch a Wein zu trinke bekomme. Haben Dankscheen gsat und sind der Berg ab nach Könikshof hem gfahr.
Im Mitte Berg hat der Traktorist die Brems getret, ist vum Traktor runer gsprung, hat seine Hosse rontergezogen und in der Grawe. Sei Mitfahre neben ihm a im Grawe. Die Buwe han an nichts schlimmes getenkt und sind wieder auf der Traktor und han wille weiterfahre.
Bei fünf Metter war Schluss. Brems, runer in der Grawe und......
So ist des finf, sechs mol hintereinander basiert. Am End sind se uf den Traktor, han umgetret und han dem Djula de Ranze verschlan mechte.
Sie han jo gsien, dass uf dem Wein was rumgschwume ist awer sie han nit gewisst was es ist, dass es die Fuchslewer war, an des hätte sie nie gedacht.
Des war neemlich so: Die Kathibas hat ihrem Mann, in den Wein, die Fuchslewer rein, damit er es Trinke ufheert. Ja so war es domols 1970.

Am Sunntag hat es in Blumenthal etweder Bäckerkipfel gewe, oder Strudel, (Kein Ziestrudel sonder ein Brotteigstrudel oder so was ähnliches), gefüllt mit Mohn, Nüsse, Leckwar
(Marmelade) Rahm. Weiß der Kuckuck was do alles die Schwowe reingetun han. Do holt die Kathibas die Mohnmühle und mahlt den Mah (Mohn in Blumethal), denkt an nichts beeses, backt den Strudel für ihre Familie und nach der Kirch gab es Supp und Fleisch und do druf den Sonntagstrudel. Leit , was sol ich eich do noch verzeele: Der erschti ist uf es Scheishaus gsprung, der zweiti hiner de Mischthaufe, der dritte hinner de Kuhschtal der finfti
in den Kuschtal, der sechsti in den Kukuruz u.s.w. Wie viele do beteiligt wahre, was ich nicht genau, nur ich muss heit noch lache wenn ich nur droan denk.
Ja ich hof das Ihr euer Spass an der Gschicht habt, wie viel vun dem wahr ist, des muss sich jeder selwer vorstelle. Awer so wie ihr mich jetzt kennt, gewiss sehr viel!
Also do keert der Bassisdenpolka druf gspielt.........ohne Notte awer laut.........Polkakenich

Die Elbetritschejagt im Kühhalterstand

Ja in Blumenthal waren am Ende vom Dorf Richtung Bergsau, zwei Plätze für das Weide Vieh hergerichtet mit einer Akazienbaumbepflanzung. Das Weidevieh verbrachte da seinen Mittagschlaf und wir Kinder spielten in der Nähe und waren froh, wenn wir mit dem Hirten seiner Peitsche knallen durften. Die war sechs Meter lang und hatte einen Stiel von vierzig cm.
In den Bäumen waren Nester von Stieglitz, Amsel, Spatzen, Eulen, Krähen und ein paar Elbetritschen ,die waren so eine Art Vogel mit Ohren wie bei der Eule und einer Färbung wie beim Stieglitz . Sie hatten Krallen von der Krähe, sowie einen Gesang (nur bei schönem Wetter) der durch ganz Blumenthal schallte, wie ein Echo und die Menschen wussten, es wird schönes Wetter draußen. Bei Regen waren sie empfindlich und blieben in den Nestern.
Unser Freund Karie kam in den Sommerferien immer zu seiner Oma nach Blumenthal und wir, mein Freund Reinhart und ich besuchten ihn und nahmen ihn mit zum Spielen auf die Wiese. So hatten wir eines Tages die Idee, die Elbetritschen zu fangen.

Karie war auch gleich dabei und brachte von seiner Großmutter alles was wir brauchten: Leiter, großer Weide Korb, und einen Eimer Wasser.
Wir gingen zum Weidestand, suchten das Nest der Elbetritschen und stellten die Leiter an den Baum. Reinhart nahm den Eimer Wasser mit hoch um ihn in das Nest hineinzuschütten, damit
es die Elbetritschen herausschwemmt. Ich schaute von weiter weg die Lage an, damit ich dem Reinhart sagen kann, wann er in der Nähe vom Nest ist und Karie hielt über dem Kopf den Weide Korb.
Es kam wie es kommen musste, der Reinhart rutschte aus, der Eimer kippte um und das ganze Wasser floss in den Korb. Karie war nass wie eine Ratte, von oben bis unten und weinte fürchterlich. Mir tut es heute noch leid um ihn. Ja er hat doch alles mitgebracht und hat so ein Pech gehabt.
Die Elbetritsche haben sich aus dem Staub gemacht. Ich habe sie seit damals nicht mehr gesehen. Wenn Ihr meine zwei Freunde fragen möchtet, ob die Geschichte wahr ist? Die sind im Himmel und werden euch ein Zeichen geben, vielleicht mit einer Elbetritsch!

Der heiße Tee.

Liebe Schwaben was soll ich Euch heut anlügen? Ich erzähle ja nur wahre Geschichten, ob ihr mir das glauben tut oder auch nicht, ist ja egal. Heute möchte ich euch von meinem Pate seinem Kind eine Geschichte erzählen, die es in sich hat.
Der Otmar war ein schöner Bub, hat Kellner gelernt im Cina Restaurant in Temeschwar, in den siebziger Jahren. Als Kellner war man im Kommunismus so ein Art Gott, da man so viel Trinkgeld bekommen hat, dass seine Frau jede Nacht das Geld zu Hause zählen musste. Man wusste ja gar nicht mehr was machen mit dem vielen Geld. Alle Jahr ging man dann vier Monate zum Schwarzen Meer um dort die Gäste zu bedienen, aus dem Ausland, da man ja Englisch und Deutsch verstand. Die DDRler haben nur Ostblock Cola auf ihre Tische bekommen und die aus der Bundesrepublik das richtige Cola, das stank den DDRler so sehr, dass sie heute noch davon träumen.
Der Otmar hat müssen aufpassen, dass die beiden germanische Bevölkerungsgruppen sich nicht vermischen.

So jetzt kamen aber Engländer in das Hotel und die trinken ihren Tee ja immer heiß, so ist das in England Brauchtum. Ein alter Engländer hat immer etwas zu meckern gehabt, dass der Tee nicht heiß genug sei. So beschloss unser Otmar aus Blumenthal dem Alten mal die Grenzen zu zeigen und nahm die Tasse mit Tee, stellte sie in den Ofen bei 250 ° C, bis sie richtig heiß war, dann wurde die Tasse mit einer Zange auf das Tablett gestellt und dem Engländer serviert. Der Alte nahm wie jeden Tag die Tasse in die Hand und merkte die Hitze erst als er den ersten Schluck in den Mund nahm , dann spukte er über fünf Tische und schrie wie der Robin Hood im Wald: Tollwei . Alle Kellner sind gleich mit kaltem Wasser gekommen um zu löschen, da sie ja unschuldig waren. Ob der Engländer nochmals nach Romanien zum Dracula Land auf Besuch gekommen ist, glaube ich nicht. Denn ein Hund verbrennt sich nur einmal die Schnauze, das zweite Mal bleibt er vom Hühnerstall weg .
Wenn er noch lebt , schreit er heute noch und meckert nie mehr nach heißem Tee !

Der Blumenthaler WOLF

Was haben wir nicht alles schon von den sieben Geißlein und vom Rotkäppchen erfahren und der böse Wolf war immer der Täter. So auch in Blumenthal. Um die fünfziger Jahre gab es wieder mal eine Geschichte mit dem Wolf. Blumenthal hatte keinen Bahnhof oder doch, sie hatten einen Bahnhof, nur sie bauten ihn an der Grenze zu Königshof, damit der Zug nicht über ihre Felder fährt und ihnen das Korn im Sommer anzündet mit seinem stählernem Pferd, der Dampflokomotive. So war der Bahnhof drei Kilometer entfernt von Blumenthal und die Blumenthaler wurden nicht in der Nacht geweckt von dem pfeifenden und dröhnenden Zügen. Hatten somit immer ihre Nachtruhe und schliefen mit Katz und Hund seelenruhig. Sie träumten vom bösen Wolf. Als der Gockel aber bei Tagesanbruch auf dem Misthaufen schrie, kamen sie aus ihren Federbetten hervor, ließen den Wolf, Wolf sein und gingen zur Arbeit auf den Hof.
Das große Problem kam erst mit dem Bau der Fabriken in Temeschwar und den Fratschelweibern (Frauen die Produkte aus Blumenthal mit der Bahn in die Stadt brachten zum Verkauf.) Dann merkten die Blumenthaler erst ,dass der Bahnhof zu weit weg vom Dorf war und einer gab dem anderen die Schuld an dieser Misere. Drei Kilometer über Berg

und Tal in der dunkler finsteren Nacht, tagaus tagein und das zwei Mal am Tag. Bei Mondschein und romantischem Sternenhimmel ging das ja noch, aber in finsteren Nächten war das ein Graus. Ich weiß, von was ich schreibe, denn ich bin diesen Weg sehr oft gegangen.
So war es an einem stürmischen 5 März 1953, als der Josef Stalin gestorben ist. Bei einem schweren Schneesturm und einer Eiseskälte über ganz Ost Europa, als meine Blumenthaler wie jeden Tag um vier Uhr in der Früh sich auf den Weg machten zum Königshofer Bahnhof. Da dieser Bahnhof jetzt nur einen Kilometer von Königshof entfernt war, hatte man ihn Königshofer Bahnhof getauft.
Die Grenze zwischen Blumenthal und Königshof war der Bergsaugraben und da stand der Bahnhof auf der Blumenthaler Seite, nur er war eben sehr weit weg von Blumenthal.
Der Schnee lag meterhoch und man konnte nur in einer Bulldog Spur laufen. Die Zwiebels Lenibas ging schon um halb vier von zu Hause los , da sie nicht so schnell laufen konnte und auch noch einen Schubkarren bei sich hatte, mit dem sie all ihre Schinken und Würste an die Bahn fuhr. So ging sie einen halben Kilometer, bis ins erste Tal und sah nicht weit entfernt eine große Gestalt mitten im Weg stehen; mit vier Beinen, die sich nicht bewegte, als sie zu ihm rief und schrie.
So setzte sie sich hinter ihren quietschenden Schubkarren und wartete auf Verstärkung aus dem Dorf. Da die meisten Menschen erst um fünf weg gingen von zu Hause. Sie wickelte sich in ihr Umhängtuch aus Schafswolle und schlummerte vor sich hin in der grausigen Kälte.
Als die anderen ins Tal kamen trafen sie auf eine halb erfrorene Lenibas, die nur aus tiefster Furcht antwortete: Da vorne, da vorne ist ein Wolf. Es kamen immer mehr junge Blumenthaler und jeder sah noch mehr Wölfe. Ja es war ein ganzes Rudel schon zu sehen, mit großen Ohren, wie bei Rotkäppchen. Sie schrien und schrien, die Wölfe bewegten sich aber nicht und keiner traute sich in ihre Nähe. So dass sie gemeinsam beschlossen haben umzukehren und den Tag zu Hause zu verbringen. Es war ja so wie so Trauertag im ganzen Ostblock, eine Woche lang und warum sollen sie nicht auch trauern um den Genossen Stalin.
Am Abend sprach sich im Dorf herum, dass der Hanserich (Georg) doch zum Bahnhof ging und bis jetzt noch nicht zurückgekommen ist. Somit fingen die Menschen an sich zu fragen, ob nicht doch vielleicht der Wolf ihn gefressen hat? Man war ja in einem kleinem Dorf von Sensationen nicht gerade begünstigt. Es fiel manchmal ein Eimer in den Brunnen, aber viel mehr war da nicht los. So fragte man sich in der Frühmesse, ob der

Hanserich schon aufgetaucht sei. Nichts, kein Zeichen vom Hanserich, wie vom Erdboden verschwunden war er. Die Wölfe fressen dich auch mit Haut und Haar, die lassen nichts von einem übrig. So liefen die Nachbarinnen zusammen und planten schon die Beerdigung. Viele fragten ob die Mutter auch schon wisse, wo sie ihn beerdigen will, ob beim Großvater im Grab oder bei ihrer Schwester und ob man den Sarg auch ohne Inhalt beerdigt. Die Mutter weinte nur und bettete zu Gott, dass doch ihr lieber Hanserich nochmals auftaucht. Am zweiten Abend kam der Hanserich vom Bahnhof heim und alle schrien und weinten. Ja sie fragten verwundert: „Wie er überhaupt noch am Leben sei?"
Hanserich staunte nur und wusste nicht was die von ihm wollten, bis er erfuhr, dass einen Tag vorher alle seine Freunde nach Hause gingen und darum er alleine im Zug am Morgen war. Nach Hause kam er nicht wegen dem Schneesturm und übernachtete bei Freunden in Temeschwar. Da erzählten sie ihm die Geschichte mit dem großen Wolf, der nicht zurückgewichen ist, bei noch so heftigem Lärm und ob er die Wölfe nicht gesehen hätte?
Hanserich hat nur gelacht darauf und ihnen dann die Wahrheit erzählt. Da man in Blumenthal aus zwei Straßen an den Bahnhof gehen konnte, kam er von der rechten Seite des Friedhofs und war etwas früher unterwegs als die anderen Freunde. Die Lenibass hat er übersehen im Schneesturm, da sie eingewickelt hinter ihrem Schubkarren in der anderen Bulldog Spur lag und vom Schneesturm mit Schnee zugeweht war. So ging er den Hang hoch und erschrak auf einmal!
Vor ihm in der Schnee Spur stand ein ausgewachsener Esel mit langen Ohren. Er wechselte die Spur und ging weiter. So war das Geheimnis gelüftet und die Menschen in Blumenthal träumten weiter vom bösen Wolf. Ob sie heute auch noch davon träumen schreibe ich euch morgen .

Der Hochzeiteinkauf

Ja wie ist des, wenn man auf eine Hochzeit kommt, da braucht die Frau doch immer neue Kleider. Ja so kenn ich des noch vun deheem, do han die Schneiderine rund um die Uhr gschaft, bis am Sonntag in de Frieh (früh). Und was mer do gschaut hat und Probiert hat ob alles passt, dass des Kleid richtig rund ist, dass ka Zipfen irgendwo rausschaut und dass mer de Ausschnit nicht zu gross macht, dass mer die BH-Träger nicht sieht usw. und so fort. Es war 1970-1980

Heit ist des alles annerscht, heit muss es verzopft sein, die BH Träger muss man sehn, der Ausschnitt muss gross genuch sein, dass ach was in den Graben reinfalle kann und womöglich
des Kleid muss noch mit Schlitze und durchsichtig sein, so muss mer gleich a String- Tanga kaufe, damit mer die Streife vun der Unterwäsche nicht sieht.
Ja so han ich mich mit meiner Frau uf de weg gemacht zum Einkaufen nach Memmingen, eine Kleinstadt mit Fußgängerzone und netten Läden. Am erschte Laden sind mer vorbeigangen, do
meinte meine Frau: „Du woarscht jetzt do draus, den Bauern wie dich, kann mer do drin nicht brauche. Ja was hat die nur mit dem Wort Bauer gemeent, ich bin doch keiner?
Also ich bin draussen an der Tür stehen blieben und han mol die spezielli Gesselschaft angschaut, die do rauskum ist aus dem Lade. Ja do ware laude verkrummelde alte Schachtle rauskumm, Gott war ich froh, dass ich in den Lade nicht hab mit reinmisse.
So do sind mer weidergang, do steht einer mit Sonnenblumen in der Hand und verschenkt die Sonnenblumen an die Menschen die Vorbeilaufen. No han ich ner mol gfrot, ob er a Bauer ist
und a Sonnenblumen Feld besitzt, die so dicht gewachs sind damit er se hat misse ausdichte und se jetzt verschenkt? Nein hat er gsat: „Ich bin vun der Grüne Partei und wir sind für die
Unwelt“ Nach han ich nochmol gfrot: Ja wie, schneidscht die Sonneblume ab und du sagscht, du bischt für die Unwelt? Und meine Frau packt mich am Arm und sagt: „Weg do, des ist
nichts für dich!“
Ja do sind wir weidergangen bis zum nächstem Laden, do hab ich dürfe mit rein. Da sind wir in die Frauenabteilung und meine Frau hat anfange zu suche und hat immer die Zettle an
deene Gleitungstücke herumgedreht, ich hab mir ein Stuhl gesucht und hab mich mol ausgeruht.
Uf emol seh ich se nimmer, no fang ich an zu suche in alli Umkleidekabinen. Und wie der Teifel es will: „Vor mir steht a splieternakti Frau“ Ja ich wollte noch Entschuldigung sagen
und dass ich meine Frau suche. Die hat mich gar nicht angehört und hat nur den Vorhang zugezogen.
Jetzt war es mir doch etwas peinlich und so han ich mich wieder brav hingsetzt und den Fraue nachgschaut, die an mir vorbei gelof sind,

mit dursichtiger Kleider so das der Schwarze BH aus der weißen Bluse herausgschaut hat.
Ja scheen war des schun, aus meiner Sicht. Nur die selwer kann es doch gar nicht sehen, was macht es dann für Sinn?
Jetzt hat a Junge Verkäuferin meine Frau beraten. Also so richtig luscht was zu verkaufen hat die nicht gehabt. Awer die hat gerade Mittagspause bekomme so ist a vierzigjährige Verkäuferin ankomme, Keck, Schneidich, Frech und gut aussehend mit einer dreiviertel Hose mit Spitzen. Do bin ich sofort vun meim Stuhl ufgsprung und han a bisserl nassewitzich do mitschwätze wolle. Ja die Frau hat Wärder drauf ghabt wie schik schauscht da drinnen aus, oder das ist sehr Elegant und Edel. Es war eine Freude der zu zuhören.
Ich han nur so viel gsaat: Frau du gescht in die Kabine und ich und die Frau Verkäuferin suchen dir was Passendes. Ja die hat auch gleich der Halbe Kleiderständer geleert.
Ich hab nur so viel gsat: Frau nicht uf die Zetteln schaun, wen es der gefällt, dann kaufe mir des auch und in 10 Minuten waren wir fertig mit dem Einkauf.
Bei der Kasse hab ich nur zu der Verkäuferin gsat: „Das war die beschti Beratung die wir jemals hatten!"
Uf em Wech nachhaus hat noch mein Schatz gemeent: „Ja a bisserl teier war es schun und mir haben ja zwei Hochzeite, do mist ich mer noch etwas kaufe!" Do meinte ich nur: „Schatzi uf ener Hochzeit ist deine Verwandtschaft und uf der anderen Hochzeit meine, so dass des niemanden weiß, dass du zweimal dieselben Kleider getragen hast." Ja do hascht du recht, hat se gemeent und des Geld kenn mer uns spare.
Ja jetzt es mer noch a Eis beim Italiener und dann fahr me glücklich nachhause.

Der Polkakenich als Robin Hood!

Ja liebe Leut, wie kann ich des überhaupt nennen?
Ich hätt es ja: „Der Räuber Hauptmann Polkakönig" nennen können, diese Geschichte!
Ja als ich ein kleiner Bub war, da war ich immer auf den Feldern mit den Großeltern arbeiten. Ehrlich gesagt wir haben nicht einmal einen Kolben Mais mit nach Hause genommen, höchstens vom eigenen Feld, höchstens die unreifen zum Kochen.

Ja so war damals die Zeit im Kollektiv. Aber es ist auch eine andere Zeit gekommen. Ich habe die Ortschaft gewechselt und bin nach Bruckenau gezogen und da nahm das Unheil seinen Lauf. Ich hab noch nicht dort gewohnt und schon hab ich den Nachbar kennen gelernt und bin am Abend um fünf Uhr mit zum Pfirsich klauen. Als wir im Pfirsich Garten angekommen sind, habe ich gleich alle schöne reifen Pfirsiche vom Boden aufheben und mit nach Hause nehmen wollen. Dann hat man mir gesagt ich soll nur unreife nehmen, denn die reifen sind auf dem Fahrrad bis nach Hause alle kaputt. Ja Bruckenau war umgeben von riesigen Obst Plantagen, es war ein Paradies im wahrsten Sinne.
Darum war für mich nicht nachvollziehbar, warum die Früchte auf dem Boden verfaulen und im Laden, gibt es keine zum Kaufen.
So ist mein Kind mit Gelbsucht ins Krankenhaus gekommen, die Ärztin sagte das Kind soll viel Obst essen, da ging ich jeden Tag zum Pfirsich klauen und nahm sie alle mit ins Krankenhaus nach Temeschwar, nicht nur für mein Sohn, sondern auch für die Ärztin und die Patienten im Zimmer. Für mich war es unvorstellbar, dass nur mein Sohn in diesem Zimmer die Pfirsiche essen sollte und die anderen schauen im zu. So bekamen alle so viele Pfirsiche wie sie essen konnten. Ich habe von den tausenden Kilo Pfirsiche, Kirschen, Sauerkirschen, Äpfel, Birnen, Himbeeren, Trauben, Quitten, Melonen, die ich in meinem Leben da gestohlen habe, nie ein Kilo verkauft, sondern alle verschenkt.
Ja sogar meine Freunde habe ich eingeladen zum Obst pflücken im Paradies. Ich war nie zu faul, auch nachts um ein Uhr, als wir von der Arbeit kamen, gingen wir drei Kilometer weit nach dem Regen in den Obstgarten nach Bentscheck zum Kirschen klauen.
Ja da kam ein Wächter mit einer Hand und hat gefragt ob wir verrückt sind? Da alle Bäume schmutzig werden von unseren Schuhen, so haben wir ihm versprochen, wir gehen barfuß auf die Bäume. Ja da waren Kirschen wie im Traum, alle Freunde von meinem Arbeitsplatz haben für ihre Kinder nachhause Kirschen bekommen. Da die ersten Kirschen in Temeschwar sehr teuer verkauft wurden.

Ich wunderte mich in Deutschland, wie teuer das Obst überhaupt ist. So ist mein Nachbar nach Fibisch arbeiten gegangen und dann fragte ihn ein Onkel von mir ob er den Polkakönig kenne. Dann hat der gesagt, ich kenne ihn schon, aber der klaut noch schlimmer wie Ratten, so etwas hat er in seinem Leben noch nie erlebt.

Ja es hat auch in den zehn Jahren keine einzige Woche gegeben, wo der Polkafritz nicht irgendwo auf Tour war. Ich habe jeden Baum und Strauch gekannt auf den Feldern und Wäldern rund um Bruckenau.

Mein Führerschein von Rumänien!

Ich hatte in Rumänien kein Auto und hier in Deutschland brauche ich selten eines. Ich habe mit Pille (Bekanntschaft) mich in die Fahrschule in Temeschwar 1985 eingeschrieben. Ein Kilo Kaffee und zwei Pack Zigaretten Kent, umgerechnet ein halber Monatslohn war der Einstiegspreis. Ich hatte aber von meiner Tante ihren Autoschein, da sie denselben Namen hatte wie meine Mutter.
So ging ich zur Aufnahmeprüfung für die Fahrschule und musste von 26 Punkten am Fragebogen 16 Punkte schaffen. Ich schaffte 18 Punkte, meine Frau nicht, da sie ja auch nicht gelernt hat.
So fing ich mit 25 Jahren an, den Führerschein zu machen, ohne dass ich eine Ahnung hatte, wie das mit dem Gas Pedal funktioniert. Ich hatte keinen blassen Schimmer von einem Auto oder Traktor. Jede Woche Schule und jede Woche Fahrtraining mit dem Fahrlehrer, einem Moldowener, der in einer Villa wohnte, wo Temeschwarer nach Deutschland ausgewandert sind und der größer und heiliger war wie der Graf Rotz.

So kam die erste Fahrstunde und er hatte gemeint, er setzt sich ins Auto und ich fahre ihn spazieren durch Temeschwar. Ich erklärte ihm, dass ich keine Ahnung habe und er lachte nur. Sagte hier ist das Gas, hier die Bremse und fahr bitte los. Ich fuhr los am Parkplatz und
mir lief das Wasser am Rücken runter vor Angst. Nach der Stunde sagte er: Jesti prost ca o Ciubotä !
Das so viel heißt: Ich bin so dumm wie eine Art Gummischuh.
Ob dies ein Lob war, weiß ich nicht, aber jede Stunde nahm ich dem heiligen Fahrlehrer Kent Zigaretten, Kaffee oder andere Dinge mit zur Bestechung. So lernte man mich an, von anderen Freunden, die ihren Führerschein schon früher gemacht haben.
Da sagte er, ich arbeite doch in der Fabrik und er brauche starke Schrauben um die Wände in seinem Haus zu sichern. Er erklärte sie mir mit der Hand und ich brachte ihm Schrauben bei der nächsten Fahrstunde.
Da schaute er die Schrauben an und betrachtete mich wie eine Furie, dann sagte er: Poti säti bagi Schruburile in Gur!
Auf Deutsch „Ich soll mir die Schrauben in den Hintern schieben !“
Es waren 24 X 300er Schrauben, mit denen man sogar den Eiffelturm befestigen hätte können.
So waren wir wieder mal beim Fahren und er sagte „nach links“.
Ich fuhr aber nach rechts. Da schimpfte er und meinte ob ich schlecht höre? Dann sagte ich: Nein, nur ich hatte Gegenverkehr und kein Vertrauen in den anderen Fahrer, so bog ich ab nach rechts, und rettete ihm das Leben. Da wurde die Furie aus der Moldau handgreiflich und schlug mir eins über den Kopf.
Bei der Theorie behandelten wir das dreifache Überholen. Der Professor fragte: Wer ist schuld bei diesem Manöver und stellte hinter einem PKW zwei Autos quer, die angesetzt haben zum
Überholen. Alle sagten, das dritte Auto. Nur ich sagte, es könnte auch der zweite PKW schuld sein.
Der Professor wollte mich fressen aber beherrschte seine Fassung und sagte mit einem Stock in der Hand, der so tat als würde er mir ihn am Kopf zerbrechen. “Mei Prostule noi vorbim de triplare“ (Du Dumkopf wir sprechen von zwei PKWs die gleichzeitig überholen. Da tovarese Professor“ (Ja Herr Professor) sagte ich, da der zweite PKW vergessen hat zu blinken, ist der schuld. Ich soll mich jetzt sofort setzen, meinte er oder er wirft mich aus der Stunde. Ich wusste nicht was er hatte oder

wollte, um da einen schuldig zu sprechen muss man doch Beweise haben.
So hatten wir die Führerscheinprüfung, die bestand aus drei Prüfungen, Stadtverkehr am Tag, in der Nacht, Polygon, und Mündlich. Zuerst war die mündliche Prüfung an der Reihe, bei der man von 26 Punkten, 22 erreichen musste.
Die Prüfung war mit der Polizei. Endlich mal Polizei dachte ich mir und keine Schafhirten/ Cioban. Tatsächlich war es einfach, und ich hatte meine 24 Punkte. Dann kam der Polygon. Mein Fahrlehrer fuhr mich immer in den Polygon, da konnte er mich alleine fahren lassen und mit seinen Kollegen plaudern. Der Polygon bestand aus zwei Spuren, bei der man los fuhr, auf der rechten Spur, auf einer Rampe stehen bleiben musste und ohne zurück rollen weiterfahren sollte, denn beim zurückrollen wäre die Prüfung zu Ende gewesen. Durchgefallen.
Dann kam eine Parklücke für vorwärts parken, mit zwei Meter hohen Stangen. Fällt eine Stange um ist die Prüfung versaut. Rückwärts heraus, nach vorne fahren, in drei Bewegungen umdrehen und seitlich rückwärts Parken, da wackelte meine Stange, ich sehe sie noch heute an der Tür und ich fuhr hinaus so dass sie wieder auf ihrem Platz stand, da sagte der Polizist zurück, wiederholen.
Das habe ich gemacht und auch geschafft, so kam die letzte Übung - rückwärts Parken. Dies ging auch und so hieß es schnell raus aus dem Polygon, da man nur zwei oder drei Minuten zur Verfügung hatte, für dies alles zu machen. Ich weiß es nicht mehr genau.
So kam die Stadt Prüfung mit einem Kapitän von der Polizei. Ich hatte einen alten Mann im Auto, der konnte nicht fahren aber sein Neffe war Major bei der Polizei und da ich viel besser gefahren bin wie der alte, ließ er mich auch durch kommen.
Die Nachtfahrt war nur mehr eine Spazierfahrt, so hatte ich meinen Führerschein fünf Jahre vor meiner Ausreise nach BRD und bin keinen Tag mit einem Fahrzeug gefahren. Hier in Deutschland kaufte ich mir ein Auto und schwups auf die Autobahn, dass meine Familie noch lebt, grenzt an ein Wunder.
Ich hörte sogar von anderen, dass Fahrlehrer ihre Schülerinnen vergewaltigt haben, einfach so, weil Sie ja Gott waren. Sie waren aber nur schäbige Zigeuner !

Der ZAUN

Kabarett und Geschichte a la Banat

Wer war zuerst da: Der Zaun oder das Bad?

Diese Frage stelle ich mir seit drei Tagen, seit unsere Herta betont hat, dass die Menschen im Banat so dumm waren und ihr Vermögen lieber in einen Zaun steckten, als in ein Bad.

Früher gab es keine Zäune im Banat, die Menschen hatten keinen Gemüsegarten, alles wuchs draußen auf den Feldern. Neben dem Haus waren die Stallungen und der Dreschplatz, sowie Platz für Heuhaufen, Kuckurutzstrohhaufen, Rübengruppe, usw., alles voller Hühner, Gänse , Enten, Truthähne, Ziegen, Schafe, Kühe, Pferde und ein Platz für landwirtschaftliche Geräte.

Nach 1944 hat dieses Leben sich auf einem Schlag geändert.

Als 1947 alles enteignet wurde blieb nur der Platz neben dem Haus übrig, der in einen Hausgarten umgewandelt wurde, da man von diesem Stück Land gelebt. (Das auch nicht den Menschen gehörte, sondern dem Staat). So standen die Leute vor der Frage: Wie schütze ich mein Gemüse vor den Hühnern? Die Lösung war ein Maschendrahtzaun von einem bis zwei Meter Höhe. Es gab nichts mehr auf den Feldern zu holen, man musste alles neben dem Haus ernten. Somit schaute jeder wie er mit der Situation fertig wurde. Die einfache und beste Lösung war der Maschendrahtzaun, damit das Geflügel nicht im Gemüsegarten alles vernichtete. Der Zaun war überlebenswichtig für die Banater Schwaben. Ein Bad mit Dusche war bis 1960 sowieso nicht denkbar in den Dörfern, da ohne Strom dies sehr schwer zu machen war. Ja man hätte eine Handpumpe montieren können und einen Wasserbehälter auf dem Dachboden, somit wäre eine Dusche möglich gewesen. Wenn man seine Alte (Frau) angestellt hätte, jede Woche das Wasser auf den Boden zu pumpen. Die Banater Schwaben haben ohne diese Wasserverschmutzung 150 Jahre gelebt und überlebt.

Sicher hat jeder Banater Schwiegersohn aus heutiger Sicht davon geträumt. Eins muss ich noch dazu sagen, die Rohre und alles war nicht so billig wie hier und es gab auch nicht einen Baumarkt mit all den Sachen, wie Bohrmaschine und, und, und.

In dem heutigen Berlin braucht man keinen Zaun, da es kein Geflügel, keine Kühe und sonst noch was gibt, außer Fertiggerichte und Big-Mag-Dog Fraß (Essen)gibt es nichts.

Hauptsache man lebt edel und hat ein Bad, mit dem man die Umwelt zerstört. Da die Fische in den Flüssen ein Überangebot an Waschmittel haben. Ich war mal Fischen, da kam ein Hecht zu mir und fing an Seifenblasen zu spucken, ich glaubte er wollte mit mir spielen, aber er war am Krepieren(sterben).

Der Zaun war auch ein Hindernis für Banditen und andere Nachtruhestörer oder für die Liebhaber, die immer ihre Hosen am Drahtzaun zerrissen haben, bei dem nächtlichen Rendezvous
So kam das Jahr 1985 - 86, da sind unsere kommunistischen Führer auf einmal aufgewacht und entdeckten diese Hausgärten für ihren eigenen Gebrauch, da die Felder nicht mehr groß genug waren und neue Felder konnte man nur hinzugewinnen mit einem Krieg. Das Pech von Rumänien war, dass man nur von kommunistischen Staaten umringt war und da sich keine Angriffsmöglichkeit ergab, suchte man den neuen Grund und Boden in den Hausgärten bei den Menschen.
Somit bekamen die Genossenschaftsbauern ihre Felder zugewiesen, in den Hausgärten der Dorfbewohner, die Nationalität spielte keine Rolle. Es kam ein Ingenieur der ausgemessen hat, wie viel Recht jeder besaß und verteilte die Gärten an andere Dorfbewohner. So bekam mein Nachbar (Rumäner) den Garten vom Vetter Matz und pflanzte in dem seinen Garten Mais an. Die Obstbäume vom Vetter Matz gehörten auf einmal alle meinem Nachbar. Da sagte meine alte Nachbarin, die selber keinen Baum im Garten hatte, zum Vetter Matz: Matzi, wenn du Kirschen essen willst, kannst dir ruhig welche nehmen, ich schenke dir welche von „meinem Baum“
Der Vetter Matz ist heute noch glücklich vor Begeisterung.

Der Banater Zaun 2.Teil

Ja es gab auch den Straßenzaun, der wie von Herta Müller erwähnt, auch sehr viel Geld gekostet hat. Früher war er gemauert, von einem Haus zum anderen (In Siebenbürgen auch) oder aus Bretter und Pfosten gemacht. Auffallend ist, dass er in Siebenbürgen mindestens einen halben Meter höher war wie im Banat, mit einem Tor und einer Tür. In den siebziger Jahren ersetzte man das Holztor mit einem Eisentor für die Ewigkeit, die aber nicht lange anhielt und 1990 am Ende war.

Auch ein Zaun für die Ewigkeit konnte das Ende nicht aufhalten, obwohl er einige tausend Lei kostete. Da hatte unsere Herta Recht.
Auch die kommunistischen Länder benutzten Zäune, die so teuer und so wertvoll waren, dass sie sogar im Gehirn der Menschen großen Schaden angerichtet haben.
Die Mauer wuchs nämlich im Gehirn weiter, zur größten Mauer, die die Welt jemals erlebt hat, noch größer wie die chinesische Mauer. Ja, so wie die größte Pflanze der Welt, der Riesenpilz, der seine Sporen über Tausende Kilometer verbreitet über die Erde.
Man sieht die Mauern alle nicht, aber Sie sind da, auch wenn sie mittlerweile abgerissen wurden, richten sie weiterhin ihr Unheil an. Wenn jemand sie fragt wo sie herkommen: Nie antworten aus dem Osten. denn dann sind sie abgestempelt für immer.
Eine türkischstämmige Politikwissenschaftlerin, Nervin Cil, von der FU Berlin schrieb ihre Doktorarbeit über die Mauer von Berlin:
Cil: In meiner Doktorarbeit ist die Mauer über den Türken zusammengebrochen.
Was kann ein Zaun alles anrichten? Er ist nicht mehr da für die einen, und für die anderen wird er zur Gefahr. Die Türken fühlten sich als Deutsche bis 1989, ohne deutschen Pass.
Heute mit deutschem Pass sind sie rechtsgerichtete Türken.
So auch bei uns Schwaben: Hätte man den Zaun abgerissen. hätten die Hühner freien Lauf zur Straße gehabt, aber bei den zweibeinigen Füchsen von der Nachbarschaft ihr Leid gefunden.
Der Fuchs war schuld für die Mauer im Banat. Ich habe den Fuchs als Schuldigen schon immer gesehen und nicht das Bad, Frau Müller.
Zäune gab es auch in der Tehnometal und in allen anderen Fabriken, auch im Westen werden die Zäune immer besser seitdem wir aus Rumänien da sind.
Als ich nach Deutschland, 1990, kam, da hüpfte man über den Zaun. Selten ging ein Mensch an der Pforte ins Werk. Heute ist dort Secjuriti und ein hoher Zaun, der sehr viel Geld gekostet hat .
In der Tehnometal war 1980 ein zwei Meter hoher Maschendrahtzaun, oben mit 6 Reihen Stacheldraht in Y Form. Wir schnitten mit dem Seitenschneider immer Löcher in den Zaun. Der Pförtner reparierte den Zaun rings ums Werk, 5 Km. Am Ende konnte er von vorne anfangen, da die Löcher schon wieder da waren. So war es in der Tehnometal mit dem Zaun.

Mir gefiel am besten in Deutschland hier auf dem Dorf, dass die Menschen an ihren Häusern keine Zäune hatten oder nur aus blühenden Hecken oder kleine Jägerzäune aus Holz.
In Deutschland waren und sind aber auch Menschen, die rings um Ihren Garten Thujen pflanzten und sie zwei bis drei Meter hoch wachsen ließen, schlimmer wie der Maschendrahtzaun.
Die Russlanddeutschen übernahmen diesen Brauch und sperrten sich wieder ein, damit sie ungestört ihre Schüssel (keine Suppenschüssel) nach Osten richten können um ihren Zaren Putin zu beobachten und zu bejubeln.

Der Lissi ihre Ganauser (Gänserich)

Ja die Lissi war a gescheite Frau in Blumenthal und die Nachbarin meiner Großmutter. Sie hatte immer im Frühling sehr viele und gesunde Gänslein. Meine Oma wusste auch nicht warum bei der Lissi die Eier nie faul waren, und bei ihr schon. OK, sie war ärmer oder sparsamer. Die wollten ihr 1970 den Strom abschneiden, da sie nur um 7 Lei Strom verbrauchte im Monat und sie konnte oder wollte sich keinen Ganauser leisten, denn der brauchte viel Futter über den Winter und Eier legten die Gänse auch ohne ihn.
Da schaffte ich eines Tages bei der Großmutter im Garten und schnitt den Quittenbaum der am Fenster von der Lissi stand. Da kam sie ans Fenster und wir erzählten uns von früher und von heute und dass sie die Eier ihrer Gänse heute Morgen kontrolliert habe und alle gut waren. („einen Embryo haben, also befruchtet"). Die Eier kontrollierte man mit einem Mehlsieb, wenn ein Junges darin war bewegte sich das Ei. Die andere Methode war der Röntgenblick, wenn das Ei hell war, dann war es unbefruchtet. Es war so wie heute in Deutschland, wenn man eine Woche schwanger ist, geht man zum Arzt und schaut nach ob es ein Mädchen oder Junge wird, damit man weiß, was für Unterwäsche man für die Babys kaufen muss, männliche oder weibliche (einen Bub kann man doch nicht in einem String Tanga herumlaufen lassen)
Ja, da fragte ich die Lissi: Wie sie es schaffe, dass die Eier alle befruchtet werden? Da erzählte sie mir, dass sie den Ganauser in der Nacht von den Gänsen weg sperrt und in der Früh am Morgen, wenn sie die Gänse herauslässt, dann ist der überglücklich, dass er sie wieder gefunden hat und beglückt sie eine nach der anderen, so dass es eine wahre Freude ist zuzuschauen.

Da dachte ich mir: „Da muss ich der Oma helfen, dass sie auch schöne Gänslein bekommt!“

Im nächsten Jahr im Januar holte ich den Föhn von zu Hause, Nussöl und verschiedene Ölfarben, ging zu meiner Oma, fing die Gans, frisierte ihr einen Schopf auf dem Kopf, färbte die Federn wie bei einem Stieglitz und band ihr einen roten Schlopf um den Hals.

Als ich die Gans am Morgen auf die Straße lies, kamen alle Ganauser von der ganzen Straße angerannt und jeder durfte einmal. Ja, mir tat es schon leid um die arme Gans, aber ich mochte nicht in die Natur eingreifen, geschehe was auch geschehe.

Ja, das war so wie an einem Kirchweihfest, kam ein fremdes Mädchen ins Dorf, da waren alle Buben hinter dem her, wie die Ganauser hinter meiner Oma ihrer Gans.

Die Lisi fragte mich am Mittag: Was mit meiner Oma ihrer Gans wäre? Da sagte ich nur: Ich geh zu Fasching als Hans im Glück und habe die Gans schon mal hergerichtet.

Ihr Ganauser kümmerte sich nicht mehr um die eigenen Gänse, sondern nur noch um meiner Oma ihrer Gans.

Im April hatte meine Oma 13 kleine Gänslein und die Lissi lauter faule Eier. Ja, das schlimme war nur dass alle einen Schopf hatten und keine gelben Daunen, sondern waren alle farbig wie die Gans im Januar. Als Lissi dies sah, sagte sie zu mir: „Du Lausbub, das machst mir nicht noch einmal, oder ich zieh dir die Ohrwaschel so lang wie dem Esel seine.

A tichtiche Jächtler (Fischer)

Möchte hiermit in Erinnerung an Johann Weber ein Bericht vun der Pipatsch bringe, den er selwer gschrieb hat.

E tichtiche Jächtlerde Norbert B vun Blumenthal is net nor a gute Fachmann in der Temeschwarer Autofabrik, nee er hat aach noch anre interessante Hobbys: Biecher lese, Musik horche (er war zugar selwer Musikant un hat Klarinett geblos), er fahrt Bezikel, spielt Fotball un war bis zuletscht aach noch Schidsrichter. Jetzt is de Norbert in Bruckenau mit seim eigene Weib christlich-katholisch verheirat unis e leidenschaftlicher Fischer wor. Net so e aanfacher Fischer, wie Ihr maant, a ganz besonderer Fischer mit viel Raffinament. sei Kullegre saan, mr kennt dem Norbert a Ehrendiplom oder sogar bal de Doktertitel im Fischfange zusaan.

Unlaengscht hat de Norbert e grosses Brawurstick gemeistert. Er hat sei Hund mitghol un dass der net dorchgeht, hat er ne an der Häng vum Amber, wu die Fisch ninkumme angebunn. Pletzlich awer is a Wildent ufgetaucht, de Hund nimmi zu halte. Der is dere Wildent noh ins Wasser zamt mitm Amber gerennt. un wie de Hund mitm Amber wieder ausm Wasser kummt, war die Iwerraschung do: De Amber war voll mit scheeni grossi Fisch. Seit selmos hat der Norbert nar mer so Fisch gfang, awer bal is des dem Hund langweilich gen, un der Norbert hat sich was anres infalle gelosst: Mit Kukruz Fische fange!
Er hat a Sack Kukruz ins Wasser geleert, dann die Angel ghol un ins Wasser gschmiss. Noh eener korzi Wartezeit hat`s kraeftich gezoo. De Norbert hat sich gfreit un noch kräfticher kontra gezoo. Dem Gwicht noh hätt mer mene kenne, a Walfisch is an der Angel. Wie er des Etwas awer rausgezoo hat, war`s nix anres wie a Wildschwein, a lewendiches Wildschwein. Mitm Fischnailon hat de Norbert e`s zammgebun un heimgetraa.
Wer meim Freind sei Erlebnisse net glaabt, der kann sich selwer iwerzeije, wann er uf Bruckenau fahrt un der Norbert sucht. ´S werd kaam laad tun, weil de Norbert kannt noch viele intressanti Gschichte.
Weber Johnny

PS: A Brotworscht for alli Fäll mithole. Net for de Norbert, far de Hund Rexi sunscht losst er niemand ins Haus!
Ja des hat mein Freind Jonny in Koenikshofer Mundart gschriewe ich werd ne nie vergesse und eich die andere Geschichtle, wie ich so Zeit hab weitererzählen.

Die besten Blumenthaler Musikanten

Blumethal, wie der Name schon sagt, war nicht in einem Tal gelegen, sondern auf einem Hügel. Dies ist so ähnlich wie in einem Kabarettstück, eines wird gesagt und an das andere gedacht.
Blumenthal müsste normalerweise heißen Blumenhügel. Da im Friedhof die wilden riechenden Narzissen wuchsen, die heut zu Tage teuer in den Garten Läden verkauft werden. Es war so zu sagen, ein Hügel voller wilder Blumen. Die Blumen wurden gepflanzt vom Attila seiner Reiterhorden, die diese aus dem Kaukasus mitgebracht haben.

Bei Ausgrabungen in Blumenthal, die wir unternommen haben, hat man krumme Oberschenkel Knochen gefunden, die wir sofort auf das Jahr 500 nach Christi Geburt datiert haben, da nur die Hunnen den ganzen Tag auf den Pferden saßen.
Nur in Blumenthal stiegen sie ab, in ihrem Blumenbeet.

Wo aber ein Hügel da ist, da ist ein Tal nicht weit.
So waren um Blumenthal herum viele Täler, mit Krötenlacken (Frösche sind damit gemeint). Ums Dorf herum waren diese Krötenlacken verteilt und im Frühling sind diese Krötenlacken erwacht aus dem Winterschlaf, mit einem Musikkonzert, wo kein Künstler von der ganzen Welt mithalten konnte.
Frösche, Grillen , Vögel alles hat gesungen und Musik gemacht, die Johanneskäfer haben ihnen die Noten beleuchtet. Da saßen die Blumenthaler am Abend vorm Haus, müde von der Tagesarbeit, um diesem wunderschönem Schauspiel und Konzert zu zu hören. Ja es war eine Oper mit originalen Künstlern, ohne dass diese sich verstellt haben. Sie sangen was das Zeug her gab bis weit in die Nacht hinein, live im saftigem grünen Gras, ohne Geld und niemand hat sich darüber aufgeregt.
So hat der Vetter Toni die drei Willsi Buben auf dem Heimweg angetroffen, im Straßengraben spielend, mit Geigen aus Kuckurutzstengel (Maisstengel). Da sagt er zu ihnen im Spaß, Buben was quält ihr euch da mit euren Instrumenten, kommt heute Abend ins Futjepure (Stadtteil von Blumenthal wo der Vetter Toni daheim war) und dann geht ihr runter an die Krötenlacken, da könnt ihr die Musikanten ihre Instrumente klauen. Der Vetter Toni ging weiter seelenruhig nach Haus.
Die drei Willsi Buben sind aber aufgewacht und wie der Vetter Toni weg war, haben sie beschlossen, am Abend zu der Krötenlacke ins Futtjepre zu gehen und denen die Instrumenten zu klauen. Sie rüsteten sich aus mit Axt und Beil, sowie Pfeil und Bogen, damit sie gewappnet sind für den Abend. So wurde es Abend und die drei Kinder machten sich auf den Weg. Im tiefen Grass der Weide kamen sie nur schwer voran, es ging ja aber bergab und so waren sie beim Sonnenuntergang an der Krötenlacke und legten sich auf die Lauer.
In der Zeit vermisste sie schon ihr Opa und suchte überall im Haus nach ihnen. Keiner der Fratzen war zu sehen und zu hören. So ging er auf die Straße und da kam der Feuerwehrkommandant aus Blumenthal daher.

Sah, dass der Willsi Opa ganz außer sich war, da er sich Sorgen um seine Buben machte. So fragte der Kommandant nach, was los sei und sagte, das ist doch kein

Problem, wir haben in Blumenthal ein sehr gutes Alarmsystem bei der Feierwehr. Er wird gleich in die Kirche fahren und die große Glocke ziehen, dann wissen die Feierwehrkammeraden sofort was los ist und wir werden die Kinder dann zusammen suchen. In 10 Minuten war das ganze Dorf auf den Beinen . Da das Glockengeläut alle Blumentaler neugierig gemacht hat. Es

hat schon angefangen dunkel zu werden und der Kommandant hat Befehl gegeben in alle vier Himmelsrichtungen aus zu rücken, damit die Kinder gefunden werden.

Der Vetter Toni war im Futjepure eingeteilt und lief Richtung Krötenlacke, auf einmal rief einer der Buben: „Vetter Toni, Vetter Toni langsam, langsam die Musikanten haben schon angefangen zu spielen, aber noch unter dem Wasser und nur die Luftblasen schwimmen auf der Krötenlacke, aber es kann nimmer lang dauern, bis sie raus kommen".

Der Vetter Toni hat gemeint. ihn trifft der Schlag, das ganze Dorf auf den Beinen wegen diesen drei Schlingel. Weil er aber ein Schlitzohr war, hat er zu den Buben gesagt: Es scheint, die kommen heute nimmer raus mit ihren Instrumenten, da sie mich gesehn haben. Kommt wir gehen nach Hause und versuchen es an einem anderen Abend.

Diese Geschichte war vor 1970. Tausende von Jahren war Blumenthal ein schöner Ort für Mensch und Tier. Ab 1970 hat man angefangen Kanäle in allen Täler zu graben und die Krötenlacken sind verschwunden. Die Musikanten haben ihre Instrumente unter den Arm genommen und sind auch ab

gehauen. Das saftige grüne Gras war auch nicht mehr auf der Wiese. Außer Fußbreiten Spalten im Sommer und braunes Gras war nichts zu finden. So sitzt auch niemand mehr abends auf der Straße bei Sonnenuntergang, um die schönste Oper der Welt zu lauschen, da dies alles Geschichte ist.

Wer diese Geschichte nicht glaubt , kann ja nach Blumenthal fahren und die Trostlosigkeit sich anschauen.

Die Blumenthaler Kerweihmusich

Ja, Blumenthal hat nicht ganz 300 Hausnummern gehabt, aber sogar 4 Musikkappelen, in jedem Eck hat ahne gspielt. Ja do war der Remmel Vetterhanes ,der hat Geige gspielt und auch Musich komponiert, in Deitschland auf Schalplatten wurde er sogar gspielt vum Josef Augustin. Ein Stück heißt: „Blumenthaler Jugend." No war der Hellner Vettersepp, der hat Flügelhorn geblost, der Geise Vetterpetter, der hat es halbe Dorf gelernt Akkordeon zu spielen. Der nächste war der Grofe Niklos, der Zirkusmusikant. Zu meiner Zeit ware es nur mehr zwei, awer des hat ach noch gereicht für Musich im Dorf auch ohne Instrumente.
So war ahner der grössten Kappelmeister der Grofe Niklos. Habe Ihn persänlich nicht gekannt, awer es war ahner wie ich.
Die Kerweihbuwe han a Musich für die Kerweih gsucht und bei allen Kappeln ein Angebot angenommen. No hat der Vetter Niklos se gfrot: Buwe wie viel verlange die anderen Kapelen?
Ja wiest ihr Vetter Niklos, die so viel und die... Gut hat der Vetter Niklos geruft, ich spiel eich die Kerweih umsunscht!

Ja so war der Vetter Niklos schlagfertich und fleißig. Er ist mol mit seiner Musich zu am Zirkus gfahr, im Zug han sie bemerkt , dass die Note dehoam vergesst sind worden. No hat er sich hingsetzt und die ganzi Note im Zug gschrieben, als sie angekommen sind hat jeder vun der Kapelle die Noten erhalten.
So jetzt was Neues. Ich habe 1968 angefangen Klarinette zu lernen beim fünften Dirigenten vun Blumenthal, beim Freije Vetterjergel, ja do han mir rucki zucki a Kapelle aus dem Boden gstammpft und der Ärger war vorprogrammiert. Zuerst hat man nur so Kirchenlieder gspielt und dann hat mer angfang mit Walzer und Polkas, ja und beim Blumenthaler Kirchweihfest hat man ausgemacht, dass wir den Einzuksmarsch der Kirchweihpaare am Kirchweihsonntag im Park vor der Kirche spielen. Des alles ist beschlossen worden im Rathaus mit Parteisekretär, Bürgermeister und Polizei.
Ja wie es so weit war, han alli beide Musikkapellen der Marsch eingeschlagen mit den Tschinellen, so dass a riesiges Zirkus in dem Park entstanden ist. Ja für mich war es die reinste Gaudi und das schönste Kirchweihfest, das jemals stattgefunden hat. Die Kerweihpare han nimmer gewisst, solle se tanzen, oder marschieren!
Mir sind dann mit unsere Instrumente in ein Tanzsaal und haben dort Musik gemacht für die Kerweihgescht, die tanzen wollten, denn uf der Kerweih haben nur die Kerweihmädels und Buwe tanze dürfen.
So hat der Prinze Vetterpetter 13 mol „noch mal" geruft bei einem Polka, es war die Ida Polka. Ich hab gschimpft mit dem Engelhard wie a Rorspatz, awer de Vetterjergel hat immer gsat „noch mal Buwe, vun vorne an und schneller".
Ja so war es domols im heiligem Blumenthal.

Die Blumenthaler und Maria Radna

Ja, die Blumethaler waren sehr katholisch erzogen, mein Urgroßvater hat sich einmal ein Kissen in die Hose gesteckt, dass, wenn der Pfarrer im Religionsunterricht schlägt mit dem Spanischen - Rohr (das war eine Art geflochtener Peitschen Stecker), es nicht so weh tut! So hat es nicht lange gedauert bis der Herr Pfarrer wieder die Buben zu sich rief und jedem ein paar Stockhiebe verteilen wollte. Bei meinem Urgroßvater ist gleich eine Staubwolke herausgekommen aus der Hose, dass der Pfarrer gemeint hat, die Sakristei ist eingestürzt.

Und weg waren die Buben.
So gingen die Blumenthaler jedes Jahr zur Wallfahrt nach Maria Radna, wie alle anderen Banater Dörfer auch. Ich war ab 3 Jahre auch immer dabei, so habe ich ein Eis gegessen und einen Rosenkranz aus farbigem Gebäck bekommen. Die Kirche in Radna war für mich das Höchste, mit dem Ölberg und den zwölf Stationen. Für was gingen die Blumenthaler nach Maria Radna? Ja das habe ich mich oft gefragt. Um Ihre Sünden zu bereuen, oder um Reichtum zu erlangen, oder um ein Mädchen zu bekommen, das man liebte. Ja einige tranken sogar in Lippa bei der Kegelbahn, eine Kiste Bier am Abend. So dass die Mutter zu Hause ausrechnete wie viele Liter das sind und zum Ergebnis kam, dass nicht einmal Ihre Kuh so viel auf einmal trank.
Ja in letzter Zeit hat man sogar gebetet, dass man die Ausreisepapiere für Deutschland bekommt! Ja Sachen gab's, die kann man sich heute nicht mehr vorstellen.
Denn so ein Wochenende in Radna, hat über Blumenthal oft viel Unheil gebracht. Mal kamen die Räuber, oder ist einer verunglückt mit dem Pferdewagen, ja das halbe Blumenthal ist mal abgebrannt, als die Blumenthaler in Radna waren. Vielleicht hatten sie das falsche Gebet vom Heiligen Florian.
So gab es eine Zeit, da hatten die Blumenthaler, denselben Pfarrer, wie die Fibischer und so beschloss man zusammen nach Maria Radna zu gehen. Ja das war alles schön und gut, bis man den Rosenkranz bettete und im Gebet sprach: „Heilige Maria bitt für uns, wir kommen aus Blumenthal !“
Dann hat so a kecke Fibischerin (dem Schneider seine Frau) gerufen: Am Hund sein Arsch, die Hälfte ist aus Fibisch!
Ja liebe Leut, das war das letzte Mal, dass die Blumenthaler und Fibischer zusammen nach Radna gingen. Warum weiß ich nicht, da müsst ihr schon die Blumenthaler fragen, ob die ihnen antworten, werden sie ja dann sehen.

Die Enteignung ....Geburt eines Systems

Ich weiß nicht in was für einem Jahr es war 1945-1946 !
Werde hier einiges von meiner Familie erzählen aus Erzählungen wie die Geburt des Kommunismus in Blumenthal erlebt haben, so zu sagen die ersten Minuten in Rot.

Eine Geburt wo sie sehen werden, das wahre Gesicht der Kommunisten. Da unsere Schwaben, alle ab 15-45 Jahre, verschleppt nach Russland waren, zum wieder Aufbau des Landes, hat man Kolonisten ins Dorf gebracht, von alt Rumänien die, die Häuser der Schwaben zugeteilt bekamen und die Besitzer mussten im Kuhstall schlafen. Unsere Schwaben waren im eigenen Haus nur noch Gast, andere wiederum sind ganz enteignet worden.
In unserem Dorf wurden aber auch viele positiven Geschichten über diese Rumäner erzählt, die Mitleid mit der Bevölkerung hatten und einige gute Taten vollbracht haben.
In Blumenthal kannte man keine Läuse bis 1945 ! Die Kolonisten schleppten sie ein und die Omas und Opas wussten nicht wie sie die Kinder vor den Kopfläusen schützen sollten. Das war im ganzen Dorf auf einmal eine große Plage. (Das soll unsere Schwäbin HM auch mal lesen!)
Wir kannten in Blumenthal keine Läuse bei den Schwaben in einem rein Deutschen Dorf, nur der Kuhhalter, Schweinehalter und Pferdehalter waren über den Sommer Tagelöhner die eigens ein Haus gebaut bekamen zum Übernachten.
Im Gemeindehaus wurde gleich alles auf Rumänisch umgestellt, Bürgermeister und alle andere Ämter wurden mit Rumäner besetzt. Ob sie dafür ausgebildet waren, bezweifle ich, denn unser Bürgermeister ging in ein Haus und nahm sich sein Mittagessen ohne zu fragen.
Er erwischte aber das Spülwasser auf dem Herd und aß dieses als Suppe.

So kam die große Enteignung .
Man lief mit der Trommel herum und alle mussten ihr Hab und Gut in die Mitte vom Dorf bringen. Pferde, Kühe, Schweine, landwirtschaftliche Geräte, Getreide. Ich war nicht dabei. Wir haben jetzt noch die Chance Leute zu befragen. Bei der SS ist es schon zu spät, die meisten sind tot. Was mit diesen Dingen geschehen ist weiß ich nicht.
Es sind auch arme Menschen enteignet worden, nicht nur Reiche.
Meine Großmutter hatte ein kleines Haus, drei Kinder, ihr Mann war gefallen, bei der SS und eine Kuh, da wollten sie auch diese Kuh nehmen. Dann hat sich der Kolonist von unserem Haus eingemischt und hat gesagt, die Kuh gehört ihm. So blieb die Kuh bei meiner Großmutter.
Die Traubenernte, wie wussten nicht mehr wohin mit den vielen Trauben, hat man im Regenwasserfass bei meiner Mutter zu Hause eingelagert. (Betoniertes Regenwasserfass in der Erde!)

Der Großteil der Kolonisten sind Ende der 50 Jahre wieder gegangen, da es eine Trockenperiode gab und auf den Feldern nichts gewachsen ist. Ich habe 1988 eine Familie besucht, in Bukarest, die bei uns im Haus Kolonisten waren. Ich wurde sehr freundlich empfangen und die Leute befragten mich über unsere Dorfbewohner, wie es dem einen oder anderem noch geht.
Somit sieht man, dass der Hass auf keiner Seite zu finden war, bei vielen Menschen und nur das System einigen böswilligen Menschen verholfen hat zu Grausamkeiten, so wie bei den Nazis.
Dann kam aber die Kollektivierung, ein neues Kapitel, nach Russland. Frage an euch, wie war es bei euch in den Dörfer?

Der Tod im Banat

Ja darf ich des mir als Polkakenich überhaupt erlauben? Ja do kommt sicherlich noch a Dunnerwetter auf mich zu. So a Thema, ja des ist a Sünd, awer die werde ich noch mit tragen, bei meinen vielen Sünden. Als kleines Kind bin ich schon lieber auf a Hochzeit gegangen a Brautschleier tragen wie auf a Beerdigung wo alles schreit und bleert. Bei meiner Uroma kann ich mich noch gut erinnern, die hat nur mehr gerosselt voller Schleim der Mund, bis sie erstickt ist. Es war für mich grausam, es erste Mal a Menschen sterben zu sehen. Der Arzt ist gekommen und der Pfarrer für die letzte Ölung. Damit sie a Engel wird. So han ich mer des damals vorgstellt. Angst habe ich gehabt vor dem Mann mit der Sense, wie vor dem Teifel. Der kummt und holt eich, hat mer immer zu uns Kinder gsaat. Ja, a Boge han ich gemacht um des Haus wu a Tode drin ufgebart war. In der Stube, dem Zimmer das an dem Gehweg liegt. Die Schwarze Fohn, ja die hat mer gleich an des Haus gemacht wu a Toder war, dass jeder im Dorf weiß, wu der Tode zu finden ist. Und gebet hat meer, dass es mir schwindlich geworde ist, vun so viel Wiederholungen. Ja heit mach ich in der Nacht noch alli Fenstern zu vor Angscht.
Ja die Todewacht do hat mer alles erzählt wie der Mensch war und was für Mensch er war, awer meischtens Gutes, selden hat mer a a biserl ne gschipft. Rund um die Uhr zwei, drei Tage lang
hat meer ihn bewacht, damit, wenn er a Lebenzeichen gibt jemand bei ihm ist und im gleich a Weihwasser gibt zum Trinken, den anderes war keines in der Nähe!

Mit der ersten Hilfe hat meer es bei uns auch nicht so genau genommen, wie sie ja sehen. Nur eines weiß ich ganz genau bei meinem Vater war so a luschtichi Todenwacht, das ich und andere sich krankgelacht haben, was die Männer do erzählt haben. 10 Liter Raki han sie so neweher getrunk. Ja es war a kalt am 4 März war Minus 40° C wie damals beim Stalin, der ist a am 4 März gestorben und hat die Raki Flasch in der Hand gehabt, so ist die an der Hand eingefroren, so hat meer sich nicht zu helfen gewusst und gleich den rote Nelken Straus herum gebunden, damit man die Flasch nicht sieht.
Ja die Totengräwer han immer sich gfreit, wenn ahner gstorb ist, denn do hat meer immer etwas Geld verdient, des ist heit auch noch so wie damals.
Nur bei dieser Kälte war es bald unmäglich a Grab auszuheben mit der Grabschaufel, so dass mein Bruder ali Stund a Liter Raki de Todegräwe gebe hat, damit sie nicht erfrieren.
Ja, und im Summer war des jo noch viel schlimmer mit dem Toten. Dass er nicht stinkt, hat meer gleich russisches Parfüm versteubt in der Stube, dass ein süsser Geruch im Zimmer war, mit Fliegen vermischt, dass es mich heit noch graust.
Ja und gschrie han die Verwandte. Jo do han ich gemen,t der Himmel macht sich jetzt uf und drause hinner am Eck hat meer schun sich heimlich erzählt mit wem die Widfrau es nun treiben wird und wie sie das anstellen wird do hat meer gleich alles gewist. A Wahrsagerin war a Dreck dagegen, mit so viel hellen Tanten und Verwanden.
Ja und jetzt kummt ein Moment, ein Höhepunkt jeder Beerdigung, wenn die Todeload zugenagelt wird. Ja do hat alles nochmol so laut gschrie, dass die Trauergeschte im Hoff es auch heere. Damit nicht ahner sahn kann, die oder der han nicht oamol geblert nach ihrem Toten. Ja no hat einer der gut mit dem Hammer umgehn hat kenne, die Toteload zugenageld.
Des Geräusch heer ich noch heit im Schlof. Ja so oanfach war des nit grad a Nagel in a schife Toteload nageln. Bei dem Weihrauch, die Stube war wie a Nebelfeld. Wenn er vom Sarg rauskumme wäre, hätte der Tode sich noch daran kratze kenne.
Dann ging es in den Hof, das war die Verabschiedung vom Haus, da fand die nächste Zeremonie statt. Awer do han die Musikanten so laut als gspielt, dass meer des gebleere nicht meer so heert.

In der Kerch wor es dann meischtens ruhig, da die Todeload ja auch drausen vor der Kerch meischtens blieb, im Todewah.
Der Todewah war ein schwerer Wagen mit Engeln und Schwarzen Federn geschmückt, ja da war der Teifel höchst persönlich verkleidet in a Wagen.
Ja am Grab war dann der letzte Akt im Schauspiel. Beim Herunterlasen der Todeload mit deene Stricken, die man dann ausließ und sie auf einer Seite auf den Sarg fielen, dass der Tode sich im Grab gleich umgedreht hat vor Schreck und jeder noch drei dicke Brocken Lehm Erde auf die Todeload warf, so dass jeder einzelne mir heute noch in den Ohren klingt.
Und wie die Totengräber gschaufelt haben mit voller Elan, so als möchte der vielleicht nochmals herauskommen. Amen

Der Schwowe Traam.

Ja wie kann so etwas überhaupt aussehen, es gibt a Böhmischer Traum, des ist a Polka, awer a Schwowischer Traam, ja gibt es denn so etwas a?
Ja es gibt ihn, den schwäbischen Traam. Bin eines Tages in der Arweit und mein Sächsischer Freind erzählte mir von seinem Liebesleben als Fußballer in der DDR.
Ja han ich im gsaat: Ich han a a Traam, awer a ganz scheene!
Ja und was für einen? Ja ich traam, wenn ich nachhause komm, dass meine Frau mich nackt empfängt an der Eingangstür.
Nix einfacher wie des, meinte der Sachse. Du gescht nach Haus, versteckst deiner Liebsten ihre Kleider und schon ist der Traum Wirklichkeit geworden. Also jetzt muss jo jeder anstendiche Schwob a Plan mache, damit nichts schief gehe kann. Des ist gar nicht so anfach etwas zu verstecke in der ufgeramte Wohnung, wu alles sei Platz und Ordnung hat. Ja in Banat do ware die Heiser so groß und lang, dass mer des Versteck gar nicht mer gfun hat, vun lauter Grampampel!
Also mein Plan war ganz einfach, die Unterwäsche in die Mikrowelle, die benutz so und so nur ich, die Wollpulis in den Trockner, die Jeans in den Backoffen und die Hemden in die Waschmaschine, die Winterjacken in die Eckbang, so war nach einer Stund alles verstaut. Bin in die Spätschicht und freute mich schon auf den Romantischen Abend.
Mein Sohn kam nach Hause, sah in der Mikrowelle etwas drinnen, schaltet sie ein, da seine Mutter ihm immer etwas in der Mikrowelle zum Essen ließ.

Dann machte er den Backoffen an, damit er sich eine Pizza backen kann. Ging ins Bad, sah den Trockner und die Waschmaschine voller Wäsche, machte die auch noch an und dann setzte er sich an seinen Computer.
Ich sagte zu meinen Freunden, aus der Wohnsiedlung kommen Rauchzeichen, und die Feuerwehr macht mal wieder Sirenen Probe, wie immer wenn die nichts zu tun have.
Uf den Feierowed han ich mich schun richtig gfreid, denk mer awer als ich in die Näh vun der Wohnung kam, da riecht s nach verbrentem Gummi! Ja an die unerwäsch han ich nicht gedenkt, nur an mei Traam. Habe die Tür ganz leise geöffnet und mei Liebste stand wirklich nackt do, awer schwarz wie a Negeroma mit em Besse in der Hand und sagte ganz leise: Was hascht der do gedenkt als des gemacht hascht, bischt du noch zu retten? Ja ich hatte a Traam und wollte......da kamen auch schon zwei Besse auf mich zu, einer links und einer rechts und sie sagte Traamscht noch, oder soll ich dich weiter wecken?
Na ich bin wach, gut dann fahren wir Morgen in die Stadt und kaufe neue Kleider, weil dich kann mer nicht alan dehem lase.
Ja nix wars mit dem Traam und teier war er auch noch!
Die Mikrowelle war voller Kleber vun dem Kunststoffzeig, Die Wollpulis ware so groß, dass ich se im Kindergarten verschenken konnte, Die Hemden waren alle von einer Farbe und die Jeans soll noch anner behaupte, die brenne nicht.
Frage an alle weiblichen Forum Benutzer zum 1. April: „Haben eure Männer auch solche Träume?“
Gruss, Träume, Schäume, Traumatisch, Träumännlein
Polkakenich

Die Hasen Jagt

Dass in Blumenthal berühmte Jäger waren, das habt ihr bis jetzt noch nicht erfahren. Aber da werde ich euch auch paar Geschichten erzählen, die spannender sind wie ein Kriminalroman. Ja, so war es abends in der Spinnstube, so ums Jahr 1955, beim Vetter Toni daheim. Alle Buben vom Dorf waren anwesend, man erzählte sich Geschichten und trank Wein. Es war Winter und richtig kalt mit viel Schnee vor der Haustür. So meinte der Vetter Toni um Mitternacht: „Ja Jungs habt ihr Lust auf eine Hasenjagt?“ Ja, natürlich waren alle Jungs dabei, bei so etwas macht man mit.

Ob man will oder nicht, da muss man dabei sein. Dann erklärte der Vetter Toni die Jagt Taktik und den Ort wo die Hasenjagt stattfinden soll.
Wir gehen rüber in den Friedhof, da kommen am Abend die Hasen herein. Wir haben speziell für heute Abend die Friedhoftore aufgemacht, damit die Hasen sich im Friedhof verlaufen. Sei noch gesagt, dass der Friedhof umzäunt von einem Maschendrahtzaun war.
So ging man in der Nacht auf die Hasenjagt. Der Vetter Toni bleibt an einem Friedhof Ende stehen und dem Seppi sein Sohn stellt sich an das andere Ende, damit sie die Übersicht über den Friedhof haben und sagen können, wo die Hasen sich gerade befinden. Die anderen Blumenthaler Jugendlichen, laufen alle den Hasen nach. So auch geschehen, der Vetter Toni rief: "Hier sind die Hasen!" Da kamen alle Jungs zum Vetter Toni gerannt und als alle da waren, rief der Seppi: „Hier sind die Hasen!" So ging es die ganze Nacht hin und her und kein Has war in Sicht.
Diese Hasennacht haben viele Jungs nicht vergessen, da sie in der Früh merkten, dass keine Hasen im Friedhof waren und mit Wut im Bauch nach Hause gingen.
Ja, so kann es gehen in der Nacht, bei der Jagt, man muss immer wissen: Mit wem man auf die Pirsch geht, denn man kann schneller zum Gejagten werden als man denkt.

Der Herr Speck und der Herr Wurst

am Telefon 1960-1970

Ich habe euch ja schon vieles aus Blumenthal erzählt. Aber gestern habe ich noch gelacht sogar beim Einschlafen. Im kommunistischen Rumänien hatte jede Ortschaft in den 60er Jahren ein Telefon auf der Gemeinde, das Tag und Nacht bewacht wurde. An Feiertagen wie 1. Mai, 23. August oder 1.Januar wurde dieses Telefon zusätzlich von Parteileuten noch verstärkt. Dass im Falle eines Alarms, sagen wir kapitalistischem Angriff, sofort alle vorhandene Kräfte in kürzester Zeit in Alarmbereitschaft sind. So wohnte neben mir ein Rumäne aus der Bukowina, der hieß Slänină (Auf Deutsch Speck). Getrunken hat er auch gerne und so hatte er am 1. Mai Nachtdienst am Telefon, da er ein treues Parteimitglied war.

Er nahm seine Verpflichtungen immer sehr ernst und diente der Partei mit sehr viel Gehorsam.
Als er in den Telefon Dienst kam, befahl er dem Telephon - Wachmann, alle Gespräche würde ab sofort er führen, da er von der Partei für diesen wichtigen Posten heute hier in Dienst gesetzt wurde. Der Vetter Andres hat gemeint: Wie Du sagst, so sei es mir befohlen und nahm sein Camping Bett heraus, klappte es auf und legte sich schlafen, im Rathaus, im Dienste der Partei.
Zum Verständnis aller jugendlichen Schwaben Kinder aus Deutschland, da wurden Kontrollanrufe vom Parteisekretär aus dem Kreis durch geführt, damit man sich auch sicher ist, dass die Telefons in den Ortschaften belegt sind. Der Parteisekretär aus dem Kreis Lipova (Lipa) hieß Cirnati (auf Deutsch Wurst). So machte der seine Kontrollanrufe und kam auch zu der Gemeinde Blumenthal. Das Gespräch lief folgendermaßen ab: Ich schreibe es auf Deutsch in Wirklichkeit lief das Gespräch auf Rumänisch.
Trrrrrrrrrrrrrrrrrrrrrrr
Speck: Hallo hier Gemeinde Blumenthal (Masloc)Speck am Telefondienst.
Wurst Parteisekretär : Hier Wurst, alles in Ordnung bei Euch?
Speck: Ich schicke dich in deiner Mutter ihre Muschi, du Dummkopf.
Wurst Parteisekretär: Und ich schicke dich auch in deine Mutter du verrückter Plödmann!
Speck: Was erlaubst du dir, deine Mutter war eine Hure und du bist ein Hurrensohn !
Wurst Parteisekretär : Sie wissen schon, dass sie mit dem Parteisekretär Wurst aus dem Kreis Lipova sprechen ?
Speck : Ja ich weiß schon, dass am anderen Ende ein Scharlatan am Telefon ist, ein Dummkopf der Extraklasse, dem seine Mutter kein Benehmen beigebracht hat.
Wurst: Ich werde dich ins Gefängnis werfen und du wirst kein Tageslicht mehr sehen dein Leben lang.
Speck: Du kannst deine Mutter ins Gefängnis werfen, damit sie keinen Dummkopf wie dich mehr produziert.
Wurst: Die Partei wird dich bestrafen mit der schlimmsten Strafe die es gibt auf dieser Welt.
Speck: Ja ich schicke auch die Partei und dich in euer Mutter ihrer Muschi.
So ging es weiter, beide waren rot vor Zorn und hätten auf der Stelle den anderen erschossen.

So kam die Parteisitzung in Blumenthal und beide waren anwesend. Hinten in der letzten Reihe saß Herr Speck und vorne in der ersten Reihe der Herr Wurst. Als sie beide aufgerufen wurden, da der Parteisekretär Wurst Beschwerde eingereicht hatte, waren sie beide überrascht, dass sie ja wirklich so hießen und niemand den anderen ausspielen wollte.
In Blumenthal lacht man heute noch über diese Geschichte, obwohl es schon fast 50 Jahre her ist und diese Partei nicht mehr regiert.

Die Heilige Messsssss

Ich hatte die ganze Woche Nachtschicht und war tot müde. Wir hatten Besuch und eine Messe bei der Kirche bezahlt, so musste ich halb wach mitgehen, zum Gottesdienst.
Normalerweise kann ich mir nicht merken wann ich aufstehen, sitzen und knien soll, ich mache es den Menschen einfach nach. Darum gehe ich nicht in die erste Reihe, damit nicht die ganze Kirche durcheinander kommt.
So fing die Messe an und nach kurzer Zeit mussten sich alle hinknien, aus dem Stand heraus. Normalerweise fass ich immer mit meinem Schuh das Brett und zieh es herunter. So wollte ich es jetzt auch machen, war aber zu langsam und der Nachbar hat es mit der Hand erwischt und schlug mir eins ins Schienbein, dass ich es erste Mal die Engel am Altar fliegen sah.
Ja, ich kniete und weinte vor Schmerz, mein Nachbar meinte ich weinte wegen irgendeinem anderem Leid, so fingen alle an zu singen, in mehreren Stimmen. Ich wusste nicht mit welcher Stimme ich mitsingen soll, so dachte ich mir, singst gleichzeitlich alle mit. Die neben mir kamen sofort aus dem Takt, so dass in der Kirche sich ein Durcheinander gebildet hat, dass keine Seite mehr wusste, was für Stimme man links und was für Stimme man rechts singen soll.
Der Herr Pfarrer schaute ganz verzweifelt in die Runde und wusste nicht was heute los ist. So kam der Klingelbeutel und machte seine Runde, von einer Bank zur anderen. Mein Nachbar streckte ihn mir zu, ich suchte in den Hosentaschen das € Stück und fand wie immer nichts. So streckte ich meine Hand auf die Linke Seite und wollte in der Jackentasche schauen, ob der € da ist. Mein Nachbar von der linken Seite meinte, ich nehme den Klingelbeutel und gebe ihn weiter. So ließ er ihn los und in der Stille der Kirche brach ein Krach aus, so dass der Pfarrer am Altar erschrak.

Das ganze Kleingeld rollte zwischen meinen Schuhen auf dem Boden umher, so dass alles zu uns schaute. Ich zuckte nur mit meinen Schultern, meine Fingerabdrücke sind ja nicht auf dem Klingelbeutel. Gleich fing das nächste Lied an, ich suchte im Liederbuch ganz verstört nach der Seite und war froh, dass ich sie endlich gefunden habe, in der Mitte der ersten Strophe. So fing ich gleich an laut zu singen, damit ich mich auch höre. Da mein Gehör ja schlecht ist und ich lauter bin wie normal mit meiner Stimme. So merkte ich bei der zweiten Strophe, dass die Leute etwas ganz anderes sangen wie ich. Ganz verstört wurde ich leiser und schaute umher. So sah ich auf der Anzeige 1 und 4, das heißt, erste und vierte Strophe. Ich war überglücklich, dass dies mal wieder gut ging und so sang ich noch lauter weiter wie früher. Bei der fünften Strophe sang ich dann ganz alleine, da die anderen aufhörten. Alles schaute auf mich! Ich fing an zu husten und hörte langsam auf.
Beim nächsten Knien merkte ich die schöne Dame vor mir. Sie hatte einen lila String-Tanga an, der schaute ganz heraus, denn die Hose war zu kurz und das T-Shirt war etwas nach oben gerutscht, so war die Tätowierung und die Unterwäsche ganz deutlich auf dem Rücken zu erkennen. Ich streckte meine Hand aus und wollte das T-Shirt herunterziehen. In dem Augenblick, spürte ich den Ellenbogen meiner Alten in den Rippen und so rutschte meine Hand unglücklich in den Tanga hinein. Das Fräulein schrie vor Schreck und ich entschuldigte mich und hob ein € auf, von der Bank auf der sie saß.
So kam der Höhepunkt von der Heiligen Messe, die Messdiener brachten den Kelch mit den Hostien auf den Altar, der Pfarrer streckte seine Hände aus nach oben und begann mit der Zeremonie. So sah ich drei Engel über ihm im Kreis herumfliegen, lachend und froh gelaunt.
Ich glaubte an einen Traum, aber im selben Augenblick trat ich auf einen € und wusste es ist wahr. Ja dann ging ich auch mit, eine Hostie zu nehmen, denn seit ich in diesem Land wohne, habe ich noch keine genommen oder erst einmal als mein Sohn heiratete und wir ja die Messe bezahlten. Ich schwor mir, ich brauch von Euch nichts umsonst, nicht einmal die Hostie.
So kannte ich mich nicht aus und machte es wie zu Hause, als Kind. Ich streckte die Zunge heraus und wartete, dass der Herr Pfarrer mir die Hostie auf die Zunge legen würde.
Der Herr Pfarrer war ganz verwirrt und warf mir die Hostie in den Mund. Mein Gaumen kitzelte in dem Augenblick und ich schlug die Zähne zu und biss dem Herr Pfarrer auf den Finger, der ließ vor lauter Schreck den

Kelch fallen und die Hostien waren auf dem Boden zerstreut. Ich nicht faul, sagte Entschuldigung und sammelte sie Einzeln auf. Der Herr Pfarrer hielt sich den Finger, ich überreichte ihm den Kelch und er voll verstört gab wieder die Hostien an die Kirchbesucher weiter. Die schluckten nur und machten grimmige Gesichter. Als ich zu Hause angekommen bin, sagte meine Frau: Das war es letzte Mal, dass ich mit dir in einer Heiligen Messe war!

Die Oma und die Wildsauen Bande aus Bruckenau

In Bruckenau gab es eine ältere Frau, die alleine in Ihrem großen Bauernhof wohnte. Sie hatte immer schönes Gemüse im Garten und war zufrieden. Die Zeiten haben aber sich geändert in den 70er Jahren, da die Region um Bruckenau und Bergsau nur für unserem Staats Präsident reserviert wurden, für die Jagt und das Wild sich so vermehrte, dass es bis in die Hausgärten kam.
Der ganze Garten war am Morgen versaut, so dass die Frau sich nicht mehr zu helfen wusste. Da meinte sie zu mir, ob ich nicht als Allwissender ein Gegenmittel für diese Plage hätte ? Ich nahm meinen Strohhut ab und kratzte mich mit der anderen Hand am Kopf, so dass mir in diesem Moment was eingefallen ist. Oma sagte ich: Hast nicht zufällig vielleicht paar Schlaftabletten zu Hause, da ältere Frauen meistens nicht schlafen können.
Sie sagte, sicher habe ich welche. Gut sagte ich, dann kochen wir ein Maisbrei und machen mehrere Portionen für unsere Gäste heute Abend , dann sehen wir mal ob das hilft. Am nächsten Morgen habe ich meinen Schubkarren genommen und bin zu der Frau gefahren in den Garten. Siehe da, die ganze Sau Bande schlief wie im Märchen, eine neben der anderen und schnarchten so, dass die Äpfel und Birnen im Baum zitterten.

Da war die Großmutter Sau und der Großvater Saubär richtig grau auf dem Rücken, die Sau Mutter und Vater sowie einige Onkel, Tanten Stiefvater und ein Haufen Ferkel. Ich musste zehn Mal fahren bis ich die ganze Bagasch im Hoff hatte.
Jetzt fragte die Oma, was fangen wir mit dieser Familie an, denn so viel Fleisch kann sie bis an Ihr Lebensende nicht mehr essen. Das ist doch kein Problem. bring mir von deinen Ziegen die paar Glocken und die werde ich dem Großvater, Großmutter um den Hals binden, dann lassen wir sie laufen. So haben wir es gemacht, die Sauen staunten nicht schlecht, als sie erwachten, was für Gebimmel , Gepammel da in ihrer Saubande los ist und nahmen Reißaus, Richtung Wald. Die Großeltern erzählten ab sofort ihren Enkelkindern, dass sie nie wieder zu der Oma in den Wald gehen sollen, da es dann wie ihnen ergeht und sie dann auch so eine Glocke an den Hals bekommen.
So lebte die Oma bis an ihr Lebensende wieder in Frieden mit ihrem Gemüsegarten ohne, dass jemals wieder die Wildsauen sie besuchten.

Rebellion 1990 (Silvester 1990)

Es war kurz nach der Temeschwarer Revolution, bei der viele Menschen ums Leben kamen, gegen eine Diktatur, die von einigen Persönlichkeiten der rumänischen Staatsmacht getragen wurde. Auf den Straßen kämpften Kinder, da viele Erwachsenen in dem diktatorischen System verankert
waren, mit Machtpositionen wie Direktor, Parteisekretär, Geheimdienst Mitarbeiter usw., die es galt um jeden Preis zu verteidigen.

Einer unserer beliebtesten Schuldirektoren war Erich Pfaff, der die Ausbildung der deutschsprachigen Eliten im Banat über Jahre beherrschte. Er war der selbsterkorene Gott von einem deutschen Lenau Gymnasium, der seine Erdkunde Stunden seltsamerweise in einer nie da gewesenen fortschrittlichen Bildungssystem vorgetragen hat.
Das machte ihn zum göttlichen Direktor aus Temeschwar.
Ob er tatsächlich Gott nah war , diese Frage stellte ich mir oft in den letzten zwanzig Jahren, seitdem ich in der freien Welt lebe.
Warum durfte nur Herr Pfaff in der westlichen Welt herumreisen, Dia Filme produzieren, und diese seinen Eliten Schülern präsentieren und andere Lehrer nicht? Diese Reisefreiheiten hatten doch nur sehr vertraute und parteitreue Mitarbeiter der Staatssicherheit. Die Stunde lief folgendermaßen ab: Herr Pfaff zeigte drei Bilder von Paris mit einer Frage, was besucht ein älterer Herr in Paris?

A Eiffelturm,
B Der Louvre
C Moulin Rouge.
Die richtige Antwort war C, da ein älterer Herr die anderen zwei Sachen schon längst gesehen hat.

Wie hirnverbrannt und kommunistisch erzogen muss dieser Herr Pfaff gewesen sein, da er mit dieser Antwort völlig daneben lag. Diese Antwort war nur in seiner kommunistischen Ideologie zu finden, da die richtige Antwort A B oder C hätte lauten müssen. Da jeder Mensch sich was anderes aussucht. Ob alt oder jung. Aber diese Antwort C passte gerade zum kommunistischem System, um den Schülern zu zeigen, wie verdorben das westliche kapitalistische System wirklich ist. Unser göttlicher Direktor hatte ja die göttliche Idee, die Silvester Rebellion 1989 im Nachhinein zu feiern, da die Revolutzer dies ihm und seiner Lehrerschaft vom Lenau am 31. Dezember vermasselt haben. Es kam auch gelegen, da Temeschwar vom Westen mit Hilfsgüter überflutet wurde und der Herr Pfaff direkten Draht zu diesen Spenden hatte. Bei dieser Silvester Party gab es eine Tombola für alle Lehrer, Professoren und Mitarbeiter vom Lenau Gymnasium. Diese Tombola wurde mit Preisen bestückt aus der schlechten kapitalistischer Welt. „Zufälligerweise" gewannen alle schönen Professorinnen Pelzmäntel und andere wertvolle Sachen für die damalige Zeit in Rumänien.

Als der Lehrmeister aus der handwerklichen Abteilung des Gymnasiums an die Reihe kam, gewann er eine Packung Sticks, dann fühlte unsere Gottheit seinen Unmut und gab ihm noch einen Picks Kugelschreiber. Als man den Lehrmeister danach fragte, was er gewonnen hatte, gab er als Antwort : „Sticks si Picks“ Mit diesem Sticks si Picks äußerte man in Zukunft seinen Unmut in Temeschwar .
Zu dieser Zeit wurden in Rumänien Kinderheime entdeckt, wo behinderte Kinder miserabel betreut wurden und in ihrem Kot und Urin lagen. Ohne frische Luft, viel, viel schlimmer wie meine Schweine im Stall. Die Lenau Angestellten aber erfreuten sich je nach Aussehen und edler kommunistischer Herkunft wunderschöner „Rebellion Geschenken !“
Jetzt stelle ich mir nach zwanzig Jahren die Frage: Die kommunistische Lehrerschaft zeigte uns jedes Jahr die Verbrechen der Nationalsozialisten in den Lehrstunden und hielten uns als Faschisten als verantwortlich für diese Taten. Obwohl wir zu dieser Zeit nicht gelebt haben. Und auch nicht im Deutschen Reich die Gräueltaten der Nationalsozialisten begangen haben, da unsere Vorfahren in Rumänien gelebt haben. Nur unsere Großeltern und Eltern waren ja genetisch unsere Verwandten und somit waren wir auch mit der Schuld belastet. Somit wurde von den kommunistischen Professoren immer mit dem Zeigefinger auf die Nemti (Deutschen) gezeigt, da sie alle weggeschaut haben in den Jahren 1936-1944.
Meine Frage an die Lehrer und Professoren vom Lenau und anderen Schulen in Rumänien: „WO WAREN EURE AUGEN 45 JAHRE LANG ?“

Ich bin seit langer Zeit der Auffassung, dass ich keine Gelder mehr an Organisationen spende, sondern direkt an bedürftige Menschen meine Spenden gebe. Übers ganze Jahr, wenn nötig und nicht nur an Weihnachten ! Dieses Ereignis hat mir mal wieder bestätigt, dass der Großteil der Spenden nicht an hilfsbedürftige Menschen geht.
Ja, diese Geschichte liebe Lenau Schüler könnt ihr euren Enkeln unter dem Weihnachtsbaum vorlesen und ihnen sage: Wir waren Schüler in dieser Schule bei diesem göttlichem Direktor!

Was vun der Heide und der Hecke Schwowe

Warum ich zuerscht die Hecke Schwowe und dann die Heide Schwowe erwähnt habe, dass ist hier die Frage? Die ich selwer nit beantworte kann.

Es war jo immer schun die Frog: Welche sind die besseren Schwowe? Mit der Frog han sich so viel Gscheide abginn. dass meer jetzt gar nit meer waas welche des wirklich sind. Die Grenze vun der Hecke zur Heide verlaaft dort wu die Kinner im Winter Schlitten fahren auf verschiedenen Arten. Die ane (Hecke) fahre vum Hügel runter und die andere (Heide) vum Kirchturm. Da es jo kein Hügel in der Heide gibt. Somit wenn sie als Gast ins Banat fahren und sehen, dass die Kirchen a Lift an ihren Turm gebaut haben, dann wissen sie, sie sind in der Heide.

Die Heide Schwowe waren schon immer die besseren mit unserem Banater Moler, der Stefan Jäger oder ihrem Gedichtschreiber Lenau, oder dem Olympiasieger Johann Weismüller als Tarzan, der hat es sogar gschaft mit Affe und anderen wilden Tieren zu sprechen. Do hat die Hecke nichts dagegen setzen können, außer in den leschti Johr, do han mir meechtich uf kolt. Mit unseren Blechmusich Musikanten bei den Egerländer und der wes Herta M. aus Nitzkydorf , die jo den Vorsprung ausgebaut hat für die Hecke, aber nicht so einverstanden mit dem Bretter Zaun ist, da sie des „Nageln“ in der Hecke am Zaun hasst, und lieber im Schwäbischen Bat „nagelt“!

Ob die Hecke Schwowe oder die Heide Schwowe meer prahlen mit ihrem Erreichtem, des was meer nit. Awer seit das der Polki vun den Heckeschwowe mit prahlt,sind die Heckeschwowe sicher ganz vorne mit dabei! Meer saat jo bei der Hecke Schwowe ist die Welt mit Bretter zugenagelt. Das stimmt, da ich sehr oft mir beim „nageln“ uf die Finger gschla han mit em Hammer. Frieher in de Familie war es jo so bei der Hecke Schwowe. Die Kinder sowie se auf die Welt kumm sin, sinn se ingetaalt war für ihr Leben. Der ane lernt Pfarrer, der andere bekommt den Hof, Die Tochter heirat raus und der letzte nagelt Bretter, so lang bis alles zugenagelt ist. Es Interesanti war,dass der Schwob wu genogelt hat, immer die meischte Nachwuchs uf seinem Hof hatte. Do kummt des Sprichwort ach vum nageln her. Also des stammt aus der Hecke.

Uf der Heide war des a biserl annerscht, die hatten ja koane Bretter.

Do bekamm der Erste das Paradeis Feld, der Zweite das Paprika Feld, der neechschti das Milonnenfeld, einer das Keerwuss Feld und der letschti musste Kuhfladen sammeln und trocknen,

die man im Winter als Bio Heizmaterial verbrennt hat, damit nit alle miteinander erfrieren.
So war in einer berühmten Weingegend im Banat, die den Namen vun unserer Heiligen Mutter Maria bekam, a Mann, der hat es Kürbisfeld bekomme und war sehr, sehr unglücklich damit.
Dem gute Mann blieb nichts iwrich, wie Tag und Nacht Kerwusse an zu baun und lange warten bis sie dick und rund werden. Die Kürbisse wurden aber immer kleiner und er wollte seinen Hof aufgeben.
Als er mal wieder sein Plums- Scheißhaus sauber machen musste, das er ja nie gern tat, kam ihm die rettende Idee: Ein Scheißhaus auf Räder mit zwei Schubkarren Griffen, das er auf seinem Feld von Kerwusstock zu Kerwusstock fahren kann. Die Leute begrüßten diesen Einfall und alle gingen zum Vetter Peter ufs Feld scheiße. Da unsere Schwaben sehr schüchtern waren und nicht mit em nacktem Hintern im Paprika oder Melonen Feld sitzen wollten.
So grub er neben jedem Kerwuss Stock ein Loch und wechselte immer des Scheishaus von einem zum anderem Stock. Das Scheißhaus hatte zwei Griffe wie a Schubkarren. Ich will eich mol was verrotte: Im Herbst hatte der Vetter Peter so große Kürbisse, dass er sie mit eem grosse Leiterwagen einzel einfahren musste, auf sein Bauernhof. Die Kinder haben versteckengspielt hinter den Kürbissen und der Vetter Peter hat a Schweinezucht angfang, mit der er als Schweinebaron in die Geschichte einging. Das ist die einzige Original Banat Schwäbische Oper.
Des ist noch nit alles, es beschti kummt erscht noch. Da die Kürbisse so dick waren wie Weinfässer, han die Leid in ehnem Johr nit gewusst was mit ihrem schlechten Wein zu machen.
Somit branden sie Weinbrand, aus dem Fusel. Den Weinbrand versteckte man vor der Steierbehörde im Vetter Peter seine Riesenkerwusse. Die Kerwuss wurde ausgehölt und der Schnaps in der Kerwuss aufbewart. Im Frühling schauten sie dann nach und merkten das ihr Schnaps die Frabe von Cognac hatte. So wurde die Gemeinde sehr reich und bekannt im ganzem Banat mit ihrer Kerwusspanscherei. Auch die Hecke Schwowe han dieses Getränk sehr gelobt und immer noch gedenkt, wie die des machen. Man hatte vermutet, dass die Schutzpatronin vum Dorfnome, die Heilige Maria hinter dem ganzen steckt und dene Heide Bewohner zu ihrem Reichtum geholfen hat.
Es war aber nur der Vetter Peter, der mit seiner Schlitzohrigkeit der Gemeinde und der Heide zum ewigen Ruhm verhalf.

Die Puppenspieler Welt

Meine Puppe will nicht essen, so ähnlich klangen in der ersten Klasse die Zeilen beim Buchstaben P. Ich konnte damals nicht ahnen, dass der Puppenspieler die Welt in Wirklichkeit regiert. Die Aussage von Herr Guttenberg: „Er muss Antworten, was die anderen ihm vorschreiben“ hat in mir das Kasperl Theater erweckt.
Die Welt wird in diesem Still regiert. Den Kasperl kennen wir ja alle und seine Marionettenfiguren auch. Was wir nicht kennen, sind die Menschen, die den Kasperl bewegen und ihm eine Stimme geben aus dem Verborgenen hinterm Vorhang. Das Spiel aus dem Kindergarten wurde mit dem Erwachsenwerden ernst und zu einer Tatsache, der keiner entweichen kann.
Fangen wir mal an in der Schule an. Der Lehrer lernt uns das, was er von den Puppenspielern vorgeschrieben bekommt.
Beim Bund, werden auch die Regeln von den Puppenspieler vorgegeben in einer Disziplin die keine Grenzen kennt.
Die Prüfungen werden auch von dem Puppenspieler vorgegeben, keiner kennt sie, bis sie nicht geöffnet werden.
Nachher in der Arbeit sind es auch wieder die Puppenspieler, die aus dem Verborgenen alles lenken. Bei Entlassungen bekommt man seinen Brief, wer dies aber entschieden hat, weiß nur der Puppenspieler!
In den Vereinen muss man zwei Wochen vorher die Fragen an die Funktionäre abgeben, damit sie mit ihren Puppenspielern sich vorbereiten können, auf diese unangenehmen Fragen in der Jahreshauptversammlung. Die Politik mit ihren Marionetten Politiker sind dann das Spiel in ihrer Vollkommenheit. Die Fragen an den Politiker werden im Vorfeld abgegeben, von den Puppenspielern beantwortet und vom gewähltem Politikkasperl vorgelesen.

Die Puppenspieler aus Jahrmarkt, waren mal bei uns in Blumethal und da sang der Kasperl ein Lied.

Der Refrain ging ungefähr so:
„Mei Bädle, mei Strimple, mei Socken, mei Schuh
Heit bin ich a luschtiche Buah."

Und so kam immer noch ein weiterer Teil dazu. So auch im wahren Puppen Theater, immer kommt noch etwas hinterm Vorhang dazu. Die Wahrheit, die bleibt aber hinterm Vorhang für immer und ewig versteckt. Wir leben mit der Illusion der Puppenspieler tagein, tagaus.
Einzig alleine in den Foren haben die Puppenspieler keine Macht und sind zum ersten Mal hinterm Vorhang alleine vergessen und wertlos geworden.
Oder täusche ich mich jetzt, sind nicht wir jetzt die Puppenspieler?

Der Kerwei Ausflug vum Hansi

Ja an der Kerwei is meer immer die Verwandte oder Bekannte in anderen Banater Ortschaften besuche gfahr an der Kerwei. Do hat meer in der Früh die Pferd an den Wagen gespannt und ist in die andere Ortschaft gefahren. Ich habe dies als Kind a noch erlebt und bin mit meiner Oma öfter nach Dreispitz zu ihrer Russland Freindin mit ehm Vetter Franz (Miteinander fünf Jahre bei der Zwangsarbeit in einer Eisenmine) gfahr. Die Blumethaler ware ja besondere Menschen (nicht nur weil der Polki einer ist!) da immer etwas los war in dem Dorf. So ist einer immer ins Nochbersdorf Fibisch mit der Bahn gfahr (Vetter Hanserich). Obwohl er dann die Strecke von 3 km, in 9 km zurücklegte! Ja awer die Fahrt mit dem Zug war umsunscht, des Bilet hat nix gekoscht da er bei der Bahn gschaft hat!
Jetzt awer geht es um a Gschicht, die mit ehner Kules passiert ist. Unser Hansi hat immer für die Bentscheker Kerwei die Kules vum Kolektiv kriegt und ist mit der ganzen Familie nach Bentschek uf die Kerwei gfahr, Hansi war der Kutscher.
Die Pferd im Dorf haben Pferdenamen kat, zum Beispiel: Ewa, Hansi, nur Maria hat kein Pferd als Namen kat, da die Maria de Blumethaler zu heilig war. Und auch die Hunde haben ihre Nome kat, die nicht mit Pferdenome verwechselbar waren.

Do war die Welt noch in Ordnung.
In Bentscheck hat meer gfeiert und den guten Bentschker Wein getrunk, bis der Wein dehm Hansi in den Kopf gestiegen ist. So hat er sich iwer alli ufgerecht und ist raus auf die Kules und Richtung Blumenthal gfahr. Seine ganze Familie blieb in Bentschek, als sie nach Hause fahren wollten war der Hansi schun in Blumenthal und die Pferd im Stall! Er hat sei Rausch noch ausgschlof im Pferdestall und is dann Seelen ruich nach Haus. Wie seine Familie nach Hause kam, weiß ich nicht, awer Sport han die sicher gemacht, denn iwer de Hotar waren des gute 15 km. Ob se bis nach Haus Zuckerwatte vun der Bentscheker Kerwei ges han, des was ich genauso wenich.

Eine wahre Geschichte von einem Banater Dorf

Vom Einteilen und sparen bei den Banater Schwowe!
(Namen sind erfunden)
Die Familie Krämer sitzt beim Mittagstisch mit Oma, Opa, Vater, Mutter und Kinder, es gibt Wurstpaprika. Also Kartoffel mit Bratwurst. Jedes Kind versuchte die Mutter zu beeinflussen, sie solle ihm das größte Stück Wurst in den Teller geben, denn es hätte dies ja verdient und die Augen funkelten wie bei kleinen Raubtieren umher auf dem Küchentisch, von einem Teller in den anderen. Dies bemerkte der Vater und entschloss sich am Tisch eine Predigt zu halten, für alle Anwesenden.
Passt mal jetzt auf, was ich euch sage und schreibt es euch gut hinter die Ohren: Die Bratwürste muss man einteilen, sodass sie über das ganze Jahr reichen und darum muss man mehr „Grumbiere“ essen und weniger Wurst, mit dem Blick gerichtet auf seine Frau, die aus seiner Sicht die Stücke zu groß geschnitten hat im Paprikasch. Denn wir haben nur so und so viel Wurst und wenn wir diese in einer Woche essen, dann können wir das ganze Jahr nur mehr Grumbiere essen, ohne Wurst.
Die Kinder haben die Lektion verstanden und beruhigten sich am Tisch.
Am nächsten Tag, sagte die Gretel zu ihrem Mann: Du was meinst, unser Dachboden gehört einmal aufgeräumt jetzt im Frühjahr. Es wär doch heute Zeit, dass du das machst.
Ja ,sagte der Johann und fing an den Boden sauber zu machen und aufzuräumen . Die Kinder spielten im Hof und die Frau wusch die Wäsche mit der Oma.

Der Opa hatte sich daran gemacht den Gartenzaun zu reparieren, damit die Hühner nicht mehr in den Garten können.
Nach einer Weile dachte sich die Gretel, es sei so still auf dem Dachboden, ist vielleicht ihrem Mann was passiert und ging auch auf den Dachboden um nach zu schauen.
Als sie auf den Boden kam , da hat sie der Schlag fast getroffen. Vor ihr auf dem Mehlsack sitzt ihr Mann mit einem Stück Bratwurst in der Hand und ließ es sich schmecken !
Sie überlegte nicht lange und rief: „Kinder kommt mal ganz schnell her, da oben auf dem Dachboden sitzt der, der die Bratwurst einteilen tut. Seine Wurst hat er für dieses Jahr schon gegessen. Von jetzt an, wird er nur mehr Grumbiere essen das ganze Jahr!“

Die vertauschte Kiner vun Kinisof !

Es wor a mol in Kinisof 1969 (Königshof , Remetea Mica) zwoa Familien die ihre Kiner im Voraus alles hergericht han, damit wenn es Kind do ist , se sich um nichts mehr kimre misse.
Der ane Vater hat behauptet er bekommt a Buh und der muss Uwe haase, wie der Uwe Seeler damals, der große Fussballer . Sei Frau hat alles in Blau bestickt mit den Buchstaben UWE.
Der anre Vater war der katholische Herr Pfarrer vun der Ortschaft, der ach Nachwuchs erwartet hat und da damals der schwarze Roy Black das Mädchen Karina besungen hatte, wurde alles in Rosa bestickt mit dem Namen Karina.
So ist es kumm, wie es dann immer kummt : Der Ewald hat a Mädel kriekt und der Herr Pfarrer a Buh. Des war a grosse Katostrophe im Dorf, denn die ganze Arweit war für die Katz. Do ist der Ewald zum Herr Pfarrer gang, des Kind anmelde für die Taaf und bei ein , zwei Gläser Messwein han sie sich geahnigt uf a Tausch. Der Herr Pfarrer kriegt es Mädel und der Ewald kriegt de Buh.
Des ist ja a Stund, zwoa ganz gut gang bis die Mütter die Windel han misse dehne Kinner wechsle und zu ihrem Endsetzen gmerkt han, dass do a Kuckucks Kind in der Wieg lag. Da war des Spektakel groß in Pfarrerhaus und beim Ewald dehoam. Die Weiwer han durchdreht und han sich gfrot, wie dumm a Mann nur sein kann uf dieser Schwowischer Welt.

So han sie ihre Kinner kohlt und han se zuruck gebrung an Ort und Stell. Was se awer vergess han, war die Bettwäsch und die Kleider von den zwoa Kinner, da sie vor lauter Schwätze und Frohsinn nicht mehr daran gedenckt han, dass sie a die Kinner umzien misse.
So sind die zwoa Schwowkinner Uwe und Karina getaft gin und alles war zufrieden. Ich glaab die zwoa Kinner lewe heit noch in Deitschland und wenn se ihre Nome nicht gewechselt han, so han se den heit a noch.

Der Bienepepi vun Bruckenau

In Bruckenau war ja viel Wald um die Ortschaft und da hat die kommunistische Staatsregierung von Rumänien Honig produziert. Der Pepi war ein Kind von Bruckenau und hat in den Ferien sich ein bisschen Geld verdient beim Imker im Wald, da er mit Bienen sehr gut umgehen konnte.
Er arbeitete an den Bienen ohne Schutzmaske und mit freiem Oberkörper, so dass die Bienen auf seiner Haut spazieren gelaufen sind. Dem Pepi hat dies nichts ausgemacht, denn er hatte das gewisse Etwas für diese Tiere. So verkaufte man den Honig immer den reichen West Staaten, alles ging in den Export. Es wurden Verträge gemacht, schon am Anfang vom Jahr , wie viel Honig man exportieren kann, so dass die Bienen den Plan vorgelegt bekamen, in der Partei Sitzung. Die Biene Königin hat protestiert, nur es war nichts mehr zu machen !
So hat man die Bienen Völker eingeteilt und jedem Volk eine Parzelle im Wald reserviert, so dass jeder Bienenstock nur von diesem Waldstück Honig sammeln durfte. Die Bäume wurden im Februar alle gezeichnet mit verschiedenen Farben, so dass die Bienen sich in dem Wald zurecht finden können.
Das war ein Durcheinander, in dem einen Waldstück war Honig genug, aber dort durften nur die Bienen sammeln, die der Farbe entsprachen und in dem anderem Waldstück konnten die Bienen umher fliegen wie sie wollten, es war kein Honig da.
Als man mit dem Honig schleudern anfing , da war das Staunen groß, da nach dem Vertrag drei Tonnen Honig zu wenig von den Bienen eingesammelt wurden. Der Deutschländer von Aldi, kommt am Samstag in fünf Tage seinen Honig holen und es ist nur die Hälfte da, was ist da zu machen ?

Man stellte gleich fünf schwarze große Schlachtkessel im Hof auf und fing an in jeden Kessel zwei Sack Zucker zu leeren. Dann gab man Wasser dazu und Butterblumen von der Bruckenauer Weide. Der Pepi war der Kesselmeister und rührte, dass ihm der Schweiß nur so auf dem Rücken runter lief. Als der gepanschte Honig fertig war, leerte man ihn in den guten Honig hinein und hatte so die gewünschte Menge Honig für den Export.
Als am Samstag der Deutsche Aldi Alchemist mit seinen Labor Geräten kam, den Honig zu probieren , war alles in Ordnung und das Geschäft lief über die Bühne. So ersparte der Pepi unseren Bienenköniginnen große Schande in der Parteisitzung, ja im Gegenteil, sie bekamen alle zusammen die Auszeichnung „Held der Sozialistischen Arbeit" !
Wenn ich heute zum Aldi gehe und den Honig im Regal sehe , denke ich immer an unseren Bienenpepi und seinem Honig aus Bruckenau!

Etwas vun der Heed

Ich glaub wenigschtens dass Grossjetscha in der Heide liegt . War zwoa mol dort uf Hochzeiten und bin erschrocken vun den grosse Heiser. Es Gasse Tor war so breit, dass zwoa Wäher aneinader vorbei fahren haben können. Und es Gasse Tirl war etwas schmeeler , denn so breit waren die Grossjetschare Fraue a groad nit. Die Gasse waren so breit, dass, wenn du der Nochber hascht wolle zu dir zu em Wein einlade, nur telefonisch, den Nochber erreicht hättest und da der Telefon Anschluss iwer Temeschwar ging, so hascht misse am Morjet die Leitung anrufen, dass der Nocbher iwer de Gass am Owed erreichscht.
A des ist jo noch gang.
Im Dorfsaal waren zwei Bühnen, da hat das Brautpaar mol a Stund überlegen müssen, auf welcher Seite sie sitzen sollen und dann hat die Musich sich an des andere Ende gsitzt.
Dann ging die Sucherei nach den Plätzen von vorne los.
In der Nacht sind wir als Schatzgräber verkleidet in den Kellergewölben umher geloff, um des Gold in de Wänd mit Hamern zu suchen, gfunde ham mer nichts, wie blohe Fingernägle vun lauter Klopfe han mir kat.
Am Morjet han mir zuerst mol alle zusammen suchen misse mit dem Telefon, so waren wir am Abend alle gemeinsam an der Bushaltestelle und kamen glücklich nach Hause.

Awer scheen war es uf der Hochzeit und die Braut war weiß wie immer. Übrigens es waren zwei Brautpaare und in der Hochzeitnacht haben die Bräutigame so großen Pegel an Wein gehabt. dass man die zwei Schwestern vertauscht hat. OK hat der eine gmeint, was solls, es bleibt in der Familie! Gute Nacht Grossjetscha.

Der Fasan aus der Bergsau !

Die Oma Hilde wohnte in einem schwäbischen Dorf in der Bergsau. Zu diesen Dörfern gehörten in der Reihenfolge Königshof, Charlottenburg ‚Altringen und Neuhof. Da war dann das Ende der Straße und hier ist auch der Bergsau Fluss entsprungen. Die Hilde Oma lebte ganz alleine, denn ihre Kinder und Enkelkinder lebten schon lange in der Stadt und kamen nur an Feiertagen oder auch sonntags nach Hause. Die Region Bergsau war sehr hügelig und bewachsen mit sehr vielen Laubwälder in denen es sehr viel Wild gab, wie: Fuchs, Hase, Dachs, Rehe, Hirsch, Luchs, Wildschweine, Uhu, Eulen und Fasanen. Um die geht es in dieser Erzählung.

Es war mal wieder ein kalter Winteranfang und im Dezember lag der Schnee schon meterhoch über Feld und Wälder. Die wilden Tiere fanden nichts mehr zu fressen und so kamen sie in die Bergsauer Dörfer um etwas Nahrung zu finden. In der Früh am Morgen als die Oma Hilde die Hühner mit Weizen Körner fütterte waren auch einige Fasanen am Hühnerstall um etwas von dem Futter der Oma zu bekommen. Da kam die Oma auf einen Plan: Es wäre doch schön, wenn sie Ihren Kindern für den Sonntag einen gebratenen Fasan auftischen würde. So als Festessen, damit sie auch mal mithalten kann, mit den Städter und ihren ständigen Prahlereien von Restaurants und Hotels Bewirtungen.

Sie suchte den Fasanen Gockel mit den schönsten Federn aus, um einen herrlichen Feiertagsbraten für ihre Kinder her zu zaubern und wartete ab, dass er in ihre Nähe kommt, da sie jetzt die Körner vor die eigene Füße warf und die Hennen mit den Fasanen eng beisammen immer näher kamen. So bückte sich die Oma auf einmal und erwischte den Fasanen Gockel an den schönen Schwanzfedern, die in dem Hühnerhaufen heraus standen. Es gab sofort ein Gegacker und alle Hühner und Fasanen sprangen zur Seite, außer der Fasanen Gockel, der mit Füße und Flügel um sich schlug.

Bei dem rutschigem Boden rutschte die Oma aus und im Fallen konnte der Fasan sich befreien, so dass die Oma nur mit den schönen Schwanz Federn in der Hand blieb, zum Glück aber sich nicht verletzt hatte, nur paar blaue Flecken davon trug.
So dachte die Oma, was ist jetzt zu machen? Da der Fasanen Braten in den Schnee viel, kam ihr ein Gedanke: Sie könnte ja, das alte abgemagerte Huhn schlachten und es so mit den Fasanen Federn schmücken, dass die Städter doch noch auf ihren Fasanen Braten nicht verzichten müssen!"
So machte die Oma aus dem alten Huhn eine Hühner Suppe und danach briet sie erst das Huhn an, damit es ein wenig genießbar ist. Ihre Gäste waren in der Früh Schlitten fahren auf dem Dorfhügel und so hatte sie ihre Ruhe um den Braten an zu richten. Die schönen Federn vom Fasanen Schwanz steckte sie ins Huhn, so dass die Federn einen großen Bogen machten und aus der Bratschüssel weit heraus hingen. Zum Fasan machte sie noch eine Meerrettichsoße , so sah der Tisch schön geschmückt aus als die Kinder und Enkelkinder blind vor Hunger an der Tür herein kamen.
Alle bewunderten der Oma ihren Fasan und hatten nur Lob übrig für dieses tolle Gericht. Ihre Tochter die Herta meinte: Da essen ihre Augen mit, bei so einem tollen Anblick. Ihr Mann der Richard sagte : „Zuerst trinken wir ein Schluck Schnaps auf der Oma ihr Wohl ‚damit sie noch lange uns erhalten bleibt!" Die Tochter Brigitte küsste die Mutter vor Freude und ihr Mann der Hansi stimmte das Mittagsgebet an. So dass dann alle am großen Tisch Platz nahmen, um ein Stück Braten von dem Fasan ab zu bekommen. Die Oma verteilte ihn und ihr blieb am Ende nichts mehr übrig. Auf die Frage der Enkelin ob sie keinen Fasan möchte, sagte die Oma: Sie hat doch keine Zähne mehr und kann das zähe Wild nicht so gut beißen.
Alle lobten nach dem Essen die Oma und bedankten sich für das gute Essen. Nur die kleinen freche Zwillinge Kathi und Annie sagten: „Oma uns hat es nicht geschmeckt und das nächste Mal wollen wir wieder ausgebackenes Hühner Fleisch mit Kartoffel Püree, das du so gut machen kannst und das wir so lieben. Die Oma zwinkerte mit dem Auge und sagte: Meine Mädels schaut mal auf dem Herd, da steht ein Topf in dem für euch alles her gerichtet ist. Ich wusste doch was euch schmeckt und habe für euch ‚euer Lieblingsgericht doch auch noch gekocht.
Am nächsten Tag dachte sich die Oma, sie müsse ihre Sünde beichten gehen, damit der liebe Herrgott vielleicht diese Tat ihr verzeihe.

Als sie dem Herr Pfarrer im Beichtstuhl dies beichtete sagte dieser nur: „Oma, Gott hat es so gewollt, deine Sünde ist dir verziehen!“

„Christel bitte schlag nochmal zu !“

So um das Jahr 1968-69 sang Roy Black „das Mädchen Karina“ in Kronstadt. Unsere Mädchen waren außer sich vor Freude, küssten die Karpatenrundschau und weinten, weil er nicht den ersten Platz in Kronstadt beim Schlager Festival um den Goldenen Hirsch machte.
Unsere Schule war in Form eines gleichseitigen Dreieck gebaut, mit einem großem Innenhof (Handballplatz früher war es der Schulgarten) der von den Schülern in den Pausen belagert wurde. Und die Klassen waren an Flure (Korridor) gebunden, so dass man von dem Flur in verschiedene Klassen gehen konnte. Es waren gut belichtete Räume in denen bis zu 24 Schüler Platz fanden in den Schulbänken.
In der Grundschule waren zwei Klassen. Die erste und dritte, so wie die zweite und vierte waren zusammengelegt. Von der 5-8 Klasse waren dann die Klassen separat da deutschsprachigen Kinder von der ganzen Bergsau Dörfer dazu kamen. So waren von vier Dörfern, Kinder in einer deutschsprachigen Klasse, mit deutschem Unterricht. Rumänisch lernten wir als Fremdsprache.
1969 kam eine junge Professorin zu uns an die Schule, mit einem kurzen Mini Rock, der die Farbe von dem Rotkäppchen seiner Mütze hatte. Und auch nicht mehr Material benötigte ,wie diese feuerrote Mütze. Sie unterrichtete Chemie und Physik .Wir warteten aber schon in der Klasse, dass die Blumenthaler Jugendlichen an die Fensterscheibe klopften, damit die Christel sich mit ihnen unterhalten konnte und wir unsere Späße machten, mit Christels langen Beinen und ihrem Rotkäppchen Rock. „Mai war die scheen uf gut schwowisch gsaat so etwas han mir nit jede Tach gsehn in unserem Dorf!“
Im Winter ließen uns die Lehrer zwischen den Pausen in den Klassen, so dass wir noch unsere Hausaufgaben erledigen konnten und nicht draußen in der Kälte erfrieren. Da kamen wir auf eine Idee, es ist mal wieder richtig Schnee gefallen und wir machten eine Schneeballschlacht gegen die andere Schulhälfte, so dass wir aus dem Flur und aus den Klassen mit Schneebälle warfen und unsere Mädels diese Schneebälle von der Straßenseite uns herein gaben, in die Festung, damit uns nicht die Munition aus ging.

Die anderen warfen vom Schulhof, in die Klassen, so dass es nur so blitzte mit den Schneebällen und auch einige Scheiben zu Bruch gingen. Da kam die Christel daher in der großen Pause aus dem Lehrer Zimmer und sah dieser Schneeballschlacht mit wütenden Augen zu.
Sie schrie so laut, dass der Mini Rock vor Schreck noch roter wurde und wir alle brav auf unseren Plätze verschwanden. Sie trommelte alle Buben zusammen und stellte sie nach der Größe auf, fing vom Kleinstem an, die Jugendlichen am Kinn zu packen und gab jedem zwei Ohrfeigen. Bei mir fing sie aus Ermüdung mit einer an , so dass ich bis heute am linken Ohr ein Klingeln habe . Bei den letzten zwei Jugendlichen hörte sie auf, denn die waren schon größer als sie und weil ihr Damen Händchen auch schon Schmerz genug ertragen musste ,von den über 20 Ohrfeigen .
Mein Klingeln im Ohr habe ich jetzt schon über vierzig Jahre und eines Mitternachts bin ich aufgewacht, da stand die Christel mit ihrem Minirock vor dem Bett, fasste mich am Kinn und wollte mir auf die andere Gesichtshälfte auch eine klatschen. In dem Augenblick, bekam ich von meiner Frau in die Seite einen Ellenbogenstoß, dass die Christel für immer verschwunden war und mir das Geräusch bis heute blieb. Wie glücklich wäre ich gewesen, wenn sie mir mit ihrer Hand auch die andere Gesichtshälfte geohrfeigt hätte, so wäre mein Klingelton für immer geheilt gewesen! Somit muss ich warten bis die Christel wieder kommt und ihre versäumte Ohrfeige nachholt.

A Schwowisches Osternescht

Ja liewi Leit, ich han mich mol schlau gemacht ob es im Internet Anleitungen für a Osternescht gewe tut. Nein so was habe ich nirgends gefunden. Ja für die ganzi Fogelschar do gibt es Anleitungen iwer Anleitungen, awer für unser Osterhas habe ich nichts gefunden. Sogar beim Weihnachtsmann gibt es Anleitungen mit Norm gerechte Strimpf, Strapse sind verboten, wegen Sittenwidrigkeit.
Ja so hat meine Frau unsere Kiner am Samstag gsaht, geht und macht mit eirem Vater eure Osterneschter, damit wenn der Osterhass in der Früh vorbeilahft etwas falle läst.
Ja noh han ich mei Kiner gfrot: „Was meint ihr, wo mache mir die Neschter? In die Beem oder uf de Hausbode? Sie han gement, ja die mache mir in des Gertle vor em Haus, wo die scheeni Osterblume wachse, do gleich newer drohn, denn der Osterhass mag frische duftende

Blumen, do gfallt ihm es am beschte, denn do find mer die Ostereier nicht so schnell, da sie die gleiche Farb haben wie die Blume.
Also gleich a Schubkarre voller Heu vom Nachbar seiner Schaf ausgeliehe und no han mir angfang Osterneschter zu mache. Ich hab die Gänse weg gesperrt, damit die nicht meinen, die Neschter sind für sie gemacht und in der Frieh liegt alles voller Gänseeier,
So war mer mit der Neschter fertig und gspannt: was in der Früh do drin sein wert?
Ich meinte noch: „Es Gartentirel misst ihr schun ufmache, denn wo soll der Osterhass reinkumme?"
Ja so sind wir schlofe gang, mit ahner schenni Gschicht noch vum Osterhass: „Wie er die Eier färbt und was für scheni Häsine er hat, die im helfe die arweit zu verrichte."
Am Ostersonntag ist meine Frau vor uns aufgstan und hat mächte die Neschter fille mit Ostergeschenke, ist raus in den Garte und hat a Schlag bekomme: Der ganze Blumegarten war vertrampelt und vernichtet vun am Nochber seiner Schoff, ja und alle Osterneschter ware voller Schoffs Gnodle!
Ja du alte Trodl hat se nur gerufft: Steh mol schnell uf und schau, dass do im Garte Ordnung wert, bevor die Leit in die Kerch gehn. Sie hat schnell zwa Weidekerb gholt und hat des übrige Hei rein und die Osterneschter wahre fertig. Den ganze Schokolade vun Deitschland hat mer ach verteilt in der Neschter und die Schwiegermutti hat die Kiner gewegt und angezo. So sind die Kiner auch gleich rausgelof und han Ihre Osterneschter gsucht, war awer nix mehr do wie der Vater mit em Bese.
Die Mutter hat gleich gemehnt, ihr braucht nicht weinen der Osterhass hat doch noch was zurückgelassen und die Neschter wäre hinten im Schweinestall. Ja der Klane hat gleich die greschti Schachtel Pralinen erwischt, hat se ufgeris und die Schachtel war leer! Hat auch gleich angfange fürchterlich zu weinen!
Die Mutter schaute in die Schachtel und rufte: Komm mal her mit dem Besen!
Und sagte: des ist dein Ostergschenk! Jetzt gescht weiterkehre und noch frohe Ostern.

Die Bekanntschaft

Die Gänse im Banat hatten jedes Jahr, so an die 6-7 bis 15 Eier, danach wurde ein Nest für die Gänse gebaut und die Gans brütete diese Eier aus. Die Schwaben waren immer sehr neugierig und
nutzten immer die Gelegenheit um die Gänseeier zu kontrollieren, ob sie faul oder befruchtet sind in den drei Wochen Brutzeit .
So nahm man die Eier aus dem Nest ins Zimmer und schaute nach der ersten Woche ob sie noch hell oder dunkel erscheinen im Scheinwerferlicht einer Lampe. Nach der zweiten Woche nahm man ein Mehlsieb, legte die Eier drauf und wen sie anfingen zu wackeln war ein junges Gänschen im Ei. So auch beim Vetter Michl in einem Dorf nahe der Stadt Temeschwar, saßen die zwei Gänse auf ihrem Nest mit 30 Eier und brüteten brav vor sich hin. Da kam dem Vetter Michl eine Idee, er sagte zu seiner Lissi: „Du Lissi, ich habe doch Bekanntschaft in Temeschwar beim Röntgenzentrum. Der Hans wird das sicher für mich machen, unsere Gänseeier röntgen damit wir sehen wie viel Gänschen wir bekommen.
Ich nehme den 12:00 Uhr Zug, fahre die zehn Minuten in die Stadt, lasse die Eier röntgen und mit dem 1:00 Uhr Zug bin ich wieder da. So kühlen die Eier nicht aus und wir wissen über alles Bescheid.
Die Wes Liss war gleich dabei und freute sich schon ihrer Nachbarin am Abend erzählen zu können, dass sie es jetzt ganz sicher wissen und kein Mehlsieb mehr brauchen, für die Eier zu kontrollieren, sondern ihre Bekanntschaft in Temeschwar macht das jetzt jedes Jahr für sie.
Ihr Herz pochte vor Freude und Begeisterung, da ihr Michl überall Bekanntschaften hatte.
Man gab den Gänsen Futter, die kamen dann vom ihren Nestern herunter. Die Liss machte die Tür zum Gänsestall zu und der Vetter Michl gab die dreißig schönen großen Gänseeier in einen ausgepolsterten Weidenkorb, deckte sie mit einer warmen Decke zu und lief auch schon an den zwölf Uhr Zug. Alles lief wie am Schnürchen, der Zug kam pünktlich, Der Hans war auch im Röntgenzentrum da und nahm auch gleich die Eier um zu Röntgen heraus.
Dann ging der Strom aus und das Röntgengerät stand da mit den Gänseeiern und nichts ging mehr.
Dann meinte der Hans, der ein Städtler war und keine Ahnung von Gänseeier hatte zum Michl:

„Wir geben die Eier in ein warmes Wasserbecken und halten sie so lang warm, bis der Strom wieder kommt. „ Der Michl war mit der Idee gleich einverstanden und so gossen sie fortlaufend
heißes Wasser auf die Gänseeier, bis nach zwei Stunden der Strom wieder da war. Dann kontrollierte der Hans alle Eier und sagte zum Vetter Michl: „Ich habe für dich eine gute Nachricht, alle dreißig Eier sind befruchtet und ihr bekommt dreißig Gänschen.
Der Vetter Michl war außer sich vor Freude und lief an den vier Uhr Zug, da der ein Uhr Zug schon lange weg war, mit seinen Gänseeier. Die Wes Liss war schon aufgeregt zu Hause, da der Vetter Michel nicht kam von der Stadt und machte sich große Sorgen. Als er aber nach vier Uhr eintraf, seiner Frau berichtete was geschehen ist, dass die Eier alle befruchtet sind und auch noch recht warm sich anfühlen, gaben sie die Eier den Gänsen zurück ins Nest. Die Wes Liss hat im ganzen Dorf herum erzählt, was für Mann sie hat und dass sie überall Bekanntschaft haben in der Stadt.
Es vergingen zwei Wochen und die Zeit kam, wo die Gänschen schlüpfen sollten. Ja das ganze Dorf hat auf die dreißig Gänschen gewartet von der Wes Liss und ihrem Michel. Nichts geschah, nach drei Wochen, auch nach vier Wochen, waren keine Gänschen da. Da gingen beide in den Gänsestall und schlugen ein Ei auf, um zu sehen, was los ist mit den Gänseeier ?
Das Ei war hart gekocht, das nächste auch und so alle dreißig Eier waren gekocht. Die Wes Liss bekam Kopfschmerzen und fing an einen Streit mit ihrem Vetter Michel, um die Eier, dass die ganzen Nachbarn zusammen liefen, um zu schauen was los ist, ob jemand gerade am Sterben liegt?
Ja, die dreißig Röntgen Eier lagen im Hof, die Gänse saßen daneben, todmüde vom langen Brüten. Und die Wes Liss schrie ihren Vetter Michel an: Nie wieder will ich was von deinen Temeschwarer Bekanntschaften hören. In dem Banater Dorf hat man von nun an, wenn was schief gelaufen ist immer nachgefragt: „Ob sie vielleicht, Bekanntschaft in der Stadt hätten?“

Meine Sicht der Dinge

Über das Banat ist viel geschrieben worden, ja sogar Bücher für jedes einzelne Dorf. Was ich aber schade finde ist die Tatsache, dass nie das wahre Leben geschildert wurde, sondern nur die Sonnenseiten des Dorfes oder Gebietes. Niemand außer Herta Müller traute sich an heikle Sachen dran, die aber übertrieb es so außergewöhnlich , dass man das Kotzen (Erbrechen)bekam nach einer Lektüre von ihr.
OK, ich werde versuchen eine erfundene Geschichte über die Banater Hochzeit zu schreiben, Die sich so zutragen hätte können oder sich sogar hat, man weiß ja nie was in den Dörfer alles los war.

Die Rote und Weiße SOS
Bei den Hochzeiten im Banat herrschte eine Sitz Ordnung, die mit viel Mühe eingehalten wurde, so gut es ging. Die Musikanten spielten auf der Bühne, die so zu sagen ihr zu Hause war und keine Kinder sich dort aufhalten durften wegen den Instrumenten. Die Tische standen gerade aufgereiht im rechten Winkel zur Bühne und der Brauttisch war in U Form in Form eines Hufeisens aufgestellt. Ob es das Hufeisen zuerst gab oder den Hochzeittisch weiß ich nicht. Da müsst ihr schon einen Banater Geschichtslehrer fragen. In der Mitte saß zur rechten Seite der Bräutigam mit seiner God (Taufpatin) und Patenonkel, dann die Tanten und Onkels, Großeltern und zuletzt am Ende vom Hufeisen die Brauteltern.
Auf der rechten Seite vom Tisch am oberen Ende war ein Teller reserviert für den Herr Pfarrer, neben dran gleich noch ein Teller für seine Köchin, die an diesem Tag endlich mal frei hatte vom Kochen. Danach die Onkels und Tanten, die keinen Platz am Hochzeittisch mehr bekamen und vielleicht auch zerstritten mit den Brauteltern waren, wegen Erbe und Mitgift.
Das gleiche war auf der linken Brautseite, genauso, nur zum Unterschied es war ja kein anderer Pfarrer mehr da und wenn er auch da gewesen wäre, hätte er auf der rechten Seite Platz genommen.
Die Linke Seite war mehr reserviert für den kommunistischen Bürgermeister ,Gemeinde Sekretär und anderen Rumäner, wie Fabrik Freunde oder Nachbarn. Das hier die linke Seite bewusst gewählt wurde, kann ja sein, nur die rechte Seite war ja besetzt von früher, da der Herr Pfarrer vor den Kommunisten im Dorfe war. Danach saßen Nachbarn und Bekannte und zuletzt die Jugend.

Die Hochzeiten fanden im Banat immer am Sonntag statt, da am Samstag ja der berühmte Banater-Bade-Tag war von HM und wenn man sich am Freitag baden wollte, musste man die Grodelak (Froschteich) aufsuchen um sich zu baden.
Die Speisen wurden von Kellnern serviert, die frisch verheiratet waren , verliebt oder man verkuppelte sie so für die Hochzeit. Bei uns im Blumenthal hatte jedes Paar seinen Tisch, wo er die Speisen mit Marschmusik immer an den jeweiligen Platz bringen musste, der mit grünen Rosmarin oder anderen Blättern gekennzeichnet war.
Am Braut Tisch hatte meist zu tun die Schwester oder Bruder von der Braut und bei den Kommunisten am Tisch suchte man ein Paar das auch Rumänisch konnte, damit bei einer Bestellung nicht das Falsche gebracht wurde. Da waren wir Schwaben sehr genau, mit jedem Zahnstocher und mit jeder Serviette wurde alles ins kleinste Detail geplant, alles hatte seinen Platz.
So kam es, dass beim linken Tisch ein nicht so koordinatives Mädel, die Evi ihre Arbeit verrichtete und als kleines Kind schon mit Gleichgewichtstörungen zu kämpfen hatte. Jeder Kellner/in hatte eine schöne Schürze und ein blumiges kleines Handtuch dabei. Den Frauen ihre Schürzen waren bestickt und ab 1970 wurden sie abgerundet, damit sie den Minirock nicht überdecken. So kam es, dass das Oberteil der Schürze bei vielen Frauen größer war als das Unterteil.
Beim zweiten Menü gab es in Blumenthal nach der Hochzeitsuppe gekochtes Hühnerfleisch mit Paradeissoß (Tomatenketchup). Da haben die Amis uns das Patent geklaut. Das Hühnerfleisch wurde vom Kellner aufgetragen und die Soßen von der Kellnerin, so bekam jede Kellnerin links eine rote Soße in die Hand und rechts eine weiße Soße (Meerrettichsoße) in die Hand. Warum dies so war, weiß ich nicht, dies habe ich nicht erforscht.
Die Evi hatte dazu noch Stöckelschuh getragen mit einem hohen Stöckel, den sie nicht gewöhnt war und den sie nur an der Hochzeit getragen hat oder sonntags beim wöchentlichen Kirchengang, wo sie im Kirchenchor sang und damit sie vom Chor besser in die Kirche schauen konnte, hat sie sich in Radna ein paar hohe Stöckelschuhe gekauft. Mit feinen geschnürten Lederriemen wurde dieser Schuh gebunden. So löste sich eine Schleife am linken Schuh und der Parteisekretär hatte auch schon die rote Soße auf seinem blütenweißem Hemd. Dies war sofort eine Kriegserklärung in diesem Land und der Hochzeitsvater von der Braut gab ihm gleich sein Hemd, damit alles wieder in Ordnung ist. Der Herr Pfarrer

meinte, er müsse zu Hilfe kommen von der rechten Seite des Ortsvorstehers, und ihn beruhigen. Da wischte die Evi mit ihrem Handtuch dem Parteisekretär die rote Soße vom Kopf und hielt die weiße Soße in der rechten Hand, der Herr Pfarrer stieß dagegen und hatte seinen schwarzen Pfarrer Rock mit weisen Punkten befleckt, so dass er aus sah, wie eine holländische schwarzweiße Kuh und neben dem Parteisekretär, der weiß rot trug, sehr gut zu einem wunderschönem Hochzeitbild passte. Auf jeden Fall hatte die Evi das letzte Mal ihre Stöckelschuh auf der Hochzeit an, von jetzt an trug sie diese Schuhe nur mehr in der Kirch auf dem Chor, denn neugierig blieb sie bis heute, unsere Evi, wenn sie auch nicht mehr im Kirchenchor singt.

Die Schwowische Liebe

Die Liebe, was ist des? Froh ich mich immer wieder und kumm uf ka Antwort . So wie andere Völker, han a die Schwowe ihre liebe Not kat mit der Liebe. Reiche han Reiche keirat., Dumme, Dumme, Reiche manchmol Scheene oder Arme, Arme.
Alle großen Dichter han sich mit dem Thema beschäftigt und sie ist noch immer rätselhaft geblib.
Bei uns Schwowe war die Liebe a so a Sach. Feld keert zu Feld dann sind die Kommunisten kum und han die Felder weggenommen, no hat die Liebe sich misse etwas anderes suche.
Parteisekretär, Lehrer, Preschidende und andere Kinder ware gefragt bis die 70er Johre kumm sin. Do hat sich uf ehmol a ganz andere Liebeskummer eingstellt, es Auto. Leit was han die schwowische Mädle und Buwe den Deitsche Autos nochkschaut. Ford Fiesta, Opel Corsa, oder a rotes Auto. Marken ware nicht wichtig, mir hat in am Auto nur a Auto gsehn, wu mer nicht mehr zu Fuss laafe muss. Des Auto war a mit schuld, dass die Banater Schwowe ausgstorb sind und für immer verschwunde sind in der weiden Welt.
Kaum ist ahner mit ehm Auto uf Besuch kumm, schun hat er a haufe Mädle um sich kat, die alle han wolle mit nach Deitschland. Es hat koaner mehr gfrot ob er Feld, Dumm, Gscheid oder faul ist,
es war alles egal. Hauptsache mir kummt in des Auto rein und aus dem Land raus. Es war noch etwas Dummes an der Liebesgschicht. Zu 90% kamen nur Buwe aus Deitschland mit dem Auto.

Die Mädle han do nicht so Interresse kat an den Kreitzfahrten in den Kommunismus und so sind ahn Mädl nach dem anderem in de Westen gezogen, mit dem Auto.
Es war immer Liebe auf den ersten Blick. Wer drin gsitzt hat war egal, Hauptsache es Auto ist gerollt. Rost hat mer nit gewusst was des ist und a nit dass des Auto die Umwelt verschmutzt. Heit gibt es die Liebesautos nicht mehr, eigentlich schade, die Paare lewe awer zu 80% glicklich zusammen und denke vielleicht zurück an ihre Auto.

Kurzschlus im Schwowehirn

Ja so mancher in Amerika bei Holiwood hat so was schun erlebt, ich noch nicht bis heit Nacht. Ja do bin ich im Traum ufgstan und han a Gedicht ufgsaht wie in der Schul vor 40 Johr, wie se mich zum Pionier befördert han. Leit, ich muss eich san, des war wie damals: Sechs Woche lang hab ich des Gedicht auswentich lerne misse und jetzt hab ich noch vierzig Jahr es im Beet ufgsat, dass meine Frau de Sanka anrufe hat mechte.
So hat die Angst bekomme.

Friedenslied der Pioniere

Auf ruhmreichen Pfaden führst du, Partei
Ein ganzes Volk zu glücklichem Sein.
Unter dem wehenden Banner, das du gehisst,
Wachsen wir Kinder in den Frieden hinein.

Wir senden euch, Kinder der Welt, aus dem Land des Friedens,
Aus dem Land der Würde den Bruderkuss:
Das Licht der Gerechtigkeit sei euch beschieden-
Dies ist der Kinder Rumäniens Gruß !

Uns bürgt für eine große Zukunft,
Die heut schon anbricht, die Partei;
Mit unserer Pionierzeit wird entschieden,
Da? Stämmig gerad das Morgen sei.

Drei Namen führen unter rotem Banner.
Was hier das Volk erkämpft hat, fort :
Partei, Ceausescu, Rumänien-
Wir nennen sie in einem Wort !

Und wir, die Kommenden, den Vaterland ergeben,
Sind so, wie sie es uns gelehrt,
Die Kommunisten, ihre Meisterwerke
Sind uns als Vorbild unseres eigenen Lebens wert.

Ja was hascht du es grüne Tuch mit dehne Edelweiß am Hals, hat se gschrie. Bischt jetzt ganz verruckt war? Ich bin ufgewacht und han gschwitzt, dass es Wasser mir in der Glaze gstande ha. Ja bei so am Gedicht ist es jo ka Wunder, wenn mer do schwitzt und des grieni Tuch des han ich sicherlich verwechselt, da in der Nacht ali Kih schwarz sind.

Die Attila Schlacht

Ja liewi Leit, habt ihr so etwas schun gehört, der Attila war doch a Hunnen Führer und die Hunnen waren tapfere Reiter. Die ersten Reiter die im Reiten auch schossen mit ihren Bögen.
Ja aber so hat eine meiner Tanten die Schlacht getauft. die Zwiewellenibas, ihr Spitznahme im Dorf. Ihr Bruder war so gescheit. Dass er mit Werner von Braun bei der V1, V2 und beim ersten bemannten Raketenstart in Stuttgart dabei war, nachher war er in Amerika als Wissenschaftler bei der NASA. Ja unsere Banater Schwowe trefft man überall in der Welt!
Die Lenibas hatte a Schubkarren aus Holz und fuhr mit Ihren Zwiebeln drei Kilometer an die Bahn nach Königshof, um die Zwiebel in der Stadt zu verkaufen. So kam sie zu ihrem Spitznahmen. Der Schubkarren quietschte ganz langsam quietsch, quietsch, quietsch.
So war die Leni bei uns am Abend um sechzehn Uhr, als mein Alter von der Arbeit kam. Er machte den Kessel voller Wasser und sagte, heute schlachten wir die Sau. Ich dachte mir gleich, der spinnt mal wieder. Er ging aber bis ins Wirtshaus und ich blieb beim Feuer am Kessel, der im Hof stand, in einem Kesselhaus aus Blech.
Als er zurückkam kochte das Wasser im Kessel und er lief zum Schweinestall, die Leni und ich auch dabei. Die Leni hatte die Schüssel und das Messer in der Hand.

Ich merkte schon, er war mal wieder stinke besoffen, holte sich im Wirtshaus noch den letzten Schluck.
Das Schwein lief umher wie angebrannt, es roch, was wir vorhatten mit ihm. So stieg mein Alter in den Stall und nahm die Sau raus, die so an die hundertdreißig Kg wog.
Die Sau entwischte ihm und rannte auf den Kessel drauf los. Zwischen Kessel und Sau stand aber die Leni, mit ihren langen schwäbischen Röcken. Die Sau nicht faul, rannte der Leni zwischen die Beine, unter die Röcke. Verfing sich da im Dunkeln und lief mit der Leni durch den Hof. Die Schüssel ist im hohen Bogen weggeflogen. Die Leni war a dicke Frau, so fing sie sich am Schwanz der Sau mit einer Hand und das Messer in der anderen. Die Sau machte einen Sprung in die Schlachtwanne und die Leni fiel herunter, mit dem Messer auf die umgefallene Sau und traf im Dusel direkt ins Herz. Die Sau war auf der Stelle tot.
Ich musste nur mehr das Messer herausziehen und der Sau ihre Ohrwaschel suchen, in den Röcken der Leni, damit sie richtig in der Wanne lag. Ich war erst fünfzehn Jahre alt. Mein Alter ging ins Zimmer und suchte einen Platz auf dem Kanapee. So machte ich mich an die Arbeit und verarbeitete die Sau bis am Abend um zehn Uhr. Ja danach sagte die Leni, dass sie die tapfere Frau war, denn anders hätte die Sau sicher den Kessel umgerannt und sie nannte die Schlacht, Attilaschlacht, nach dem berühmten Hunnenkönig

Polki beim Fischen

Es war ein schöner Tag und ich hatte nichts zu tun. Somit beschloss ich mal wieder zum Fischen zu gehen, nahm mein Angelzeug in den Fahrradwagen und raus an den Fluss. Es lief nichts, nur kleine Fische, die mir die ganzen Würmer wegfraßen, somit hatte ich nichts mehr dabei, um auf den Angelhaken

zu geben, wie mein Essen. Ich schaute mal nach, was so noch da war, ein Stück donauschwäbische Bratwurst. Ja, versuchen kann man es ja, mehr wie nichts fangen, kann ja nicht geschehen.
Gesagt getan, Bratwurst drauf und Angel rein. Es dauerte nicht lange, da merkte ich, dass etwas nicht in Ordnung an der Angel ist. Auf einmal läuft die Schnur und ich habe sofort dagegengehalten, endlich mal ein Fisch!
Da zog ich ihn heraus, ohne Gegenwehr, einen Stör mit einer Länge, so an die ein Meter lang.
Dann schaute ich auf den Haken, der war leer und die Bratwurst weg, der Fisch hatte sich an der Schnur festgebissen. Ich dachte, das kannst du niemanden erzählen, das glaubt dir kein Mensch. Da wollte ich die Angel wieder rein werfen und hörte eine Stimme: Hast noch von der Bratwurst? Ich glaubte ich hör nicht gut, schaute mich um, keiner da.
Auf einmal hörte ich wieder: Hast noch Bratwurst, in unserem Dialekt von daheim.
Ja sicher, habe ich noch Bratwurst, schmeckt sie dir? Ja, sagte er, meine Eltern stammen aus dem Banat und haben dort die Bratwurst kennen gelernt und mir immer von der guten Bratwurst erzählt. Da sagte ich zu ihm, möchtest du zurück ins Wasser? Da sagte der Fisch, wenn du so lieb bist, hab ich nichts dagegen. So nahm ich ihn und warf in ins Wasser und sagte noch: Wenn ich Fischen komme, bringe ich dir immer ein Stück Bratwurst mit. Ich hab noch paar Freunde, den Seppi , Moli, Genu, die, wenn sie kommen, sind sicher bereit dir auch eine Bratwurst mitzubringen. Ja seitdem kommt der große Fisch immer ans Ufer zu mir Bratwurst essen.

Die UTC Sitzung von 1978

Ja, mir in der Tehnometal waren a lusticher Haufe, do war jede Tag was los. Ja paar Beispiele .
Der ahne hat newer am Meister seinem Büro jede Tag Milch getrung und war um 10 Uhr schun besoffen, dann hat der Ingenieur gesagt: Ich han ne schun de ganze Morgen verfolgt, er hat doch nur Milch getrung, wie ist der iwerhaubt besoffen? Ja der Schnaps war nur weiss gefärbt mit der Milch.

Oder die Deitsche han bei der Europameisterschaft im Halbfinale 3-2 gewonnen und ich bin nach dem Spiel in die Nachtschicht, do han ich so viel vum Fußball de Kollegen erzählt, dass ich a zwei Tonne schwere Platte vun der Fräsmaschine herunter geworfen hab, weil ich nicht bei der Maschine war und der Fräskopf uf emol gleich 30mm uf emol über die Linie gfräst hat.
Des a gschepert in der ganzen Halle, lauter wie am Dieter Müller seine Tore. A awer in der Gschicht geht es um a Arweiter, der a bisserl behindert war, es war nämlich a ganz nette Buh, gross und stark, awer er war a biserl behindert.
So hat er angfang in der Halle jedem zu erzählen, dass er a Blasmusik bei uns bei der Tehnometal ins Leben rufen mecht, mit den Kindern deren Eltern die hier im Betrieb arbeiten und wenn der Nikolaie Ceausescu kummt, unser Staatspräsident, no mecht er ihn empfangen mit Pauken und Trompeten. So etwas hat der sicher noch nie erlebt!
Ja zu mir ist er jeden Tag kumm und hat mer die Gschicht erzählt und ich hab ihm noch Mut gemacht und gsat: Du des ist doch a super Idee, des finde ich Klasse! Der Vetter Hans hat gsat, last denn Buh in Ruh, der ist doch verruckt.
Jetzt han mir mol so a UTC Sitzung gehabt, ja do waren alle Jugendliche vum Werk vertreten, so an die zweihundert Menschen. No steht unser Ion auf und schlat am Parteisekretär des mit der Blasmusich vor. Ich kann eich saan ich han in meinem Leben selten mehr gelacht mit Tränen, wie in dieser Sitzung. Die Gewählte vorne han gar nicht gewisst, was se sage solle, im Grunde genommen war es ja super, was der Kerl hat wolle mache, awer weil er behindert wor, han sie nicht gewisst wie druf zu antworten. Der Parteisekretär hat versucht ne zu beruhigen, awer unser Ion hat nicht noh gin und ist immer wieder ufgstan und hat des Thema vun neuem angfang. Es Sall hat sich gekrümmt vor lache, ich muss heut noch driwer lache, wenn ich nur drohn denk.
Ja was sagt uns das, das auch im Banat die Kommunisten nicht uf alles a Lösung hatten.

Ich erzähle euch hier eine Geschichte, von einem behinderten Menschen, der mehr geleistet hat wie einer sich nur vorstellen kann. Diese Geschichte zeigt auch wer und wie wir Banater Schwaben waren und sind.

Unser Seppi war der Größte!

Ja, der Seppi, das war ein ganz gescheiter Bub, durch seine Behinderung hatte er es sehr schwer im Leben . Das war bei uns in Blumenthal nicht so wie heut in Deutschland, dass man für die Behinderten alles macht und regelt. Ich habe ja euch schon einiges von der Familie erzählt, so waren wir immer froh als Kinder, wenn wir dem Seppi durften zuschauen im Kollektiv,
(Landwirtschaftliche Produktionsgenossenschaft) wie er die Wagen und andere Maschinen reparierte und uns nebenher Witze erzählte, von Deutschland, über Fußball u.s.w
Die Stunden werde ich nie vergessen. Sogar am Nachhauseweg ist er stehen geblieben und hat sich mit den Kindern und Jugendliche unterhalten.
Ihr merkt ja in meinen Erzählungen, dass ich so schnell niemanden lob, aber der Seppi, der hat das Lob verdient. Er spielte Akkordeon und schlug die kleine Trommel bei der Blasmusik im Dorf, so noch nebenbei.
In den 70er Jahren wurde bei uns sehr viel Drahtzaun gemacht, mit der Hand (eine Vorrichtung mit der man den Draht hinein kurbelte und so an die 3-4 Meter Maschendrahtzaun am Tag machte.) Seppi machte sich eine Maschine mit Motor und machte den ganzen Winter Maschendrahtzaun für alle umliegende Dörfer. Ja so war der Seppi.
Die Pferde Wagen hat er geschmiert und repariert im Winter, so dass im Frühling, wenn die Arbeit los ging, alles in perfekter Ordnung war und das ganze Jahr einwandfrei lief.
Was haben die Mitarbeiter geschimpft, ja jetzt tut er schon einen Monat am Elevator (Transportband für Maiskolben) umherschrauben und ist noch immer nicht fertig. Als er in den 80er Jahren starb, hat man nach seiner Zeit, keinen ganzen Pferde Wagen mehr gefunden, alles war hin! Der Elevator lief nicht mehr, nichts war mehr los, das bittere Ende nahte. An allen Ecken und Enden fehlte unser Seppi.
Ja so kam ich auch in das schöne Deutschland, von dem wir immer dem Seppi erzählten. Der Seppi sagte immer: „Wisst Ihr Buben, die Deutschen sind so gescheit, die machen aus einem Scheißdreck eine Peitsche, die sogar noch knallen kann."
Da war bei mir in der Weltfirma ein Problem, wir montierten so an die 5.000 Teile pro Jahr und bauten 50-80 % wieder auseinander, dass ich auf einmal nicht mehr wusste, sind wir bei den Schildbürgern oder in Deutschland !

So nahm ich nach 10 Jahren Kontakt mit dem Scheff von der Kontrolle auf und ließ mir die ganze Problematik erklären. Es stellte sich heraus, dass einige Teile im trockenem Zustand diese Produktionsmängel hervorrufen.
So erzählte ich ihm die Geschichte vom Seppi und den Pferdewagen. Wir montierten ab sofort alles mit Öl und siehe da, kein Ausschuss mehr!
Ich habe jetzt mal zum Spaß zusammengerechnet, was der Seppi, diesem Weltkonzern jedes Jahr einspart an Nacharbeit, Reparatur und verlorenen Stunden. Insgesamt kam ich auf eine Summe von 500.000.- € (Fünfhunderttausend). Nicht das ihr meint ich habe zu viele Nullen gemacht, nein das ist vielleicht noch zu wenig gerechnet. Aber, dank Seppi läuft die Produktion auf Hochtouren in diesem Weltkonzern!
Seppi ich werde dich nie vergessen, dein Polkakenich.

Schule bei den Schwaben im Banat

In Blumenthal waren 8 Klassen in deutscher Sprache in allen Fächern und Rumänisch als Fremdsprache von der ersten Klasse an. Ja so ungefähr wie bei euch war es auch bei uns, erzogen wurden wir als Nazis. Meine Großmutter sagte immer, wenn einer mit einer dunklen Hautfarbe kam: Dude la Dragu, dude, dude. (Geh zum Teufel, geh, geh).
Die Rumäner sah ich als minderwertige Nation an, sowie der Großteil der Deutschen Bevölkerung heute. Für das Deutsche Reich hätte ich mein Leben gegeben.
Im Schulgebäude waren auch vier Klassen Rumänisch in einer Klasse! Der Kontakt war nicht allzu gut, auch aus rassistischen Gründen. Die sagten Neamt, wir sagten Zigan.

Nur in unserer Straße wohnte eine rumänische Familie, die wurden Integriert, sie sprachen Deutsch wie wir und waren auch beim Kirchweihfest dabei, so war es auch in vielen anderen Straßen und Ortschaften.
In der Schule war ich nicht dumm und nicht gescheit, aber wir hatten viel Spaß in der Schule. Ich habe insgesamt zwei Tage gefehlt wegen Krankheit. Schule schwänzen, das gab es in unserer Ortschaft nicht. Arbeiten bei den Seidenraupen und bei der Maisernte das war immer Gaudi pur, mit den Mädchen auf die Bäume klettern und Blätterpflücken oder einer hakte auf dem Feld die Rüben mit dem Albatros Radio voraus und wir im hinterher, bei Musik Radio Temeschwar!
Über die Lehrer möchte ich nicht schimpfen, die haben auch Ihre Arbeit getan wie ich jetzt auch. Klarinette habe ich auch noch spielen gelernt, damit ich nicht Tanzen muss auf der Kirchweih mit den Mädchen. Vor dem habe ich nämlich richtig Angst gehabt.
Wir waren eine Knaben Kapelle, die nach dem Jahr 1969 die Leute bis nach Maria Radna mit Musik begleiteten, durch alle Dörfer.
Kirchliche Marsch Musik, mein Erlebnis, das mich damals prägte bis heute: „In Neudorf, eine Ortschaft vor Lippa, kam eine rumänische Frau auf uns zu und küsste den Herrgott!“ Für mich ging die Welt unter: Ja das sind doch lauter Verbrecher, die Rumäner und jetzt küsst die unseren Herrgott?
Nur in der Stadt sollte ich die Aufnahme Prüfung auf Rumänisch machen und kannte diese Sprache doch gar nicht. Nach meiner Zeit wurden sogar Aufnahmeprüfungen in Deutsch zugelassen. Ich hatte Glück, die Mathe Lehrerin war eine Deutsche und die fragte mich dann auf Deutsch.
Ich lernte den Beruf Fräser und arbeitete in der Tehnometal (Kettenfabrik) neben der Elektromotorenfabrik.
Meine Erlebnisse in der UMT Schule waren grausam, ich sollte die Klasse wiederholen. Im zweiten Lehrjahr bin durchgefallen im Fach Politik, Zeichnen, und Sport, der Sportlehrer war mein Klassenlehrer und hat mich durchgelassen, so machte ich die Nachprüfung bei den anderen zwei Fächern. Die bestand darin, dass wir die Bänke in den Klassen in Ordnung brachten und Aufräumten!
Ich hatte mal keine Krawatte, da kam der Parteisekretär und sagte: „Alle die keine Krawatte haben, sollen am Sonntag mit den Eltern in die Schule kommen!“ Da kam ich mit meinem Vater und der Parteisekretär sagte zu meinem Vater, was für einen Flegel er großgezogen hat, einen Mistkerl der übelsten Sorte.

Ja vielleicht hatte er gar nicht so unrecht, denn ich habe auch mitgewirkt dem Staat das Genick nachher zu brechen!
Ich musste noch einmal mit meiner Mutter zur UMT, wo mein Klassenlehrer Balgu mich zur Sau machte, am Eingang vor allen Leuten! Ja aber ich hatte viele Freunde, auch Rumäner, Ungarn, Russen und Serben, da habe ich die Welt mal anders gesehen, wie nur in meiner kleinen spießigen Ortschaft. Nein nicht wie vielleicht ihr jetzt denkt, ich liebe meine Ortschaft. Aber so war es.
In unserer Ortschaft waren sehr gute Beziehungen zu den rumänischen Familien und die bestehen heute auch noch. Ja die Rumäner haben Kirchweih gemacht , ohne uns nach 1990!

Der Polkakenich im Paradies

Ja so schnell kann es gehen am Owed hab ich mich noch ins Bett gelegen und mei Aldi hat noch Ihre Predicht kalte, was ich so alles falschgemacht han am Tag und was ich nicht gemacht han. No han ich mich umgedreht im Bett, mim Buckel zu meiner Aldi und han ahngfang zu schnarche.
Da meine Aldi in der Nacht alli Fenstern und Türen aufmacht, dass se frische Luft bekommt, denn ich hab sehr starke Schweißfüße, so ist a Engel herein geflogen und hat mich mitgenommen. Ja mit einer Plasmaübertragungsmaschine sind unsere zwei Seelen gflogen unf eneer Autobahn im Weltall. Das hat nur so wusch wusch gemacht wie meer an deene Planete vorbeigflogen sind bis in ein Schwarzes Loch.
Ja libe Leser, was soll ich eich do noch erzähle: Des Paradies schaut genauso aus, wie bei uns auf der Erd. Ja das Paradies ist nur tagsüber belebt, da dann alle von der Heel (Hölle) komme zum Schaffe. Zurzeit haben sie ein Riesenproblem im Paradies und einen Mangel an Schutzengel.
Da, mit der heutigen Entwicklung der Erde man sehr viele Schutzengel braucht. Die misse als drei vier Schichte hintereinander schaffe, da kein Ersatz Personal do ist. In der Nacht ist nur der Nachtswächter im Paradies. Die Häftlinge, also die vun der Heel, die baun des Paradies genauso, wie uf der Erd auf. Do gibt's den Eifelturm und die Freiheitsstatue vun New-York auch unser Banat steht do mit der Bega und der Marosch, so han ich mich als richtige Schwob gleich uf der Weg nach Blumenthal gemacht.

Ja was meent ihr wer do gschaft hat: De Pfarrer mit seiner Kechin, der Bürgermeister, der Preschedinte vum Kollektiv. Die ganze Angestellte vun der Ferma des Rathaus, ja do war so zu sage es ganze Dorf beim Schaffe. Nur meine Uroma, die mit deene rote Haar war nit do, die war gerade im Einsatz als Schutzengel in China. No han ich mol den Engel gfrot: Ja wie ist die nicht in der Heel, die hat doch bis in der früh um 6:00 Uhr uf der Kerweih getanzt und sich nicht um ihre Kinder gekümmert und so oft „noch mal geruft", dass die Musikante schon a rotes Gsicht bekamme. Ne hat der Engel gsat, des sind ka Sinde, wenn mer luschtich ist. Sinde sind des: „Wenn mer ens sagt und es andere macht!" Fremdgehen ist auch ka Sind, da es ja nur Freude macht. Nur Fremdgehen und es seinem Partner verheimliche, des ist a Sind.
Ja der Adolf war auch do, als mohler, der hat gerade die Kerch renoviert und der Stalin hat uner am Tach am Rackikessel gschaft. Unser Ceuaucescu der hat als Furman gschaft und seine Elena hat den Schlam für die Kotschsteine angmacht. Neunzig Prozent vun der Katholischen Pfarrer waren wegen ihrer Köchin in der Heel und die anderen zehn wegen Männer Geschichten. Ja die wu alli gspendet han Millionen für die Armi Länder, die ware a alli am Tag do, da des gespendete Geld ales gestolle war! Und die grosse Wissenschaftler, die wu Waffen gebaut han, ware a alli do, mit den Militäradaschees und Ministern beim Schaffe am Tag. In der Nacht sind die Engel eingflogen zum schlofe, so war da auch Ruhe, keine Musich und keine Polkas, do han ich zu dem Engel gsaat : „Du farscht heit noch zuruck?" Ja hat er gement. Do for ich mit, ich will noch a biserl tanze, denn do ist mer es zur Zeit zu langweilich. So hat Er gement: Gut dann hol ich dich mit zurück.
Wie mer am Bett ankumm sind, do wor der Sanka do und die han nur mehr Wiederbelebungsversuche gemacht mit meinem Körper. Mei Aldi hat gweind und hat gemeent: „Der wor doch so gut zu mir!" Ja ich glaub, die hat den Owed vergese ghabt?
Meine Kinder haben herumtelefoniert, dass ihr Vater gstorbe sei heute Morgen, in ganz Süddeutschland und Rumänien. Meine Schwiegertochter hat gement: „Last ihr ihn verbrennen?"
Der Sportverein hat schon die Grabrede gschriewe gehabt mit schleimiger Tinte. Mir ist ganz übel geworden. So bin ich in mein Körper rein, han mich amool gstreckt und han dem Wiederbelebungsmeister a Ohrfeig verpasst und ihn angschrie, dass zwa gebrochene Rippen reichen. Mei Aldi war Glicklich! Wie lang des anhalt, las ich mich mol iwerrasche.

Kriminalgeschichte mit der Oma

Mordanschlag mit einem Bäckerkipfel.
Ein Krimi ist ein Dreck gegen die wahre Geschichte, die ich euch jetzt erzähle werde. Meine Großmutter ist in ein Pflegeheim gekommen, somit habe ich mich auf die Socken gemacht und habe sie besucht. Sie hat mir gesagt, Polkakenich, nimm mich hier raus, du hast es mir doch versprochen. Dies belastet mich noch heute, aber zum Thema.
Die Frau war lebhaft so wie ich und war jede Nacht lebendig, In der Früh hat sie immer gemeint, wie gut sie geschlafen hat.
Nach einem Monat habe ich sie wieder besucht, und was war, meine Oma hat mich nicht mehr erkannt, hat auf einem Stuhl gesessen, war angeschnallt mit einem Riemen und hat in ein Loch geschaut und nicht muh und nicht mee gesagt. Ich war geschockt!
Meine Frau hat für sie Kuchen mitgenommen. Was wohl? Bäckerkipfel! Ja so hat sie eben versucht die Oma mit den Bäckerkipfel zu füttern und wie es der Teufel will, hat sie sich an einem Bäckerkipfel verschluckt. Ja was war zu machen? Wasser half nichts. Ja hol sie raus aus dem Stuhl, geht nicht, sie hat die Augen verdreht. Ich renn raus um eine Schwester zur Hilfe zu holen, vergebens. Niemand da, wie nur alte Leute, die mich angeschaut haben, wie eine Kuh vor dem neuen Tor. Alle plem, plem! Was machst jetzt? Ich renn in den anderen Stock, auch nichts! Ja ist sie schon tot habe ich mich gefragt. Wer wird da die Schuld bekommen? Meine Frau? Kommt sie hinter Gitter wegen dem?
Alles ist mir durch den Kopf gegangen.
Als ich zurück kam, hat Gott sei Dank meine Frau es geschafft sie sie zu retten. Ich wünschte mir damals es wäre anders gekommen, nicht wegen meiner Frau, wegen meiner Oma.
Sie lebte noch zwei Jahr wie eine Mumie in dem Heim. Für mich war sie tot. Jetzt erlebte ich das gleiche, nach fünf Jahren mit meiner Schwiegermutter zu Hause. Nach einer Woche Krankenhaus wegen eines Bruches, kommt sie nach Hause und ist in ihrem Bett vollgestopft mit Tabletten, spricht nur mehr Hochdeutsch und sieht den ganzen Tag Katzen im Baum.
So meinte meine Frau, wir lassen die Tabletten weg und ruck zuck war die Schwiegermutter wieder gesund.
Ja noch ist mir eingefallen, wie es war mit meiner Oma und den anderen Menschen im Pflegeheim.

Die wurden ruhig gestellt und voll gepumpt mit Tabletten, so dass sie ihre Verstand verlieren und dahin vegetieren, damit die Ärzte eine hohe Pflegestufe dem Pflegeheim verschreibt und das Bruttosozialprodukt stimmt.
Gewinn Maximierung heißt dies auf Deutsch und Betrug an allen Krankenkassen!
So sagte ich zu meiner Frau, wenn das nächstes Mal eine höhere Pflegestufe für die Mutter möchtest, verpass ihr eine Woche vorher die Tabletten oder so ein Pflaster mit Morphium, denn sonst sagt die Mama alle Geburtstage von ihren Kindern, der Ärztin auf.
Da habe ich mich erinnert an daheim, dass bei uns im Banat die Menschen sehr oft bei vollem Bewusstsein gestorben sind und nur selten ihren Verstand verloren haben.
Ja, sogar die Raki Flasche haben sie noch verlangt vor dem letzten Augenblick. Da sieht man jetzt wie die moderne Welt aus alten Menschen ein Geschäft gemacht hat, wo man damit reich wird. Auf Kosten der Omas und Opas wird mit ihrem Körper Geld verdient, in dieser zivilisierten Welt.

Die Brombeermarmelade

Ja habt ihr schon mal eine Marmelade gekocht, sicherlich, werden viele von euch antworten mit: „Ja, das kennen wir doch!" Aber wie man so etwas wissenschaftlich macht, wissen sicherlich wenige von euch, darum auch die Aufklärung von mir in dieser Geschichte. Meine Frau war mal wieder nicht zu Hause und ich hatte Frühschicht. Da kamen mir so seltsame Ideen in den Kopf und ich fing an zu zaubern und zu experimentieren. Ich hatte im Garten in der Früh wunderschöne Früchte gepflückt: Stachelbeeren, Himbeeren , Brombeeren und Johannisbeeren. Somit blieb mir nichts anderes übrig, als die Früchte sauber zu machen, damit meine Frau, wenn sie nach Hause kommt, Marmelade kochen kann. Ja, das ist alles schnell vor sich gegangen. Ich habe auch einen Entsafter zur Hilfe genommen und die Säfte von den ganzen Beeren gesammelt. So dachte ich mir, warum soll ich auf meine Frau warten, mach es doch selber, wenn die liebe Frau von der Arbeit nach Hause kommt, ist alles fertig und sie kann sich ausruhen. Gesagt, getan. Jetzt brauchte ich nur noch Infos, wie man so eine Marmelade überhaupt kocht und was da alles reinkommt.
Ich habe alle Kochbücher vom Regal genommen und nach Marmelade gesucht. Da gab es verschiedene Sorten von Marmelade: Gelee, Konfitüre und Marmelade, im Grunde genommen immer dasselbe, auf einer anderen Art zubereitet. Die Haltbarkeit dieser Marmeladen hängt davon ab, dass die Gefäße tadellos sauber sind. Ja, so blöd, dachte ich mir, bin ich auch nicht, ich werde ja keine frisch gekochte Marmelade in ein nicht ganz leeres Senfglas geben. Mein Glück war, dass die Gläser von meiner Frau alle schön gesäubert im Abstellraum standen. So dachte ich mir, gehst die ganze Marmeladeherstellung mit wissenschaftlichem Grundwissen an, damit es eine Marmelade gibt, wie wir noch keine hatten.
Pektine sind normalerweise wie das Salz in der Suppe, bei einer Marmelade. Ja, als besonders pektinreiche Früchte gelten Stachelbeeren, Preiselbeeren, Johannisbeeren, Quitten und der Saft von unreifen Äpfeln. Stachelbeeren und Johannisbeeren habe ich gehabt, somit bin ich noch einmal in den Garten und habe ein Kilo grüne Äpfel genommen, zum Entsaften. Ja, so hatte ich eine Suppe der besonderen Art.
Auf 500 Gramm Saft kommen 375 – 500 Gramm Zucker, so dachte ich mir, kaufst gleich Gelierzucker, dann bindet alles noch besser. Gesagt, getan! Jetzt hatte ich einen Eimer voll Saft mit Zucker.

Das kann ja was werden, bis wann bin ich da fertig? Habe den Ofen auf maximale Stärke eingestellt und gleich zwei Ringe auf einmal angemacht, so dass ich in zwei Bratpfannen gleichzeitig Marmelade kochen konnte. Immer einen Suppenschöpfer voll in eine Pfanne und rühren, mal in der einen, mal in der anderen Pfanne, damit nichts anbrennt. Bis der Schaum sich verkocht hat und es eine Masse wird, die beim Probieren auf den Küchenfliesen nicht mehr hinunterläuft, sondern kleben bleibt. So sieht man, dass die Marmelade fertig gekocht ist. Das ist auch ganz prima gelaufen, obwohl die Fliesen alle dunkelrote Streifen hatten, von meinen Experimenten.
Die Gläser waren am Ende voll mit einer fantastischen. herzhaften Marmelade, die wunderbar glänzte, wie ein Korallenrief in der Südsee und den Duft der Früchte verbreitete, wie im Paradies unter dem Adam seinem Apfelbaum. Rubinrote Farbe, das ist einmal eine Marmelade. So etwas hat meine Frau noch nie gemacht. Ich war richtig stolz auf meine Leistung. Am Abend kam ich von der Arbeit nach Hause, da war meine Frau auch schon in der Küche und hat auf mich gewartet. Ja, dachte ich überglücklich, so ist das Leben schön, glücklich und zufrieden, was wünscht man sich mehr auf dieser Welt.
Ich glaube zufrieden war nur ich. Als ich sie sah, hatte sie runde leuchtende Augen, wie eine Raubkatze auf nächtlicher Jagd und ein rotes Gesicht wie eine feuerrote Tomate. Ja was ist los, getraute ich mich noch zu fragen und schon kam ein Donnerwetter aus der Küche, als würde die Welt untergehen. Was hast du heute schon wieder angestellt? Ja, was denn mein Schatz? Ich habe Leckes (Bruckenau- Marmelade) gekocht und wollte dich überraschen. Ja, du hast mich überrascht! Die zwanzig Gläser sind wunderschön gefüllt mit Marmelade, aber, wer die da herausbekommt, ist die Frage. Die Marmelade ist nämlich steinhart. Die bekommt man nur mit einem Beil heraus oder wenn das Glas zerbricht, anders hat man keine Chance. Ja, sagte ich. Vielleicht geht es mit der Bohrmaschine, da gibt es eine Vorrichtung um Löcher ins Holz zu bohren. Dann ist meine Frau explodiert!
Das möchte ich jetzt nicht weiter beschreiben, so etwas passt da nicht rein. So hat mein Experiment doch gewirkt. Die Pektine haben alles so gut gebunden, dass die Marmelade über Jahrhunderte hält. Ich habe am nächsten Tag alle Gläser eingegraben, damit man noch nach tausend Jahren sehen kann, was für Marmeladen die Menschen im Jahr 2020 gekocht und von was sie sich ernährt haben.

Sicher war das ein großer Beitrag für die Wissenschaft des dreißigsten oder vierzigsten Jahrhunderts.
Jetzt werdet ihr sicherlich fragen: Was ist mit den Fliesen in der Küche geschehen? Die haben noch immer einen Hauch von dunkelroten, Korallen ähnlichen Einprägungen. Viele Gäste haben schon nachgefragt, ob dies Kunstfliesen sind und wo man solche bekommen könnte. Darauf sagt meine Frau immer trocken: Im Kochbuch, gibt es so etwas als Rezept.

Meine Frau verloren!

Ich war heute mit meiner Frau einkaufen in der Stadt und wie die Männer schon sind beim Einkaufen, werden sie sehr schnell ungeduldig. Ich ja nicht, aber meine Frau sagt immer: „Steh nicht so blöd da rum!" Da habe ich gemeint: Ja was soll ich auch einen Brusthalter oder eine Tanga probieren.
So habe ich gesagt: Weißt du was, ich geh in die Sportabteilung und Du kannst einkaufen so lange du willst und hast die Ruh von mir. Beide waren wir glücklich und gingen zum Schoppen auf gut Deutsch. Meine Frau mit der Brieftasche und ich mit den Händen in der Hosentasche. Der Verkaufsladen war proppe voll von Leuten, denn es gab Prozente, 10,20,30 % auf alle Artikel. Da kommt eine bildhübsche Verkäuferin zu mir und fragt ob sie mir helfen soll.
Ich war überglücklich, dass sie mich angesprochen hat und habe gesagt: ja sicher brauche ich Ihre Hilfe, ich quäle mich schon eine halbe Stunde die 30% auszurechnen. Ja, hat das Fräulein gemeint, ich nehme gleich den Taschenrechner. Sie kam dann auch schnell mit einem Taschenrechner und hat den Preis ausgerechnet. Dann habe ich ihr gesagt, es ist ja umsonst, da meine Frau die Brieftasche bei sich hat und ich das kaufen würde, nur dann, wenn es umsonst wäre. Froh war die nicht mit der Antwort.
Dann ging ich meine Frau suchen, um nach Hause zu fahren. Ja such in dem riesengroßen Laden nach deiner Frau? Nix war zu finden, Rolltreppen hoch, Rolltreppen runter und das einige Mal, somit habe ich auch immer das Stockwerk umrunden müssen, da die Rolltreppen so laufen, dass man immer im Stockwerk eine Umrundung machen muss. Nach einer Stunde Suchen, war ich so müde, dass ich mich einfach in einen Stuhl bei der Unterwäsche Abteilung hin gesetzt habe.

Da kam auch schon eine Verkäuferin und stellte sich vor mich mit großen Augen und sagt: Müde was? Nein sage ich, ich würde wegen Ihrer Schönheit den ganzen Laden leer kaufen, aber die Brieftasche ist bei meiner Frau. Die Verkäuferin war überglücklich und ging lachend fort.
Ja aber meine Frau war jetzt schon zwei Stunden verschwunden, nochmal eine Runde und da fragt mich eine andere Verkäuferin ob ich was Bestimmtes suche?
Meine Antwort : Ja, ich suche die schönste Verkäuferin in diesem Laden !
Nach drei Stunden gab ich es auf. Was war zu tun? Mein Handy war zu Hause. Dann kam mir eine Idee, ich ging zu der Kasse und sagte, kann ich eine Durchsage machen, da ich meine Frau verloren habe und sie seit drei Stunden suche?
Ja, kein Problem, sagte die Verkäuferin und ich fing an zu sprechen:
Liebe Elisabeth, ich liebe dich noch immer wie vor dreißig Jahren, wenn du mich auch noch liebst, bitte komm an die Kasse Nummer 19, da warte ich auf dich, um dir zum Namenstag zu gratulieren.
Ich sage euch, als die aufgetaucht ist an der Kasse, die hat mir gratuliert....

Vetter Jergel sei Niss !

De Vetter Jergel hatte newe seinem Haus a scheene Nussbaam . Der Nussbaam hate jedes Jahr sehr viele scheene Niss (Walnüsse), awer wie des schon is im Lewe, was scheen ist gfallt andere ach und so ware die Rame (Krähen) immer vor dem Vetter Jergel uf em Boam die Nüsse zu ernten.
Das machte unseren Vetter Jergel fuchsteifel wild und er iwerlegt die ganze Nacht was er gehe die Rame tun kennt. Do ist es ihm ingfall , dass a tote Ram andere Rame erschrecken könnte und so sie sich fern halten vun seinem Nussbaum, denn die Rame sind gscheide Viecher.
Nur vun wu e tote Ram jetzt im Herbst her zu bekomme , wu die doch nicht so anfach zu fange sind. Nochmals iwerlegt er in der Nacht und dann ist ihm a Idee eingfallen. Er hat am Morjet als er die Hühner vum Stall raus gelost hat, es erscht beschti Huhn erwischt, hat es gschlachtet und dann mit schwarzer Schuhcrem eingfärbt, sodass es aus gsiehn hat wie die schwarze Ram !
Er nahm a lange Stang und hing des Huhn in den Nussbaum seine Baumspitze.

Die Rame haben schun vun weitem des schwarze tote Tier gsehn und han a grosse Boge um em Vetter jergel sei Nussbaam gemacht. Seiner Frau, der Evi Baas ist es aufgfall, dass ihr bestes Hingel (Huhn) im Hof fehlte und hat am Mittag de Vetter Jergel gfrot, ob er nit des Hingel gsehn hat vielleicht, wu im Garte ? De Vetter Jergel hat gement, er hatt des Hingel heit de ganze Tach noch nit gsiehn, wer weiss , vielleicht hat heit Nacht der Fuchs es gohlt !
In der Nacht ist Regen Wetter gekommen und am nächste Morjet ist wieder wie jede Morjet vun hiner der Nussbaum die Sunn uf gang. Da schaute die Evibass in die Sunn und sieht iwer dem
Nussbam an ahner Stang ihr weises Hingel hänge. Sie rief sofort den Vetter Jergel vum Haus raus und schrie: Schau bei uns hänge die Fichs,

die Hingle in de Boam, weil se ka Hunger
han uf Hingelfleisch und liewer jetzt Niss esse !
Am Vetter Jergel (Georg) blieb nichts anderes iwrich wie des Hingel vum Boam herunter zu hole und es im Garten zu vergrawe. Die Rame han weiter die scheenschti Niss im Boam gepflügt und de Vetter Jergel hat am Sunntag a Imbrensupp griet zum Esse, denn sei Hingelsupp hatt er jo im Nussboam aufkängt, hat die Evibaas gement und am Montag soll a a neie Schachtel schwarze
Schuhcrem do sin oder gescht vun jetzt an mit dreckiche Schuh zur Kerch?

Ich, Albin Linner

Es war in den Anfängen der 50er Jahre. Zwei, damals nicht mehr ganz junge Menschen, die meine Eltern werden sollten, gaben sich das Ja-Wort. Das wussten sie aber damals noch nicht, denn ich kam erst im Jahre 1956 in ihr Leben. Mein Vater war Schmied und das war damals schon ein eher absteigender Berufszweig, zumal in der Stadt, und der Mechanisierung wegen. Er war in der Untersteiermark, natürlich zweisprachig und weder in Deutschen, wie im Slowenischen nicht wirklich daheim. Mit den Unbilden des Krieges, der Nazis, der Partisanen und der Angst vor dem Erwischt werden, war sein Lebensweg gezeichnet.
Als Flüchtling im Auffanglager Weitersfeld, landete er später in Graz, wo seine Mutter in ärmlichsten Verhältnissen lebte. Als er meine Mutter kennenlernte, wohnte er als Bettbursch (Bettgeher) bei einer Frau Weitz am Ruckerlberg Nr.27, in Graz, die dort Hausbesorgerin war.
Meine Mutter war während des Krieges beim BDM (Bund deutscher Mädchen) im Kriegseinsatz in Cilli, bei einer Geschirrwarenfabrik. Nach dem Umbruch, und als endlich die Nazis ihre Macht verloren hatten, war sie im Reckheim (Spital) als Krankenwärterin beschäftigt und vom Dienstgeber wohl versorgt.

Meine Großeltern

Großvater, Leopold Lind, geboren 1891, gestorben 1967, Fabriksarbeiter und Keuschler, hatte eine Rente. Mit dieser wurde der Rauchfangkehrer, die Feuerversicherung, die Grundsteuer, der Strom, die Radiogebühr und die Hundesteuer bezahlt und im Herbst Braunkohle gekauft. Der Rest gehörte ihm.
Großmutter, Maria Lind, geborene Riedl, geboren 1895, gestorben 1971, Mutter dreier Kinder, hatte eine Hinterbliebenenrente nach ihrem ledigen Sohn, Wilhelm Riedl, der ledig gefallen bzw. vermisst ist. Mit dem Wenigen, dieser kleinen Rente und mit dem, was sie erübrigen und verkaufen konnte, das war ihr Wirtschaftsgeld.
Beide lebten sehr einfach und bescheiden, waren beliebt und sehr fleißig, man muss sagen, bis zu ihrem Ableben. Ich hörte auch, soweit ich mich erinnere, kein böses Wort zueinander, weder Lob noch Tadel. Es geschah alles irgendwie im Einvernehmen. Beim Frühstück wurde der Tag besprochen, und was getan werden sollte, geschah dann auch.

Sie heirateten 1924. Kauften ohne Geld einen Grund und bauten ein Häuschen mit zwei Räumen, einer Veranda und den Stadl. Großmutter brachte den Sohn Willi mit in die Ehe.1926 kam meine Mutter, und 1927 kam noch ein Sohn der Otto Franz Leopold zur Welt. 1952 bauten sie mit Hilfe meines Onkels das neue Haus. Mein Onkel wanderte 1956/57 nach den USA aus, kam 1962 das erste Mal auf Besuch, um dann erst wieder 1968, nach Großvaters Tod, uns zu besuchen. Als dann auch noch die Großmutter verschied, gab es mit dem Erbe Unstimmigkeiten, die zum Leidwesen aller auch heute noch bestehen.
Ich, als Großelterns Enkel lebe heute noch dort und versuche das Andenken an sie zu wahren. Der Onkel, 87jährig und meine Mutter 88 Jahre alt, leben noch. (2014).
Ich bin bei meinen Eltern aufgewachsen, mein Bruder natürlich auch, in Graz zur Schule gegangen und habe das Handwerk des Tischlers erlernt. Im Vorschulalter fuhren meine Eltern mit uns Buben oft nach Gratkorn, in der warmen Jahreszeit, sogar mit den Rädern, wir Kinder im Kindersitz verwahrt. Damals durften Erwachsene Kinder bis zum 12. Lebensjahr auf ihrem Fahrrad mitnehmen. Im Winter fuhren wir mit der Straßenbahn und mit dem Autobus bis zum Kirchplatz und wieder zurück. Als wir dann zur Schule gingen, ging das nur mehr, wenn keine Schule war . In den jeweiligen Ferien waren wir dann, ohne Eltern bei den Großeltern. Beinahe zu allen Wochenenden, meist mit der Mutter, die dann auch bei den verschiedensten Arbeiten in Haus, Hof und Feld den Großeltern halfen. So bekam ich das Landleben mit und für mich waren das die schönsten Tage meines Kinderlebens, bis meine Großeltern verstorben sind.

Die Busfahrt zu den Großeltern

Ich wurde 1956 geboren, meine Eltern lebten in Graz. Von dem Tag an, wo ich mich erinnern kann, wohnten wir am Ruckerlberggürtel Nr. 27, als Hausmeisterfamilie in einem Kellerraum des vierstöckigen Parteienhauses. Der Umstand dieser Wohnbedingung, die alles eher als gesund war, ließen es ratsam erscheinen, öfters an Licht der Sonne zu gehen.
Meine Mutter Elfriede Maria Linner , geborene Lind, war dreißigjährig und mein Vater Albin Linner war achtundzwanzig Jahre alt.
Ich erhielt denselben Vornamen und wurde in Maria Trost getauft, wo meine Eltern geheiratet haben.

So fuhr meine Mutter mit uns Kindern, ihren zwei Buben, jede Woche nach Gratkorn, um in der Landwirtschaft zu helfen, die meinen Großeltern, den Eltern meiner Mutter, gehörte. Es waren dies Leopold Lindl, geboren 1891 und Maria Lindl, geborene Riedl, geboren 1895. Bei meiner Geburt, war er 65jährig und sie 61 Jahre alt. Ich bekam 1958 meinen Bruder Gerald Wilhelm Linner zugestellt.
Die Reise zu meinen Großeltern begann vor unserer Haustür, dem Eingangstürl, dem Zugang von außen, zu unserer Kellerwohnung.
Die Straßenbahnlinie 3 hatte dort Endstation und fuhr nicht mehr über den Lendplatz nach Gösting, so mussten wir beim Roseggerhaus in den B-Wagen umsteigen. Am Lendplatz wartete dann der rote Autobus des Herrn Hütter, er immer mit Hut und Umhängetasche, als Unternehmer und Kassierer hatte er immer einen Fahrer, einer davon hatte ein großes Feuermal im Gesicht. War dann zur bestimmten Zeit Abfahrt, ging eine eigene Musik los. Alles rasselte, quietschte, schepperte und brummte. Der Motor brummte im Bass, es roch so herrlich grauslich nach Auspuffgasen, nach Dieseldunst und auch nach altem Leder, sodass das Aussteigen das Schönste der ganzen Fahrerei war, da wieder Ruhe war und man wieder frische Luft atmen konnte. Es gab auf dieser Fahrt nicht sehr viele Stationen, und diese sind mir noch einigermaßen geläufig: Kalvarienberg Gürtel, Weinzöttelbrücke, Weinzöttel, Schmiedwirt, Kanzl, Müllerwirt, Dullt, Gasthof Trinkl, Abzweigung nach St. Stefan, St. Stefan Kirchplatz und Kaufhaus- Gastwirtschaft Hans Wagner. In der Folge dann Gratkorn, Fleischhauerei Posch, Visasvis vom Eckwirt und schließlich Gratkorn beim sogenannten Volksheim, daneben das Wirtshaus vom Bogner, dort war Endstation. Wir stiegen am Kirchplatz aus. Zu bestimmten Zeiten fuhr der Autobus nicht über den Kirchplatz, dann verlängerte sich unser Fußmarsch um fast eine halbe Stunde, denn dann mussten wir schon bei der Abzweigung St. Stefan dort aussteigen und bei der Heimfahrt, dort wieder einsteigen.
Die Straße nach Graz war eine Betonstraße, dementsprechend geräuschvoll verlief die Fahrt. Ähnlich wie die Eisenbahn auf den Schienen. Bumm – bumm - bumm. Die Straße von der Kreuzung nach St. Stefan war damals schon staubfrei gemacht, das heißt, die St. Stefaner Straße war asphaltiert. Ab St. Stefan war dann der Weg (Man beachte den Unterschied zur Straße) eine sogenannte Markatam - Schotterpiste in den Felbergraben, und nach dem Gasthaus Pucher gab es auch kein Straßenlicht mehr.

Wie oft wir wohl den Weg in der Finsternis gegangen sind? Von dort weg, begann für mich das „Daheim“. Zu meinen größten Freuden gehörte es, wenn ein Fuhrwagen, egal ob mit Kühen, Ochsen oder Pferden gezogen, in Richtung Graben heimwärts fuhr. Das Mahlen der eisenbeschlagenen hölzernen Räder war und ist für mich die schönste Form eines Geräusches, welches für mich leider längst verklungen und nur noch in meiner Erinnerung an mein Ohr rührt. Der Weg ging ein paarmal über kleine Hügel hin, die Steiskahlriegel, Pucherriegel genannt wurden, auf den Pirnerriegel, wo seit Menschengedenken eine große alte Eiche stand. 2012 wurde sie vernichtet, obwohl daran ein Taferl mit der Aufschrift „Naturdenkmal“ angebracht war. Von dieser Höhe konnte man den Hausgiebel und den Rauchfang von meiner Mutter Elternhaus sehen, heute verstellen stockhohe Häuser diese Ansicht. Von da mussten wir noch fast eine halbe Stunde gehen. Wenn es eine Mitfahrgelegenheit gab, egal ob es ein Fuhrwagen, ein Ladewagen, ein Leiterwagen war, ohne Federung, oft voll Schmutz und Staub, so galt immer der Spruch: „ Besser schlecht gefahren, als gut gegangen“. Besonders dann, wenn man etwas zum Mittragen hatte, denn man vermied es, stets leer zu gehen, war jede Mitfahrgelegenheit willkommen. Die Fuhrwerker wurden immer seltener und der 15er Steyr, der 18er Steyr, der Porsche, der Eicher und der Warchalowski Traktor erschienen auf der Bühne des Lebens im Felbergraben. Mancher Bauer machte sich aus Kanthölzern und Brettern ein sogenanntes „Trücherl“, welches man an der Ackerschiene am Traktor einhängen konnte und wer sich getraute, konnte in diesem Trücherl stehend mitgenommen werden. Heute heißt der Traktor Zugmaschine, wie beim Sattelschlepper oder bestenfalls noch „Truck“. Es gibt heute Straßenlicht, wo wir einst in der Finsternis gehen mussten. Aus dem staubigen Weg ist eine Asphaltstraße mit Gehsteig und Radweg geworden. Die Hölzernen Brücken sind fort, nur das Brückengeländer haben sie nach alten Vorbildern mit Kanteisen recht massiv gestaltet. Straßengraben gibt es auch keinen mehr, daher steht das Regenwasser in Pfützen und Lacken am Asphalt.
Schlaglöcher und Wasserableitrinnen, sowie der Wegrain sind Geschichte. Unser Weg ist gesäumt von Thujen Hecken und Einfriedungen und heißt jetzt Felberstraße, anstatt Felbergraben, weil, im Graben möchte niemand wohnen, obwohl sie es tun. Alles was für mich schön war, ist dahin. Die kleinen Felder, die Wiesen mit den großen alten Äpfel - und Birnbäumen, die alten Höfe und Keuschen gibt es nicht mehr.

Nur der Wald, der Bach, mit seinen Erlen und Weiden erinnert noch an die alten Zeiten. Der Bach hat sich tief in das Erdreich eingegraben, so dass heute kaum noch Wasser zu entnehmen ist, vom Spielen mit und am Bach, kann heute keine Rede mehr sein. Die ganze Gegend ist beinahe mit mehrstöckigen Genossenschaftshäusern und Einfamilienhäuschen verbaut. Das nennt man eine aufstrebende Gemeinde. Das wollte ich eigentlich nicht erzählen, denn alle die da herkommen und dort wohnen, brauchen ein Zu Hause und haben kein „Daheim“.
Unser Hund, das heißt, die Großeltern hatten einen Schäferhund, die „Bella“, sie war die Erste, die unser Kommen wahrgenommen und uns mit hochgehobenen, freudig wedelten Schwanz entgegengelaufen kam. Natürlich haben wir für sie immer eine Wurst mitgenommen. Der Großvater, der gerne am Tisch unter dem Apfelbaum am Bankerl, bei einem Krug Most gesessen ist, erzählte, dass der Hund schon eine Stunde vorher, bevor wir eintrafen wie von Telepathie aufgeregt hin und her lief, obwohl er uns noch nicht sehen und hören konnte. Die Großmutter war meist im Haus beschäftigt mit dem Abwaschen des Frühstückgeschirrs, dem Kochen des Mittagmahles. Alle wurden wir herzlich umarmt, es war ein „Gehört sich“, ein Ritual und wohl auch ein Bedürfnis.

Einkaufen gehen

Wenn ich meine Gedanken in Erinnerung schweifen lasse, so hör ich die Schritte meiner Großmutter in ihren hohen Schnürschuhen am hölzernen Küchenboden gehen, in ihrem knöchellangen Leibkittel, mit ihrer umgebundenen „Schürzn". Fünf Schritte von dem Küchenaufsatzkastl, sprich Kredenz, zum eisernen Sparherd und vier Schritte von selben zum Kuchltisch mit Eckbank. Das Holzkistl stand zwischen der Bank und der Kredenz. Neben selbiger war die Tür ins Vorhaus, in dem unter der Bodenstiege, die Speis war. Rechts neben dem Ofen war das „Wasserbankl", auf dem meist gefüllte Wassereimer standen, die selbstredend hereingetragen werden mussten und am Bach angefüllt wurden. Im Sommer gab es ein gusseisernes Schlagbründl, wo man das Wasser „aufläuten" konnte, und das Wasserholen einfacher, weil näher war. Unter dem Bankl standen die Futtereimer für den Sautrank. Viele Jahre später wich das Bankl einer Abwasch mit zwei Becken, wo es zuerst nur Kaltwasser gab, welches bestimmt zehn Jahre später einen 5 Liter Warmwasserboiler dazugestellt bekam. Die Wasserleitung kam ins Haus, weil man endlich das Geld für einen Brunnen mit Pumpenanlage hatte. Der absolute Luxus dieser Wohnküche war ein Tischerl mit einem Radio, welches damals so groß war, wie ein kleiner Fernseher (was heute auch kein Vergleich mehr ist) und einem Spiegel an der Wand mit einem Porzellan Etagere und einer elektrischen Wandlampe. Es gab kein Bad und auch kein Wohnzimmer. Diese Begriffe waren uns nicht mal so richtig bekannt. Von der Küche, die eine Wohnküche war, für eine Bettbank war kein Platz, führte noch eine Tür ins Schlafzimmer. Im Haus gab es noch ein kleines Zimmerl. Über der Küchentür hing eine Uhr, die man einmal in der Woche mit einem Schlüssel aufziehen musste. Es gab auch immer ein kleines Gesteck von einem Palmbuschen, in der Ecke über der Bank, beim Tisch mit den zwei Sesseln, auf denen die Großeltern beim Essen saßen. So war das Umfeld in dem wir wohnten.
Also, die Großmutter ging zu ihren „Kastln" , sah in alle Laden und Fächer hinein, ging in die Speis, deren Tür so geklemmt hat, dass man sie immer zuwerfen musste, damit sie auch zublieb. Schließlich ging sie auch „ins Veranda", wo sie einen „Kupfer" (Koffer) stehen hatte. Das war ihr „Siedelmöbel". Als sie noch „in Dienst" gehen musste, mit einem gewölbten Deckel und einer eingesetzten Lade, die man herausnehmen konnte. Diese „Truhen" barg in der Zeit ihres Dienstbotenlebens all ihre persönliche Habe.

Jetzt benutzte sie diese für besondere Sachen, wie Suppenwürfel und gekaufte Band- und Suppennudeln, die sonst meistens selbst hergestellt wurden, und sonst noch so manches als eiserne Reserve. Was aber nur auf den Tisch kam, wenn sie der Feld- und Hausarbeit wegen nicht Zeit hatte, anständig zu kochen. Auch der Großvater hatte einen „Kupfer", in dem er seine „Leibwäsche", alle seine sogenannten Papiere, Rechnungen, Geld, , Erinnerungsstücke von seiner Jugend und Militärzeit verwahrt hatte.
Wenn man Großmutters Tun so wahr nahm, so konnte man sicher sein, sie denkt ans Einkaufen. Was nun nicht etwa jede Woche vorkam, sondern einmal im Monat, und das auch nicht nach einem festen Wochen- oder Tagesrythmus. Ihre Inspektion der Kastl fand meist abends statt. Tags darauf sah man sie im Sommer den Garten und auch das Gemüsefeld in Augenschein nehmen, um zu sehen, was etwa entbehrlich sei und zu verkaufen ginge. Das waren dann etwa Bohnschotten, Erbsen, neue Erdäpfel, Salat, Kraut, Kohl, Kohlrabi, Karfiolrosen und dergleichen mehr.
Großmutter hatte auch ein großes Hühnervolk. Ihre Zahl schwankte oft sehr beträchtlich, denn Fuchs, Geiervögel, Iltis, Wiesel und Marder waren ungebetene Gäste, und wenn der Hahn zu schelten anfing, ist alles aus dem Haus gelaufen, um unserem Geflügel zu Hilfe zu kommen und deren Feinde zu verscheuchen.
Großmutter war sehr bedacht, ihre Hennen groß an Zahl zu halten, denn nicht immer gelang unsere Aktion der Verteidigung, und das mit dem Nachzüchten hatte seine Tücken. Denn wenn die glückliche Brut geschlüpft war, so waren halt auch oft ziemlich viele kleine Hähne darunter. Somit gelang die Nachbesetzung der Legehennen nur unter erschwerten Umständen. So kam eine Suppenhenne nach deren jahrelanger Eierlege - Bruthennen - Karriere äußerst selten auf den Esstisch. Die jungen Hähnchen waren bei uns als Backhähnchen eine begehrte Ware. Einige kamen, höchstens wenn das Jahr gut war, im eigenen Haus zu Ehren der „Tafel" auf den Tisch. Die restlichen wanderten zu Omas bekannten Kundschaften. Die jungen Hähne wurden, wenn sie anfingen zu krähen und zu raufen, vom Großvater ihres Lebens beraubt. Das war allein seine Aufgabe. Das Ausnehmen und Rupfen war Großmutters unangenehme Arbeit, obwohl sie nie darüber klagte, roch es sehr, sehr grauslich.
„ Wer ebba a Hendl aßert, woun ers selmer schlochtn, ausnehmen, rupfn , paniern und bochn miasat"?

Am Abend, wurde das Kostbarste, was Großmutter fast ganzjährig anzubieten hatte, die Eier, die von ihren Hennen gelegt wurden , vom Großvater einzeln in vorgeschnittenes Zeitungspapier gewickelt und dann zu fünft nachmals in Zeitung eingedreht, so in ihrem Rucksack, der meist im Vorhaus hing, verstaut. Beim Tragen hätte sie nicht auf den Rücken fallen dürfen, sonst hätte es eine große Eierspeis gegeben. So nahmen die abendlichen Vorbereitungen ihren Fortgang, denn am Tag darauf, ging es zum Ein- und Verkaufen.
Dass die Großmutter immer legefreudige Hennen zu ihren Besitz zählen konnte, war die besondere Betreuung ihrer Hennen. Dazu zählte die Verpflegung im Winter mit warmen Futter.

Der Großvater hat am Einkaufstag, das „Ziachwagl" vom Hüttenboden geholt und geschmiert. Es wartete am Morgen schon im Hof auf diese Ausfahrt. Darauf kamen die leeren Säcke, die man mitbringen musste, um beim Müllner Mehl und Hühnerfutter abholen zu können. Der Müllner Birnstingl aus Reiteregg hatte immer dienstags und freitags im Gasthaus Pucher im Keller seine Verkaufsstelle offen. Dort standen große Truhen, von denen das Gewünschte herausgewogen wurde. Bei ihm konnte man mit der Getreidekarte, falls man Getreide angeliefert hatte, Mehl und Futterschrott eintauschen. Die bezogene Menge wurde dann abgeschrieben und die Mahlmaut abgezogen und auf der Mehlkarte vermerkt. Das hatte nichts mehr mit den im und nach dem Krieg verwendeten Lebensmittelkarten gemein. Großmutter tauschte Kürbiskerne gegen Kernöl ein. Die Menge Kürbiskerne, die meine Großeltern ernteten, reichte nicht aus, um selbst Öl schlagen zu lassen. Die Wenigsten konnten echtes Kernöl kaufen, so gab es eben gemischtes, bzw. Salatöl, was zwar auch nach Kernöl schmeckte, doch die Leute munkelten immer wegen dem „Mischen" was sie aber als „gepanscht" empfanden.
Kukuruzschrott kaufte Großmutter als Hühnerfutter nur, wenn der eigene Kukuruz aufgebracht war. Denn unsere eigenen Felder waren eben bescheiden, obwohl sie dicht und untereinander bepflanzt waren. (Kukuruz, Kürbis und Bohnen in einem Feld.) Nur die Kartoffeln und das Kraut reichten auf Grund Großmutters Fleiß das ganze Jahr über.
Nach dem Frühstück, mit Mehlsuppe und geschnittenem schwarzen Brot ging es endlich los. Großmutter nahm die Leine für den Hund und den großen Rucksack mit der heiklen Fracht auf den Rücken. Diese Hundeleine war für die „Bella" eine ihrer größten Freuden.

Sie tanzte und sprang derart, dass man sehr aufpassen musste, dass man nicht zu Fall kam. Der Hund durfte mitlaufen. Auf dem Weg ins Dorf lief er immer voraus und wieder zu uns zurück, sodass er den Hinweg bestimmt zweimal nahm. Beim Heimgehen gab es der Hund schon billiger, indem er hinter uns herging. Es gab damals fast keinen Verkehr auf dem Weg.
Großmutter, ich und die Bella gingen also mit unserem Wagerl zum Ein- und Verkaufen, mit unseren Schätzen, die verkauft werden sollten, nach St. Stefan am Gratkorn, gewiss eine dreiviertel Stunde. Am Bach neben dem Weg, wo über Brücken die Wege zu den Gehöften abzweigten, wie zum vulgo „Hechbertl", „Kögler", „Kreuzgangl". Der „Birner" und der „Vogt" waren die größeren Höfe. Es gab auch Häusler neben dem Weg zu unserer Keusche. Der Schuster Lammer hatte sein Häusl ganz an der Straße daneben, das war praktisch, wenn man kaputte Schuhe hatte. Im Vorbeigehen gab man diese bei ihm ab und wenn man wieder einmal vorbei kam, holte man die reparierten Schuhe ab.
Dem Steinberger, dem Gemeindewegmacher sein Häusl, war einst eine Hausmühle, dieses stand zwischen dem Bach und dem Weg. Das Haus der Familie Binder wäre auch noch zu erwähnen. Der Herr Binder hat in der Papierfabrik gearbeitet. Auch zwei Villen gab es an unserem Weg und beide waren aus Holz gebaut. Die eine gehörte der Familie Pimper, welche eine Haushälterin und bereits Telefon hatte, es gab dann nur noch ein Telefon beim „Höchwirt", dieses war öffentlich, auf der Höh am Berg oben. Die andere Villa stand fast im Wald und gehörte der Familie Kittera. An all dem kam man vorbei, wenn man ins Dorf ging. Auch gab es am Weg schon die sogenannten Siedlungen und Arbeiterhäusln. Die Bachsiedlung war unser erstes Ziel, denn da waren die Familien, wie die Kraschitz, die Gangl und noch mehrere, deren Namen ich nicht mehr weiß, die der Großmutter immer etwas abkauften und sich freuten, wenn sie kam. Man war bekannt und befreundet. Es gab zu reden und manchmal gab es auch Kaffee und Kuchen für uns, aufgewartet. Sie kamen auch uns manchmal besuchen, um Eier zu kaufen. Für den Hund gab es Knochen und Flaxen, auch getrocknete Eierschalen wurden von uns dankbar zurückgenommen. Denn die galten als Ersatz für den Futterkalk. Alte Zeitungen waren ein sehr begehrtes Geschenk und für alles nur Mögliche verwendbar. Nicht nur zum Anheizen des Herdes, es taugte auch zum Fenster- und Petroleumlampen Zylinder putzen, auch am „Örtchen" war es unverzichtbar. Dazu musste es wohl zerknüllt werden, damit es nicht zu glatt war.

Auch als Schneutztuch lag es vorbereitet im Haus. Wichtig war es als Unterlage zum Schreiben, wenn das Schreibpapier schön bleiben sollte. Als Unter- oder Auflage in den Kastenfächern, die nicht mehr schön waren, damit das Holzwurmmehl nicht auf die eingelegte Wäsche kam. Als Ersatz für ein Tischtuch kam es auch auf den Kuchltisch und auf den Fußboden, wenn er frisch gewaschen und von Großmutter gerieben war. Auch in Stiefeln und Schuhen konnte man Zeitungspapier verwendet sehen.
Der Fleischer verwendete es zum „ Außendrüber“, nachdem er das Fleisch in Wachspapier gewickelt hatte. Die Kernölflaschen wickelte man auch in selbiges, um es vor Licht und Sonnenwärme beim Heimtragen zu schützen. Gemüse wurde auch darin verwahrt und als Wichtigstes, die Eiereinwicklerei, denn Eierboxen gab es bei uns jedenfalls nicht.

Auch in der „Neuen Heimat", (neue Siedlung) dort sind auch stockhohe Parteihäuser, hat die Großmutter bekannte Familien und Kunden: die Familien Schwarz, Kühn und Hoffmann. Nachdem alle abgeklappert waren und unsere Schätze Anklang gefunden haben, ging Großmutter zum „Wagner" einkaufen. Er war ein kleinerer Mann und hatte immer eine Pullmannkappe auf und einen Bleistift hinter dem Ohr und eine brummige Stimme. Er besaß ein Gasthaus, handelte mit Obst und betrieb eine Greißlerei mit Gemischtwarenhandel. Das alles gibt es heute nicht mehr. Die Bella saß oder lag beim Wagerl vor dem Geschäft. Großmutter mit ihrem Rucksack gingen hinein in ein Reich der Hülle und Fülle, für damalige Verhältnisse. Was es da nicht alles gab. Und doch im Vergleich zu einen heutigen Supermarkt war es einfach bestellt. Es gab fast alles, was man brauchte und was verfügbar war, nur nicht fünf oder mehr von derselben Sorte, wie heute. Man konnte sich nichts selber nehmen, es wurde alles, was lose war, eingewogen. Milch und dergleichen gab es nicht, nur ein wenig Käse. Milch kaufte man beim Bauern, wenn man nicht selber welche hatte. Fleisch auch nicht wirklich, ausgenommen Hartwurst. Brot und Semmeln gab es sehr begrenzt, dies holte jeder sich beim Bäcker Rinnerhofer oder Gaar, oder es kam der Brotausführer bei einem vorbei. Die Bauern, die Mehl hatten, bucken selbst ihr Brot, fürs Fleisch waren die Fleischereien Posch und Herzog, die Selcher und Wurstwarenerzeuger, zuständig. Gemüse und Obst hatten die meisten Menschen selbst oder kauften es beim Bauern. Aber sonst spielte das Kaufhaus Wagner alle „Stückln", es gab Trockenfrüchte, Feigen und Datteln. Getrocknete Kletznbirn und Zwetschken hatten wir selber auch. Weil der Herr Wagner mit Obst handelte, gab es auch Südfrüchte, Orangen in Seidenpapier gewickelt. Wenn jemand so eine geschenkt bekam, musste es schon ein hoher Festtag sein oder man war krank. Zitronen wurden wohl manchmal genommen, wenn Kekse oder eine Mehlspeise gebacken wurden. Bananen waren sehr exotisch, und manche Menschen wussten nicht einmal, dass man sie schälen musste, wie uns die Großschädel Maria viel später erzählte.

Einige der wichtigsten Sachen waren: Petroleum. Haarpech, (zum Enthaaren der geschlachteten Sau.) Sensen, Sicheln, Gabeln, Schrauben, Ketten, Nägel, Eisenwaren. Haushaltswaren wie Geschirr, Häfn, Reinen, Pfannen.

Kartoffelpressen, Speckmühlen, Fleischwolf, Mohn- Nuss- und Bröselmühlen, ja sogar Brotschneidemaschinen, allerdings alles für den Handbetrieb. Porzellan: Suppenschüssel, Teller, Kaffeehäferl und vieles mehr. Einige Ballen Stoff, Knöpfe, Zwirn und Nadelzubehör. Schuhe, Gummistiefel, wenn keine lagernd waren, wurden sie bestellt. Auch Kinderrockerln, Schürzen, Hemden und ähnliches. Hölzerne Gebrauchsgegenstände wie: Quierler, Kochlöffel, Nudelholz, Reinbürsten, Besen aus Reiss, sowie Haarpinsel und Farben, die gängigsten Sämereien, Maus- und Rattenfallen. Reinigungsmittel: Waschpulver, Kernseife, Reibsand, Soda, Schmierseife, Wäschebleiche und Stärkepulver.
An Lebensmittel: Mehl, Gries, Zucker, Kaffee, Knorr – und Maggi - Suppenwürze, Margarine, Suppenwürfel, Pakete mit Nudeln, mit und ohne Ei, „echten“ Kaffee und Kaffeeersatz, wie Frank, Linde, Korona und Kathreiner. Gewürze, Salz, auch Konserven gab es, wie Sardinen, Bohnen und Erbsen. Auch Papierwaren gab es, wie Hefte und Schulsachen, Schreibsachen , Schokolade, Zuckerln, Kracherl und Flaschenbier, Schuhpasta, Trinkgläser, Einsiedegläser und was dazu nötig war. Backpulver, Vanillezucker und was weiß ich, was sonst noch. Die Aufzählung ließe sich eine kleine Ewigkeit fortsetzen. Alle diese Dinge waren hinter dem Verkaufspult verstaut, auf dem zwei Waagen standen, auf der sogenannten „Pudel“, welche den ganzen Raum der Länge nach einnahm. Von dort aus konnte der Verkäufer seine Kunden bedienen. Es gab eine verglaste Eingangstür und Fenster die den Blick auf den Kirchplatz zuließen. Unter den Fenstern standen die Eisenwaren und Werkzeuge. Die Sensen waren in ein aufgestelltes offenes Fass, welches an der Wand stand, gesteckt. Auslage gab es keine. An der Rückseite des Verkaufsraumes war der ganzen Länge nach ein Wandkasten mit den sprichwörtlich gewordenen „Ladeln“, die angeschrieben waren und so kundmachten, was darin enthalten war. Dem „Kram“ in den Ladeln und Fächern wegen, kam es wohl dazu, dass solche Geschäfte "Kramerläden“ genannt wurden. Apotheken und Drogerien hatten ein sehr ähnliches Inventar, nur halt von feinerem Aussehen. Es gab im Laden immer ein Lehrmädchen, welches um alles Mögliche in die Lagerräume geschickt wurde, um Sachen herbei zu bringen. Es bedienten auch männliche und weibliche Verkäufer, selbstverständlich auch der Geschäftsinhaber.

Wollte man es sich mit solchen Menschen verscherzen, so brauchte man sie nur als „Ladlschupfa“ zu benennen.
Es waren immer Kunden im Laden und man musste warten, bis man an die Reihe kam und bedient wurde. Das konnte auch zuweilen dauern, weil manche Kundin viel Neues zu berichten wusste. Oft wurde auch erst im Geschäft nachgedacht, was man notwendig brauchte.
Bei meiner Großmutter ging das Einkaufen “wie am Bandl“, denn sie kaufte nur, was sie nicht selbst hatte oder nicht selbst ernten konnte. Das war bald aufgezählt: Salz, Pfeffer, Kümmel, Nelken, Zimt, Paprikapulver, Lorbeerblätter, Wacholderbeeren, Muskatnuss, Linde -Kaffee, Frank-Kaffee, (ein Zusatzkaffee) Zucker, Backpulver, Vanillezucker, Puddingpulver, Würfelzucker, diesen rieb sie mit einem Reibeisen zu Staubzucker auf ihre gebackenen Germmehlspeisen, Krapfen und Kuchen.
Suppenwürfeln, Nudeln, Seife, Waschpulver, Soda, manchmal einen Geheimratskäse oder ein paar Dosen Sardinen, der Abwechslung wegen, und Margarine (Rama oder Thea) Butter hatten wir äußerst selten, meist nur dann, wenn Großmutter zu bestimmten Bauern „Tagwerken“ ging, die Butter hatten und ihr welche als Lohn mitgaben. An den Sachen die Großmutter kaufte, war das in Großem und Ganzen, alles.
Der oder die Verkäufer /in hatte alles auf einen Block geschrieben und zusammengezählt. Dann kontrollierten sie die Posten durch, ob sie nichts vergessen haben. Großmutter beglich die Summe und packte ihre soeben erworbenen Habseligkeiten in ihren Rucksack. Wer momentan kein Geld flüssig hatte, konnte es auch anschreiben lassen. Wenn die Summe beim Kaufmann Wagner schon zu hoch war, ging man der Scham wegen, zum Kaufmann Schlick einkaufen und machte es auf dieselbe Weise. Da für manche am Ersten des neuen Monats das Geld gerade für das abgelaufene Monat reichte, begann das Aufschreiben von Neuem. Eine gewisse Schicht von Stammkundschaft war die, die mit einem Büchl einkauften. Sie taten das nicht unbedingt wegen der prekären finanziellen Lage. Da kauften die Frauen und auch die Kinder damit ein, und das Familienoberhaupt, der Mann, kam und bezahlte das, was offen stand, um seiner Frau kein Geld in die Hand geben zu müssen. Die könnte ja „sonst was“ kaufen.

Man konnte schon um 8 Uhr früh einkaufen, bis halb eins. Dann war geschlossen, bis halb vier und dann wieder geöffnet bis um halb sieben Uhr am Abend. Samstags jedoch nur bis halb ein Uhr. Am Sonntag, nach der 10 Uhr Messe in der Kirche machte der Wagner seine Tür auf, damit man Kleinigkeiten kaufen und heimtragen konnte und nicht leer heim gehen musste. Viele hatten einen viel längeren Weg nach Hause, weil er auf dem Heimweg allerlei zu erledigen hatte, denn weil „rechtschaffene Menschen“ leeres „Umsonstgehen“ als Müßiggang ansahen, was ja bekanntlich „aller Laster Anfang“ ist und als Übel gesehen wurde.

So schritten Großmutter, ich mit der Bella und dem noch mit leeren Säcken beladenem Wagerl zum Trafikanten Zirngast, um Streichhölzer und einige Packerl Landtabak, weil es ohne Zünder im Haus kein Feuer gab, zu kaufen. Diese Streichhölzer lagen immer beim Tischherd, neben dem Ofenrohr am Herdbankerl, damit sie schön trocken blieben. Großvater rauchte seine Pfeife, so eine eingehängte, die fast bis zum Bauchnabel hinabreichte.

Hernach sind wir zum Müllner Birnstingl. Der war ein lustiges Mandl, er hatte immer ein Kopftuch getragen, hinten im Genick zusammen gebunden, wie ich viel später, nach Jahren, im Fernsehen sah, so nach Seemannsart. Für mich war es halt total komisch, dabei hatte das Kopftuch einen ganz und gar praktischen Grund, wegen dem Mehlstaub in der Mühle. Bei ihm kaufte Großmutter einen Pinkel weißes Mehl zum Kochen und Mehlspeis machen, auch schwarzes Mehl, was auch vom Weizen war, um daraus Brot zu backen. Vom selben Müllner nahm sie auch den Polentagries, sprich, das Sterzmehl mit. Großvater nannte es die “gelbe Gefahr“. Er mochte ihn wohl nicht besonders. Von diesen Mehlsorten nahm sie so viel, wie sie zu Hause in ihren Mehlladeln Platz hatte. Einen fünfzig Kilo Sack ließ sie mit Kukuruz Schrott für die Hühner anfüllen. Mit diesem Schrott und Gersten – und Weizenkleie, wurde damit das Schweinefutter gestreckt. Wenn alles bezahlt war und ein Liter Kernöl eingetauscht war, dann gings mit unserem Fuhrwerk der Heimat zu, und wenn es schon der Mittagszeit zu ging, versuchten wir schneller zu gehen, sodass Großmutter noch etwas kochen konnte, damit “da Vatta nit schimpft“.

Leicht war das Wagerlziehen nicht, denn Großmutter hatte ja auch noch den Rucksack am Rücken. Aber wir kamen immer gut heim mit unsrer Fracht.
Großmutter ging eilends in die Küche um zu Kochen. Sie musste erst den Herd einheizen und es gab dann „a folsche Suppn“ mit Eintropf als Suppeneinlage und „ an Schmorrn“ ohne Zucker, zu einem köstlichen Schnittsalat mit eigenem Essig und Kernöl „ogmocht“. Der Großvater leerte unter Bedacht die Säcke in die jeweiligen Abteilungen der „Futtertruchn“ die Mehle in die Mehllade des Kuchlkastels. Das Wagerl kam bis zu seinem nächsten Einsatz auf den Hüttenboden zurück. Die Bella lag zufrieden unterm Kuchltisch. Als Futter bekam sie, nachdem wir gegessen hatten, die Reste. So setzten wir uns alle zusammen zu Tisch, die Großeltern, das waren die Eltern meiner Mutter, und mein Bruder Gerald, der vormittags beim Opa geblieben ist. Großvater hatte am Vormittag mit der Bogensäge Brennholz geschnitten und der Gerald hat mit den Holzstücken gespielt. Er ist doch um zwei Jahre jünger als ich. Wir aßen unser Mittagsmahl. Als Letzte nahm davon die Großmutter. Nachdem jeder einen Teller Suppe vorgesetzt bekommen hatte, setzte auch sie sich nieder, ihren Teller vor sich hinstellend. Ich saß ihr gegenüber und mein Bruder gegenüber dem Großvater.

Die Großmutter hatte Schweißperlen an der Stirn, sie nahm ihr Kopftuch ab, wischte sich den Schweiß vom Gesicht, nahm den Löffel und kostete die Suppe. Wenn sie ihr zu heiß war, legte sie das Kopftuch von ihrem Schoß auf die Bank, stand auf, ging zum Wasserbankel, nahm eine großen Schöpfer, der am Tischherd hing, um Wasser aus dem Wasserschiff zu nehmen oder auch kaltes Wasser vom Eimer zu schöpfen. Sie nahm das kalte Wasser und streckte damit ihre Suppe. Dann nahm sie wieder Platz und begann zu essen. Ich sah ihr an, wie gut ihr das Sitzen behagte, denn auch meine Füße waren froh, von der Bank herunterhängen zu können. Das war einfach schön für mich, denn wir beide hatten den Einkauf, die sogenannte Fassung, wohlbehalten heimgebracht.

Über das Leben

Meine Gedanken über das Leben mit und von der Scholle im Laufe der Zeit.

Die Erdscholle hat schon vieles gesehen, ein Kommen und Gehen. Manches hat sich längere Zeit gehalten, um in jüngerer Zeit umso schneller dem musealem Verwahren anheim zu fallen. Es hat sich so vieles ge- und verwandelt, dass es fast aussichtslos erscheint, im Aufzählen der Ereignisse, die im Lauf der geschichtlichen Zeit der verschiedenen Epochen der Örtlichkeiten einen Punkt zu finden. Die verschiedensten Ansichten von Arbeitsweisen, Bedürfnissen und Strömungen weltlicher, geistiger, wirtschaftlicher Natur, sind zwar von großer Bedeutung, aber Klima, Seuchen und Kriegsereignisse haben die Bevölkerung immer wieder dezimiert, ohne dass die nationalen Regierungen positiv eingegriffen hätten. Es ist einfach nicht wirklich vergleichbar, das Leben eines mittelalterlichen Landbewohners, eines Grundholden, also eines Bauern aus dem Volke, im Vergleich zu den in der heutigen Zeit existierenden Gegebenheiten zu stellen.

Ich bin jetzt im 66. Lebensjahr und möchte versuchen aus meinen Lebensanschauungen, Erfahrungen und Erlebnissen, trotzdem eine vergleichende Erzählung zu verfassen.
Soweit meine Erinnerungen reichen und die Erzählungen meiner mütterlichen Großeltern, die mir erinnerlich sind und natürlich was ich so aufgeschnappt habe, bei Gesprächen älterer und jüngerer Mitmenschen und bekannten Freunden, auch in Schulbüchern und sonstigen Informanten, all das möchte ich einfließen lassen, in meinem Bericht.

Meine Großeltern, Leopold und Maria Lindl heirateten und kauften 1924 eine feuchte Wiese, im Unterschied zu einer sauren oder mageren Wiese, war oder ist diese Wiese auch zum Anlegen eines Ackers geeignet, wenn es das Jahr über nicht zu viel regnet.
Sie legten einen Obstgarten an, bauten ein Häuschen mit Zimmer und Küche, sowie einen hölzernen Stall im Stadl. Das Häusl wurde in Riegelbauweise aufgeführt, mit der Jahreszahl 1936 an der Hauswand und hatte eine hölzerne Veranda. Ein paar Ziegen und zwei Schweine, so wie Hennen, Katze und Hund waren der anfängliche Viehbestand. Die Großmutter hatte ein lediges Kind, den Willi, geboren 1921 und als ehelich geboren 1926 meine Mutter, Elfriede Maria und 1926 und 1927 mein Onkel, Mutters Bruder, Otto Franz Leopold. Sie hatten eine Stunde Fußweg zum Kirchplatz, eineinhalb Stunden zur Reichsstraße, eindreiviertel Stunden zum Bahnhof und dreieinhalb Stunden nach Graz. Sie besaßen kein Fahrrad, alles musste auf Schusters Rappen erledigt werden. Beide hatten in der Gratkorner Papierfabrik als Hilfsarbeiter gearbeitet. Großvater war im Ledigenhaus der Papierfabrik untergebracht und die Großmutter bei der Familie Santz, in einem einzelnen Zimmer, wo beide nach der Eheschließung gewohnt hatten, bis ihr neu erbautes Häusl bewohnbar wurde. Wer kann sich sowas heute noch vorstellen, ohne Strom, ohne Wasserleitung, nur mit einem blechernem Tischherd zum Backen und Kochen und als Wärmequelle sommers wie winters. Alles Wasser wurde vom Bach geschöpft und alles Abwasser musste aus dem Haus herausgetragen werden. Das Wäschewaschen geschah im Freien, geschwemmt wurde die Wäsche ebenfalls im Bach. Über dem Winter gab es kein Wäschewaschen!

Man muss sich das vorstellen, welch gewaltiger Wäscheberg dann im Frühjahr, wenn es draußen wieder erträglich wurde und nicht mehr gefroren hat, zu bewältigen war. Es gab dann nicht nur einen Waschtag, sondern eine ganze Wäschewaschwoche. Die Waschlauge wurde zuerst für Weiße- und Leibwäsche verwendet, dazu wurde die Wäsche am Vorabend bereits eingeweicht und am nächsten Tag mit der Waschrumpel bearbeitet und anschließend, wenn man sie ganz schön haben wollte, im Kessel ausgekocht. Zum Waschen benützte man hölzerne Bottiche und Schaffeln, die musste man, wenn sie trocken waren, vorher eindeichen, damit sie wieder dicht waren. Der Trog zum Wäschewaschen war aus Brettern gefertigt, und stand auf einem entsprechenden Schragen (Waschkreuz). Diese Vorrichtung war genauso hoch, dass der darauf stehende Trog die richtige Arbeitshöhe hatte. Diese erste Waschlauge wurde für die Arbeitskleidung weiterverwendet. Großmutter erzählte mir, dass sie früher Asche aus Birken- und Buchenholz zur Herstellung der Lauge verwendete. Man musste zu dieser Herstellung das richtige Augenmaß haben, damit diese Lauge nicht zu scharf wurde. Sie erzählte auch, dass es von großem Vorteil war, wenn man genügend Regenwasser vorrätig hatte, weil, Regenwasser weich ist und sich damit besser zum Waschen eignet. Eine tüchtige Hausfrau hat halt schauen müssen, dass sie fast für ein halbes Jahr, Wäsche zum Wechseln hatte.
Die Sache mit dem Wäschewechseln war wieder ein anderes Kapitel. Nach heutigem Stand wäre es ein Ding der Unmöglichkeit, die Wäsche nur einmal im Monat zu wechseln. Ein Sonntagshemd wurde erst gewaschen, wenn man am Kragen schon deutliche Schmutzspuren sehen konnte. Unsere „boachanen“ Werktagshemden waren zugleich Nachthemden, Unterhemden und ein Leiberl gabs nur im Winter. Die Unterhosen mussten eine Woche halten, auch wenn schon sogenannte „ Bremsspuren“ vorhanden waren. Wir hatten schwarze Glatthosen, an denen man diese Bremsspuren nicht so sah. Großvater hatte lange Leinengatterhosen. Großmutters Leibwäsche sah man nie und ihre Unterröcke waren im Sommer aus Leinen und im Winter aus Flanell. Gebügelt wurden nur Hemden und Blusen. Die Oberkleider sind meistens nur gebürstet worden, wenn sie entsprechend erdig oder schmutzig waren.

Dem hartnäckigen Schmutz ist man mit Essigwasser und Bügeleisen zu Leibe gerückt. Das wertvollste Wäschestück war eine schwarze Glattschürze, welche seidig glänzte.
Wenn die Wäsche zum Trocknen auf der Leine hing, welche vom Großvater selbst hergestellt wurde, und mit den selbst hergestellten Wäschekluppen befestigt waren, dann war ein gutes Stück Arbeit gemacht.
Noch zu erwähnen ist, dass meine Großmutter die Wäsche nach dem Waschen sie zum Schwemmen zum Bach getragen hat. Die Bettwäsche wurde beim Abnehmen von der Wäscheleine gleich zusammengelegt und im Wäschekasten verwahrt.
1965 bekam sie eine Wäscheschleuder und eine Bottichwaschmaschine, mit einer Heizung und einem Drehkreuz mit Düsen, die das Wasser und die Wäsche in Bewegung hielten und obendrauf war eine Vorrichtung mit zwei Walzen, mit einer Handkurbel, damit wurde die Wäsche ausgewrungen. Das ablaufende Wasser von den Walzen rann zurück in die Waschmaschine. Die Waschlauge konnte man mit einem Schlauch in einen Eimer herauslaufen lassen. Diese Lauge wurde im Obstgarten verteilt. Blutige Wäsche gab es beim Schlachten. Das Blut musste kalt ausgewaschen werden. Socken gab es nur im Winter. Wolle wurde extra gewaschen, wenn überhaupt. Schuhfetzen wurden auch zwischendurch gewaschen. Ich sehe diese Fetzen heute noch am Gartenzaun hängen, wo sie vom Wind getrocknet und vom Sonnenlicht gebleicht wurden.
Vorhänge, Spitzendeckerln und solchen Luxus hat unser Haus nie gesehen. Ich erinnere mich noch an diverse Wandbehänge mit Sprüchen.

An folgende Sprüche erinnere ich mich:

Lieber Mann, ich rate Dir, meide Gasthaus, Wein und Bier,
sei zum Nachtmahl stets zu Haus, lieb Dein Weibchen, sonst ists aus.

Adam und Eva haben die Liebe erdacht
und ich und mein Schatz haben es gerad so gemacht.

Eigener Herd, ist Goldes wert!

Es gab viele solcher Sprüche. Mutter hat sie wahrscheinlich als Hochzeitsgeschenke, 1955, von ihren Arbeitskollegen vom Krankenhaus bekommen.

Eigentlich wollte ich mehr über die Bauernwirtschaft schreiben, mit Blick auf die Selbstversorger, bzw. die Kleinkeuschler.
Als meine Großeltern ankauften, waren in unserem Graben dem Felbergraben, vier Häusler : Der Schuster Lammer, der Wegmacher Steinberger, die Binder Keusche und die Skrinner. Die hatten alle so ein schuftiges Häusl, wie unseres eines war. In den 20er – 30er Jahren, der allgemeinen Wirtschaftskrise war es eine ungeheure Leistung zu so einem Häusl zu kommen. Das konnte nur mit andauerndem Fleiß, Schinden, Rackern und vom Mund absparen zusammengehalten werden. Ein eigenes Dach und ein eigener Herd ermöglichten ein Familienleben bescheidenster Art. In den Sommermonaten trugen sie keine Schuhe, auf den Tisch kam meistens Polenta und Mehlsuppe, sowie Schwammerln, so lang welche wuchsen. Die einzigen Freizeitgestaltungen waren: Kirchengehen, Pfarr- und Kirchweih, Kreuzbeten und ähnliches. Der Gang ins Kino war ein absolutes Hochfest, sowie die Wahlfahrten nach Rain und Straßengel, das waren Urlaubsreisen. Die Fahrt nach Graz glich einer Weltreise und wurde angetreten, nur wenn sie unbedingt nötig war. Alles was man selbst herstellen konnte, egal wie improvisiert, war von Vorteil. Man hat nach dem Motto gehandelt: „Gfrettn, hilft Hausen“. Es war einfach alles zu gebrauchen. Ein weiteres Motto: „Alles was größer ist, als eine Laus, gehört zum Haus“.
Meine Großeltern brauchten zum Ankauf des Grundstückes, für das Darlehen, einen Gutsteher. Das war die Familie Höller, vulgo Krammpl. Das war ein sehr christliches Haus und eine der größeren Bauern. Sie hatten Rösser und Ochsen und Kühe und lieferten die Milch und den Rahm bereits nach Graz. Aus Dankbarkeit haben meine Großeltern bei ihnen immer wieder arbeiten geholfen, natürlich ohne Bezahlung. Da gab es auch immer etwas zu tun, sodass man nie ungelegen kam. Jausen oder Essen gab es immer, wenn man geholfen hat. An solchen Tagen ersparte man sich das Essen zu Hause und wenn man dazu noch einen Laib Brot bekam, vertiefte es die Verbundenheit. Die Bauern hatten wohl selbst die meisten Lebensmittel, aber meist nicht viel Geld.

Weil der Hopfer, vulgo Felberbauer, sein Bauernhaus umbauen wollte, und dazu Geld brauchte, konnten meine Großeltern auch das Gründl von ihm kaufen. Das Verkaufen von Gründen war bei den Bauern eigentlich verpönt, weil es den Geruch von „schlecht wirtschaften“ hatte. In unserem Viertel, dem Forstviertel, gab es einige Hausnummern, die mir noch erinnerlich sind: Der Felberbauer Nr. 22, wir mit unserem Keuscherl die Nr. 23, weil unser erworbenes Gründl vom Felberbauern Erbhof abgekauft wurde. Vor dem 1. Krieg wurden viele größere Höfe geteilt. Die so entstandenen Heimstätten hatten daher keine Vulgonamen. Meistens waren das dann die Kuhkeuschler mit zwei bis vier Kühen, als Kleinbauern. Dieses „Klein“ war für viele ein Makel, denn alle wären gerne größere Bauern gewesen. Es gab auch Bauern, mit flächenmäßig großen Gründen, die aber so mager und im Ertrag so niedrig waren, dass oft ein kleines Bäuerlein besser dagestanden ist. Der Unterschied zwischen Bergler und Ebner machte viel aus. Je nach Lage und Wirtschaftsweise gab es mehr oder weniger Arbeitsanfall, wobei in erster Linie die Selbstversorgung im Vordergrund stand. Je vielfältiger an Vieh- und Ackerwirtschaft, desto mehr Hände wurden gebraucht, um all die Arbeit zu bewältigen. Diese Arbeit war das Jahr über nicht immer gleichmäßig verteilt und zu Stoßzeiten mussten genug Kräfte bereit stehen. Auch war das Allgemeinwissen in der Landwirtschaft noch nicht so ausgeprägt. Die Standesdünkel waren weit verbreitet und der Neid oftmals groß. So gab es als oberste Schicht den Herrenbauern, der auf seine Wirtschaft nur nachschauen ging, entweder mit der Kutsche oder schon mit dem eigenen Auto, in seinem Reich herumfuhr, in seiner Eigenjagd jagen ging oder im Wirtshaus am Stammtisch mit Bürgermeister und Pfarrer auf „Du“ war. Solche Besitzungen gab es in unserer Gemeinde nicht wirklich, wohl aber einige, die als „Gut“ bezeichnet wurden. Das Gut Mitteregg, dem Blümlhof, dort war der Herr Jonkesboth der Besitzer und der Pächter, die Familie Vogt. Dann den vulgo Pirnerhof, der im Besitze eines Doktor Leeb war, der aus Graz stammte. Dieser hatte eine Familie Fruhmann, die für ihn die Wirtschaft betrieb und als Zins landwirtschaftliche Erzeugnisse dem Besitzer überlassen und liefern musste. Ein weiterer, der vulgo Pichlerhof, den sie in der NS-Zeit zum Erbhof „Sachsenhof“ umbenannten und auch der vulgo Wörtwirt, ein Musterhof, der zum „Lindenhof“ umbenannt wurde.

Alle anderen mussten selber in ihrer Wirtschaft Hand anlegen, ob sie nun Rossbauern waren oder mit Ochsen oder Kühen ihr Auslangen fanden. Die Bauern, die sich ein oder zwei Paar Ross leisteten, versuchten diese ab und zu zum Frächtern einzusetzen, weil ein Pferd, ob es geht oder steht, immer Geld kostet. Die Pferde mussten zum Schmied und zum Sattler, deshalb war das Halten von Pferden recht kostspielig.

Großvater war im ersten Krieg ein berittener Soldat und somit mit der Pferdehaltung vertraut und er sagte immer wieder, die Bauernrösser seinen „Friß umsunst", weil nicht wirklich ausgelastet. Er meinte, Pferde müssten täglich etwas arbeiten, damit sich der Aufwand für sie lohne. Er sah in den Ochsen eine sichere Anlage, denn neben ihrer Zugkraft konnten sie auch jederzeit gut verkauft werden und wurden nicht so leicht zu Schanden gebracht, als ein Pferd. Mit den Pferden zu arbeiten, ging wohl schneller, aber es war für denjenigen, der sie führte, wegen ihrer schnelleren Gangart, auch mühsamer, mit ihnen mitzuhalten. Beim Pflügen am Acker, trat dieses Problem am ehesten in den Vordergrund, weil derjenige, der den Pflug in die Furche drücken musste, besonders beansprucht wurde. Erst mit den eisernen Patent Winkelpflügen wurde dieses Problem einigermaßen gelöst. Mit den Ochsengespannen war das Pflügen, wie jede Ackerarbeit, wegen ihres gemächlichen Ganges nicht so kräfteraubend. Allerdings das Anlernen der Zugtiere, egal ob Ross oder Ochs oder Kuh, bedurfte auf jeden Fall großer Geduld.
Da die Zugtiere nicht nur am Acker verwendet wurden, sondern auch auf Wegen und Straßen, musste ihnen eine entsprechende Disziplin beigebracht werden. Es konnte geschehen, dass die Zugtiere aus Angst oder aus anderen, oft unerklärlichen Gründen, durchgehen wollten. Um dies zu verhindern, musste der Fuhrmann die nötige Kraft, das nötige Wissen und die nötige Zuneigung zu den Zugtieren aufbringen. Der Fuhrmann musste sich jederzeit bei seinen Zugtieren den nötigen Respekt verschaffen können. Ich selbst bin noch mit Ochsen gefahren, bin mit ihnen mit dem Ladewagen auf das Feld gefahren, das Getreide einzuführen. Ich habe auch mit dem vulgo „Weinltoni" mit den Ochsen aus dem Wald Holzbloch gezogen. Das letzte Paar Ochsen hat der vulgo „Käfer" gefahren. Die letzten Fuhrrösser, das waren zwei schöne Haflinger sind beim vulgo „Harritzbauer" gestanden.

Der Harritzbauer hat mit seinem Gespann meinen Großvater in seinem lärchernen letzten Haus ins Dorf gefahren. Von der Pucher Kapelle hat ihn dann die Kameradschaft in die Kirche, zum Kriegerdenkmal und zum Friedhof getragen. Das war 1967.
So muss ich wohl auch noch erzählen, dass mein Vater Huf- und Wagenschmied gewesen ist. Im 67er Jahr, im Sommer, sind meine Eltern auf den Judenfriedhof in Graz gezogen. Dort hatte mein Vater die Möglichkeit bekommen, in einem kleinen Haus zu wohnen und sich ein Werkstattl einzurichten. Weil es aber in dieser Zeit schon sehr schwer war, zum Beschlagen eines Pferdes einen Schmied zu finden, hat mein Vater aus diesem Grund eine alte Feldschmiede, dazu eine Esse, einen ordentlichen Amboss und einen Schraubstock, nebst einer Feilbank eingerichtet und hat so zum Werkeln angefangen. Für ein paar Flaschen Bier hat er für manchen etwas gerichtet.

So gab es in Graz zur damaligen Zeit ein richtiges Original, denn Höfer Hans. Der hat in der Adalbert Stiftergasse ein Haus besessen und der war recht geschickt im Umgang mit allerlei Schachereien. Er hat mit Ziegen gehandelt, hat Heu verkauft und Alteisen gesammelt, und als Haupterwerb bis zu seiner Pensionierung 1972 in Graz für den damaligen Baumgartner Bäcker, am Grazer Bahnhof, Brot und Gebäck zugestellt und solches auch ausgeführt. Man muss sich das recht vorstellen, was für ein Verkehr zur damaligen Zeit schon auf den Straßen war. Er mit seinem Pferd, der Lisl, und hinten dran ein Geschäftswagerl, mitten unter den vielen Autos. Immer wenn ich Gelegenheit dazu hatte, bin ich mit ihm mitgefahren. Er hatte für jeden Tag eine andere Route und fuhr mit seinem Gespann Teile von Lend, Kalvarienberg, Gösting, Eggenberg und Wetzelsdorf mit den Backwaren ab, von einem Greißler zum anderen, auch in allen Wirtshäusern wurde Station gemacht. Ob es schön war oder geregnet hat, auf dem Plateau vom Wagen standen die Körbe mit Brot und Semmeln, zuweilen gab es auch Milchbrot und Striezel. Ich rieche sie noch heute, in Erinnerung daran. Sein Pferd kannte alle diese Haltestellen und wurde überall schon freudig erwartet. Die Hausfrauen kauften beim Hans Brot und Semmeln und nicht wenige davon bekam das Pferd zugesteckt. Am Halfter vom Pferd bimmelte ein kleines Glöckchen und kündigte den Hans mit seinen Köstlichkeiten schon vorzeitig an.

Eine Plane schützte das ausgeführte Gut vor Regen und Wind. Diese Brotkörbe wurden auch zum Tragen von Heu und Gras verwendet.
Der Höfer Hans konnte auch in seiner Pension nicht ohne sein Pferd auskommen und mein Vater hat diesem immer wieder die Hufe beschlagen. Ich durfte den Blasebalg der Feldschmiede treten, damit das Feuer die Eisen zum Glühen brachte. Wie oft ich wohl so einen Pferdehuf gehalten habe, wenn ein neues Hufeisen angepasst wurde. Es kamen wohl noch ab und zu Pferde zum Beschlagen, aber leben hätte der Vater nicht davon können.
Der Höfer Hans kaufte immer wieder ältere Pferde und fütterte sie auf Gewicht und Ansehen, um sie dann wieder an den Mann zu bringen. So kam diese besagte Lisl zu einem Nachbarn nach Gratkorn, vom Höfer Hans zum Hofer Tati, wie ihn alle nannten. Der war für wenige Jahre freudig und glücklich über seine Lisl. Seine Frau und er behandelten sie so gut, dass das arme Tier scheinbar an Fettsucht starb. Beide, Mann und Frau sind aus Gram beinahe mitgestorben. So hat alles ein Ende und die meisten Enden sind schmerzlich.
Ja, weil unsere Heimstatt im Friedhof und der Friedhof gleich im Anschluss an der Reininghaus Gründe war, sahen wir natürlich auch oft die schönen Eisenschimmel dieser Brauerei. Das waren vielleicht Kaliber. Ich muss jetzt wohl noch schreiben, dass ich ein rechter Rossnarr gewesen bin und ich erst 2007 mein Pferd Pagero verloren habe, der 27 Jahre gelebt hat und mich 24 Jahre in meinem Leben begleitet hat. Er war ein Traber Hengst und ein Sommerrappe und ich bin mit ihm alles und überall hingefahren, auch nach Graz mit Kutsche oder Fuhrwagen, habe mit ihm geeggt, geackert, Holz aus dem Wald geholt und jede andere Arbeit mit ihm gemacht, wie Heu gewendet, jede Feldarbeit gemacht, Mist und Jauche ausgeführt und mit ihm gefrächtert. Das alles muss man einmal gemacht haben, um sich in diesen Zustand einzufühlen.

Für meine Großeltern war es nicht einfach als so genannte Zugezogene und Fabrikarbeiter anerkannt zu werden. Auch ihre Kinder, hatten es nicht leicht, als Kleinkeuschler Kinder am Grunde der gesellschaftlichen bäuerlichen Engstirnigkeit. Meine Mutter erzählte auch, wie man damals solche Menschen diskriminiert hat.

Wie man Bauernkinder gegen Fabriksarbeiter Kinder ausgespielt hat. Wie die Keuschler Kinder gegenüber den Fabriksarbeiter Kindern als wohlhabend hingestellt wurden, weil sie ein eigenes Haus hatten und die Fabriksarbeiter Kinder in Mietswohnungen leben mussten. Niemand hat bedacht, dass die Keuschler Kinder ihren Eltern zu Hause fest helfen mussten, um zum Lebensstandard beizutragen. Mutter hat auch erzählt, dass sie in erster Zeit auch die saure Wiese zum Acker gemacht haben, weil dieser mehr trug. Gerade deshalb musste das nötige Futter für die Tiere an jedem Weg- Acker- und Waldrain zusammengesucht werden. Manche Bauern haben das allerdings nicht gerne gesehen.

Bevor die Mechanisierung bzw. die Motorisierung in die Landwirtschaft Einzug hielt, musste das meiste in Handarbeit verrichtet werden. Das Heumachen war eine Tätigkeit, die viele Hände brauchte und die Mäher waren gesuchte Leute für das Sensenmähen. Mein Vater hat mir das Mähen beigebracht, auch mein Großvater hat diese Arbeit gut verstanden, wiewohl sich die Bauern lustig machten, wenn er nach dem Mähen in die Schicht gehen musste, so lästerten sie oft, er ginge sich in die Fabrik ausrasten. Besonders wenn Heumachen oder Getreideschnitt anstand, mussten alle Hände zugreifen. Also, mit dem Sensenmähen konnte sich ein Mann damals noch etwas Geld dazu verdienen, jedoch für eine Existenz allein konnte dies nicht reichen, weil diese Arbeit nur Saison bedingt war.

Heu mähen, Getreide schneiden, Feldfrüchte hacken waren Möglichkeiten wo auch der Keuschler sich etwas Geld bei den Bauern im Tagwerk zuverdienen konnte. In den Weingegenden, bei den größeren Weinbauern waren solche Tagwerker gern gesehene Hilfskräfte. Bei den Lesearbeiten im Herbst in den Weingärten war neben der Nachbarschaftshilfe auch die Mitarbeit der Tagwerker sehr gefragt. Beim Getreidedrusch, bevor es die Dreschmaschinen gab, waren ebenso Hilfskräfte gefragt. Ich habe auch hinter der Dreschmaschine beim Staubfressen mir ein Taschengeld verdient. Auch habe ich bereits als 12jähriger beim Nachbarn ausgeholfen und dabei meinen ersten Schnapsteerausch heimgetragen. Bei meinem 21. Geburtstag hatte ich dann meinen zweiten und letzten Rausch.

Dieses Maschindreschen habe ich einmal in Berndorf bei Hausmannstätten, bei den Geschwistern Hans und Agnes Krenn erlebt.

Die hatten noch ein paar Ochsen und eine Dirn oder Magd, die Mali. Dieser Dreschvorgang war etwas ganz Großes für mich. Sie hatten alles Getreide am Feld geschnitten in Mandl und Schober aufgestellt. Wir fuhren mit dem Fuhrwagen, Leiterwagen hatten sie keinen, auf das Feld und luden das Getreide zu einer schwankenden Fuhre auf, so dann gingen die Ochsen mit dieser schwer beladenen Fuhre der Scheune zu. Diese war so groß, dass man mit der Fuhre durchfahren konnte. In dieser Scheune stand die für mich riesige Dreschmaschine samt Putzerei. In der wurde das Körndl auch gleich in Säcke abgefüllt. Das Fuhrwerk mit den aufgeladenen Getreidegarben wurde an die Maschine gestellt und einer gab die Garben an die Maschine, einer schnitt die Bänder an den Gaben mit dem Messer auf, dann wurden die losen Gaben in die Maschine gelegt, wo es gedroschen wurde. Auf der anderen Seite der Maschine stand ein Heuhäcksler mit Gebläse der das lose Stroh in den Dachraum über den Saustall beförderte. Oben im Dachraum werkte die Mali und rührte das hinaufbeförderte Stroh vom Gebläserohr weg und schnappte nach Luft. Ich erinnere mich daran, als ich einmal die Leiter zu ihr hoch erklomm, so war damals die Luft mit dem Messer zu schneiden.
Ich glaube, ich war damals 10 Jahre alt und bin mit meinen Eltern am Fahrrad mit nach Berndorf gefahren um dort zu helfen. In der Mittagszeit saßen wir alle in der riesigen Kuchl mit dem großen weißgekachelten Sparherd, aßen Strudelsuppe, Schnitzel mit Reis und Salat, so viel jeder essen mochte. So was hatte ich bis jetzt noch nicht erlebt. Ob wir bei dieser Arbeit auch Geld verdient haben, ist einerlei, Hauptsache es war schön. Nach dem Mittagessen ging die Arbeit gleich weiter wie vorher bis zum Abend. Am Abend kam die Mali endlich staubverkrustet vom Dachboden herunter. Die Bäuerin, die Agnes hat hingegen den ganzen Tag in der Kuchl gearbeitet. Sie hat unter anderem Straubenkrapfen gebacken. Wer weiß. was das für eine Arbeit ist?
Dazu hat sie große runde, bis 80cm Durchmesser große Siebe, die früher zum Reinigen des Getreides verwendet wurden, mit einem weißen Tuch ausgelegt und diese mit frisch gebackenen Strauben angefüllt. Nicht nur angefüllt, sondern noch einen richtigen Kegel drauf gemacht. Wenn ich heute noch das Glück habe, ein solches Schmalzgebäck zu schnuppern, läuft mir das Wasser im Mund zusammen und ich denke an die Ereignisse und die Menschen, die damit verbunden gewesen sind.

Es war und ist alles irgendwie verbunden: Anbau, Essen, Leben, Sein und Sterben. Ich denke, die glückliche Armut gibt es nicht, denn Armut ist Leid und kann nicht glücklich machen, dagegen ein einfaches Dasein schon. Viel Besitz macht viel Arbeit und viel Sorgen, weil man Besitz erhalten will. Jedoch ein Leben ohne Sorgen ist ein unerfüllbarer Traum. So meine ich, dass der Mensch heute in meinem Umfeld nicht mehr artgerecht lebt und diese Welt eine paradoxe, künstliche Welt geworden ist. Es fehlt meines Erachtens der Bezug zur Natur, sie existieren in Funktionen und Institutionen. Wo ist das Menschsein geblieben?

Nun möchte ich über die Ernährung und Vorratswirtschaft meine Gedanken zu Papier bringen. Als in der Zeit, meine Großeltern ankauften, gab es nicht viele Möglichkeiten, Lebensmittel für längere Zeit haltbar zu machen. Und so musste man trachten, alles gleich zu essen oder dem Vieh zuzuführen, bevor es verdarb. Recht verderbliche Waren konnte man nur über den Sau- oder Hühnermagen verwerten, um diese später selbst zu verspeisen. Schlimm war das Ungeziefer, wie Ratten, Mäuse, Fliegen, Motten, Käfer die vor allem im Getreide ihr Unwesen trieben und große Schäden anrichteten. Auch durch Schimmel und fehlgeleitete Gärung entstanden große Schäden an Lebensmittel. Wenn man besonderes Pech hatte, wurden selbst die Behältnisse dazu unbrauchbar. In den Kellerräumen wurde alles verstaut, was nicht frieren durfte und auf den Dachböden all das was unbedingt trocken bleiben musste. Flaschen und Einmachgläser waren sehr teuer und noch nicht lange auf dem Markt. Das Fleisch wurde Großteils eingesalzen und eingepökelt sowie später geräuchert. Dieses Räuchern des Fleisches erfolgte bei uns im Rauchfang, auf dafür vorgesehenen Hacken. Wurde ein Hausschwein geschlachtet, so geschah das meistens in der kalten Jahreszeit. So ein Schlachttag war ein großes Unterfangen. Bei uns wurden die Schweine meist mit Küchenabfällen, Kartoffeln und Rüben gefüttert, bis sie genug Speck angesetzt hatten. Solche Schlachttage wurden meistens unter Nachbarschaftshilfe abgehalten. Jedenfalls war so ein Schlachttag für die Familie eine große Abwechslung und brachte endlich Frischfleisch auf den Tisch. Das erste was von der toten Sau auf den Tisch kam, war der Bluttommerl. In manchen Häusern machten sie auch Blutwurst, Brein – und Bratwürste, welche man auch beizeiten essen musste, falls noch kein Kühlhaus vorhanden war.

Für Großvater wurde an so einem Schlachttag immer das Hirn der Sau reserviert. Von dem Schlachtschwein wurde außer den Borsten, den Klauen, und den Zähnen alles dem Essen zugeführt worden. Selbst die Gedärme wurden sauber gewaschen, und mit der Wurstmasse gefüllt. Selbst die Blase der Sau wurde verwendet. Alle Knochen wurden zerkleinert und für Suppen verwendet, sofern sie nicht beim Selchfleisch dabei waren. Geselcht wurden außerdem die Rippen und die Stelzen. In den ersten Tagen nach der Schlachtung wurde Magen und Lunge , Milz und Nieren, Herz zur Beuschelsuppe verwendet und gleich aufgegessen. Aus dem Schädelfleisch, den Ohren, Speck und Restfleisch wurde Sulzen angesetzt. An so einem Schlachttag gingen auch die Nachbarleute nicht leer aus. Da das Problem der Haltbarkeit ohne einer entsprechenden Kühlung überall dasselbe war, war jeder froh, wenn er ein Stück Frischfleisch vom Nachbar bekam. Das geräucherte, geselchte Fleisch wurde in Kübeln, in Schmalz eingelegt und war somit das ganze Jahr über haltbar. Frischfleisch wurde früher auch in Rex Gläser eingelegt. Wichtig war, dass die Gläser dicht waren.
Für Großmutters Küche war das Schmalz, das Grammel Schmalz und die Grammeln das Wichtigste, denn ohne dem wäre für sie das Kochen unmöglich geworden. Sie verwendete diese natürlichen Zutaten äußerst sparsam, wohl eher nur als Würze. Die Sauen meiner Großmutter hatten bis zum Schlachttermin ungefähr 250 kg Körpergewicht. Die geräucherten Schinken wurden anfangs an die Fabriksleute verkauft, um damit die Schulden zu begleichen. Wenn der Saukobel leer war, musste wieder ein kleines Ferkel zum Auffüttern gekauft werden. Um dieses gut weiterzubringen, wurde ihm die gesamte „Goaßmilch" verfüttert. Wenn im Frühjahr das Gras wieder zum Sprießen begann, warteten wir schon sehnsüchtig darauf, dass das Saugras wieder gemäht werden konnte. Großvater hatte keine Freude damit, wenn die Großmutter mit seiner Sense ihr Saugras mähte.
Gerade fällt es mir ein, was in den sogenannten „Sautrank" alles hineinkam: Erdäpfel, Türkenmais, Gerstenabfall, Burgunderrüben, Kürbisreste, Eicheln aus dem Wald, Buchenecken, sowie weiters: Überreste vom Schnapsbrennen, Apfeltrestern, Blätter von Rüben und Kraut, sogar das Abwaschwasser von Koch- und Essgeschirr. Der Großmutter war es immer schwer ums Herz, wenn sie sich wieder einmal von ihrer Sau trennen musste.

Aber bestimmt war sie auch stolz auf ihr großes, fettes Schlachtschwein. Jetzt muss ich aber noch etwas über Großmutters Garten erzählen. Der Großmutter ihr Gartenratgeber war, wie konnte es schon anders sein, der Manderlkalender. Die Erfahrung meiner Großmutter über die Anbauzyklen vereinbart mit dem Wissen aus dem Manderlkalender waren ein perfektes System, das lief wie ein Uhrwerk. Der einzige Unsicherheitsfaktor bei dem Ganzen, war das Wetter und wohl auch der Boden, der nicht immer allen Gewächsen das bot, was sie gebraucht hätten. So war Großmutters eingezäunter Garten eine Schutzzone für die Pflanzen, die sie darin zog. Ihre Hühner hätten gerne darin geschart. Um den Garten herum waren „Mungaznstäucher" (Stachelbeeren), recht große Büsche, die für ihre Hennen, bei Gefahr aus der Luft (Geier, Habicht) zur Deckung gereichten. Beim Setzen und Säen des Gemüses, achtete sie darauf, dass sich die Pflanzen gegenseitig vertragen. In Großmutters Garten wuchsen: Karotten, Petersilie, Schnittlauch, Paradeiser, Radieschen, Lauch, Gurken, Zwiebel, Knoblauch und Blattsalate. Kartoffeln und Kraut, sowie Bohnen wurden wegen Platzmangel außerhalb des Gartens gepflanzt. Außerdem standen in ihrem Garten an den Betträndern: Pfingstrosen, Rittersporn, Lilien, Nelken, Veilchen, Vergissmeinnicht, Stiefmütterchen. Märzenbecher (Narzissen), Krokusse, Himmelschlüssel, Frühlingsknotenblumen und Schneeglöckchen blühten über die Wiese verstreut, wie ein richtiger Blumenteppich. Am Gartenzaun standen immer einige hohe Sonnenblumen und ein großer Fliederstrauch etwas außerhalb.
In einem kleinen Feld pflanzte die Großmutter zusätzlich: Rote Rüben (Rohnen), Erbsen, Zwiebel, Knoblauch, Buschbohnen, Schalotten, Karfiol, Kohlrüben und im Spätsommer noch Schwarzen Rettich und Kohl. Aus diesem Garten und seinem Umfeld nahm Großmutter alles was wir zum Leben brauchten.

So gingen damals Mensch und Natur im Einklang , aus der Notwendigkeit des Fortkommens und aus der Achtung der Natur und dem Haustier gegenüber.
Die Natur, die Eltern und Großeltern ergaben ein Ganzes, und ich war mitten darin, wohl behütet.
Albin Linner

Wie viel Einfluss haben wir auf unser Leben?

Unser Einfluss ist nicht entscheidend auf unser Dasein. Da spielen so viele Faktoren mit hinein, dass unsere eigenen Entscheidungen nur wenig Auswirkungen auf unser Leben haben. Die großen Komponenten, die richtungsweisenden, sind das Glück und der Zufall. Das Glück, in der richtigen Familie geboren zu werden, im richtigen Land das Leben zu beginnen und dem richtigen Umfeld ausgeliefert zu sein ist entscheidend. Dass die Zufälle das Leben nicht negativ beeinflussen, dass sie nur in die positive Seite ausschlagen, das ist der zweite wichtige Faktor. Unsere Generationen hatten in unseren Gebieten das Glück, nicht in Kriegszeiten geboren worden zu sein, nicht die schrecklichen Hungersnöte erleiden zu müssen, wie schon unzählige Generationen vor uns. So gesehen hatten wir trotz der geringen Einflussnahme auf unseren Lebenswandel doch die größten Chancen dieses Leben möglichst angenehm zu gestalten.

Die Frage“ Wie lebst du Bruder?“ war nur allgemein gemeint. Der Titel hat die Möglichkeit geboten, einen allgemeinen Blick auf unsere Gesellschaft zu werfen, aber trotz aller Einflüsse von außen und vom Schicksal kann man am Ende dieses Buches sagen: „ Jeder ist des eigenen Glückes Schmied“.

Wie lebst du, die Frage?
„Ganz schrecklich, die Plage
und schmerzlich das Leben,
unnötig das Streben.

Vom Schicksal verhöhnt,
mit Dornen gekrönt
und zu guter Letzt
noch empfindlich verletzt.“

„So wie du es gesagt
hast umsonst dich geplagt.
War dein Leben nur Pein?
Dazu sag ich Nein.

Bestimmt gab es Stunden
wo du Sträuße gebunden
mit Nelken und Rosen
zum Leben und Kosen.

Wo du jauchzest und sangest,
wo nur fröhlich du klangest,
flogst im seligen Schein
in den Himmel hinein.

Wieg ab, beide Seiten
zwischen lieben und streiten,
zwischen unten und oben,
zwischen tadeln und loben.

Erst dann sollst du klagen,
doch solltest du fragen:
Hab ich es selber verbockt,
es mir selbst eingebrockt?

Erst dann sollst du wiegen
und schlichten und biegen
und üb die Geduld
ob du nicht selbst bist dran schuld.“

Weitere Bücher der Autoren Hans und Grete Riedl:

Es dreht sich alles um das Eine
Eigenverlag vergriffen
Bike for Peace – Paris – Moskau Eigenverlag
vergriffen
Weisheiten und kleine Dummheiten aus dem Lebensbereich des Hans R.
114 Seiten, Lyrik, im Eigenverlag!
vergriffen
Reifezeit – Sausaler Kindheitserinnerungen.
Von der Petroleumlampe bis zum Internet
147 Seiten, Lyrik, Wagner – Verlag, ISBN- 978-3-95630-178-0!
vergriffen
Jetzt bin ich alt! Bin nicht mehr heiß, bin noch nicht kalt!
148 Seiten, Lyrik, Rediroma Verlag, ISBN – 978-3-86870-757-1
€ 9,80
Lange Rede, kurzer Sinn
144 Seiten, Rediroma Verlag, ISBN 978-3-86870-750-2
€ 9,80
Der schönste Tag
146 Seiten, Rediroma Verlag, ISBN 978-3-86870-766-3
€ 9,80
Unbestechlich ist die Zeit
180 Seiten, Rediroma Verlag, ISBN 978-3-86870-930-8
€ 9,95
Familiengeschichten und anderes Ungemach
148 Seiten, Lyrik, Rediroma Verlag, ISBN – 978-86870-758-8
€ 9,95
Damals
162 Seiten, Rediroma Verlag, ISBN 978-3-86870-835-6
€19,95
Die Trattenmüllers
150 Seiten, 80 Geschichten, 160 alte Fotos,

Rediroma Verlag, ISBN – 978-86870-759-5
€ 29,95
Heiter bis Wolkig
170 Seiten, Rediroma Verlag, ISBN 978-3-96103-096-5
€ 9,95
Liederlich und Kurios
185 Seiten, Rediroma Verlag, ISBN 978-3-96103-108-5
€ 9,95
Meine ganz verrückte Märchenwelt
183 Seiten, Rediroma Verlag, ISBN 978-3-96103-145-0
€ 9,95
Mut zur Veränderung
347 Seiten, Rediroma Verlag, ISBN 978-3-96103-290-7
€ 27,95
In den Zeiten der Bauer
157 Seiten, Rediroma Verlag, ISBN 978-3-96103-436-9
€ 9,95
Ein Jahr in Schmerzen
182 Seiten, Rediroma Verlag, ISBN 978-3-961
€ 9,95
Spurensuche im Gottscheer Land
359 Seiten, Rediroma Verlag, ISBN 978-3-96103-564-9
€ 30,95
Auf den Wegen der Gottscheer
525 Seiten, Rediroma Verlag, ISBN 978-3-96103-706-3
€ 36.00
Gottschee in Reimen
233 Seiten, Rediroma Verlag, ISBN 978-3-96103-707-0
€ 23.00
Der Tod ist dein Partner
383 Seiten, Rediroma Verlag, ISBN 978-3-96103-711-7
€ 28.00
Gottscheer Land – ein Niemandsland?

350 Seiten, Rediroma Verlag, ISBN 978 – 3-96103-779-7

€ 29,95

Gottschee lebt

1015 Seiten, Rediroma Verlag, ISBN 978-3-98527-018-7

€ 48,95

2020 Ein Jahr der Narren

234 Seiten, BoD Verlag, ISBN 978-3-753 -2172-8

€12,50

Beim Blut meiner Ahnen

229 Seiten. Rediroma Verlag , ISBN 978-3-98527-124-5

€26,95

Um des Himmels Lohn & Mit den Augen einer Frau

230 Seiten, Rediroma Verlag, ISBN 978-3-98527-175-7

€ 26,95

Ihre Sprache war Deutsch!

804 Seiten, Rediroma Verlag, ISBN 978-3-98527-302-7

€ 42,95

Der Lebensreigen

415 Seiten, Rediroma Verlag, ISNM 978-3-98527-403-1

€ 31,95